GERMANO FENNER

MAPAS MENTAIS

POTENCIALIZANDO IDEIAS

Copyright© 2017 por Brasport Livros e Multimídia Ltda.

Todos os direitos reservados. Nenhuma parte deste livro poderá ser reproduzida, sob qualquer meio, especialmente em fotocópia (xerox), sem a permissão, por escrito, da Editora.

Editor: Sergio Martins de Oliveira
Diretora: Rosa Maria Oliveira de Queiroz
Gerente de Produção Editorial: Marina dos Anjos Martins de Oliveira
Editoração Eletrônica: SBNigri Artes e Textos Ltda.
Capa: Bernardo Neto
Arte final: Use Design

Técnica e muita atenção foram empregadas na produção deste livro. Porém, erros de digitação e/ou impressão podem ocorrer. Qualquer dúvida, inclusive de conceito, solicitamos enviar mensagem para **editorial@brasport.com.br**, para que nossa equipe, juntamente com o autor, possa esclarecer. A Brasport e o(s) autor(es) não assumem qualquer responsabilidade por eventuais danos ou perdas a pessoas ou bens, originados do uso deste livro.

F363m   Fenner, Germano

　　　　　Mapas Mentais: potencializando ideias / Germano Fenner - Rio de Janeiro: Brasport, 2017.

ISBN: 978-85-7452-766-6

1. Cérebro 2. Inteligência 3. Mapas mentais I. Título

CDD: 153.4

Ficha Catalográfica elaborada por bibliotecário – CRB7 6355

BRASPORT Livros e Multimídia Ltda.
Rua Pardal Mallet, 23 – Tijuca
20270-280 Rio de Janeiro-RJ
Tels. Fax: (21) 2568.1415/2568.1507
e-mails: **marketing@brasport.com.br**
　　　　vendas@brasport.com.br
　　　　editorial@brasport.com.br
site:　　**www.brasport.com.br**
Filial SP
Av. Paulista, 807 – conj. 915
01311-100 – São Paulo-SP

Dedico este livro a todos aqueles que utilizarem os mapas mentais para seu proveito e benefício.
...e para minha família, Sandra, Vitória Gabriely e Júlia, a minha mais nova alegria que está a caminho.

Agradecimentos

Este trabalho é o resultado da colaboração de várias pessoas. Assim sendo, quero agradecer:

- Ao seu Palmiro Rigon. Por anos tenho tido o privilégio de acompanhar suas pesquisas sobre o funcionamento cerebral. Algumas pessoas passam em nossas vidas e fazem toda diferença, o senhor é uma dessas.
- Ao Dr. Paulo Hecht, que desde 1996 tem me privilegiado com diversos ensinamentos sobre comportamento e melhoria de desempenho pessoal e profissional.
- A Dr. Baltazar Moreira de Melo, médico mineiro, pelos diversos *feedbacks*, dicas e sugestões sobre comportamento e aspectos relacionados à compreensão de nosso cérebro. Baltazar, conversar com o senhor, por mais breve que seja, é sempre um aprendizado, um crescimento, uma aula.
- À Maria Elena de Quaraí, Rio Grande do Sul, que sempre me fez ver que podemos mudar nossas vidas se desenvolvermos mais as nossas habilidades como seres humanos.
- Ao Dr. Deroni Sabbi, que no ano de 2002 me apresentou pela primeira vez um mapa mental.
- Aos meus queridos alunos, que por meio de dúvidas e perguntas desafiadoras me fazem constantemente buscar a atualização e excelência nos estudos.
- Ao Bernardo Neto e ao Jonathan Monteiro, pela contribuição e melhoria nas imagens relacionadas ao assunto cérebro, utilizadas aqui nesta obra.
- Ao Fernando Canito, uma pessoa com quem eu tive o privilégio de trabalhar e vivenciar na prática a utilização dos mapas mentais nas mais variadas formas, tanto na vida pessoal quanto profissional. Obrigado pelas inúmeras dicas e conselhos, eu aprendi muito com o senhor.
- À minha turma, Sandra, Vitória Gabriely (Vika) e agora a Júlia, que está a caminho e nascerá em três meses, que das mais variadas formas sempre têm me apoiado. Vocês fazem a diferença. Sem o carinho, a compreensão e o incentivo que diariamente tenho o privilégio de receber de vocês, esta obra não teria sido concluída. Obrigado por deixarem os meus dias cada vez mais divertidos.
- Aos amigos e colegas de trabalho da FGV Marcantonio Fabra e André Barcaui. Galera, obrigado pela dica.
- À Brasport, ao senhor Sérgio Martins e sua equipe, e em especial a Marina Oliveira, por todas as dicas e sugestões, o meu muito obrigado pela oportunidade de publicar este livro.
- Ao Senhor DEUS, a quem agora neste momento tenho a oportunidade de mostrar toda a minha gratidão e respeito.

A você, caro leitor, os meus mais elevados votos de estima e consideração.

Germano Fenner

Sobre o autor

Germano Fenner, MSc, CBPP, PMP, especialista em Planejamento e Gestão de Projetos e Processos. Participa, como membro filiado, do *Project Management Institute* (PMI) e da *Association of Business Process Management Professionals International* (ABPMP), organizações mundiais voltadas à administração de projetos e processos, do *International Project Management Association* (IPMA), da *Scrum Alliance* e do *Information Systems Audit and Control Association* (ISACA).

Graduado em Informática, Mestre em Sistemas e Processos Industriais pela Universidade de Santa Cruz do Sul (UNISC), MBA executivo em Gerenciamento de Projetos pela Fundação Getúlio Vargas (FGV) e Doutorando em Ciência da Computação pela Universidade Federal do Ceará (UFC).

É certificado pelo PMI como *Project Management Professional* (PMP), pela ABPMP como *Certified Business Process Professional* (CBPP®), pelo EXIN em ITIL®, ISO/IEC 20000, ISO/IEC 27002 e *Green IT Citizen*, e pelo ISACA como *Control Objectives for Information and Related Technology* (COBIT). É *Certified Scrum Master* (CSM) pelo *Scrum Alliance*, *HCMBOK Certified Professional* pelo *Human Change Management Institute*, Microsoft Project *Orange Belt* pelo *International Institute for Learning* (IIL) e *Microsoft Certified Technology Specialist* pela Microsoft Corporation.

É autorizado pela Microsoft como *Microsoft Certified Trainer* (MCT) para treinamentos de Microsoft Project, instrutor oficial do *Examination Institute for Information Science* (EXIN) e instrutor *approved trainer* pela Peoplecert para cursos oficiais COBIT. Tem orientado profissionais na capacitação em boas práticas de gerenciamento e controle de projetos, programas e portfólio, gestão de riscos e em cursos visando à implementação de PMO, gestão por processos, governança de TI e melhoria da performance pessoal e profissional. Possui experiência em implantação de escritórios de projetos, em gestão de processos, na elaboração de planejamento estratégico corporativo para organizações e no desenvolvimento de metodologias e ferramentas de apoio.

Participou da revisão para a língua portuguesa do "The Standard for Program Management", o guia padrão para o gerenciamento de programas do PMI. Autor dos livros "Gerenciando Múltiplos Projetos com o Microsoft Project Server" e "Microsoft Project 2010 com Boas Práticas PMI" (Ciência Moderna). É professor convidado da FGV e UFRJ (Escola Politécnica de Engenharia da UFRJ) e instrutor em cursos para públicos como: Philip Morris, Secretaria de Segurança do Estado do Ceará, Grupo Edson Queiroz, Banco do Nordeste do Brasil S.A, Detran, Unimed, Infraero, TRT, Petrobras e Banco Mundial.

Nota do autor

Este livro trata de oferecer ao leitor maneiras práticas de potencializar o aprendizado, a memória, a concentração, além de fornecer informações básicas sobre o funcionamento do cérebro e do sistema nervoso.

Buscando oferecer uma obra que harmonize os aspectos teóricos e práticos, o livro apresenta exemplos passo a passo para a construção de mapas mentais com auxílio de duas ferramentas, MindManager e XMind, porém, a lógica de desenvolvimento também poderá ser realizada com outras ferramentas que ofereçam suporte para construção e desenvolvimento de mapas mentais.

Por fim, buscamos apresentar uma série de dicas e técnicas que, combinadas com mapas mentais, poderão ajudá-lo a utilizar os seus recursos internos, a aumentar a sua capacidade de concentração e memória e a melhorar a sua organização pessoal, além de contribuir para um melhor aproveitamento de seu tempo, fornecer informações para tomada de decisão, contribuir para o planejamento pessoal e muitas outras coisas que iremos apresentar no decorrer dos capítulos do livro.

Esperamos que você se beneficie ao máximo de todos os recursos que os mapas mentais possam lhe oferecer. Boa leitura!

Como ler este livro

Visando facilitar a sua leitura e aprendizado, este livro contempla aspectos teóricos e práticos.

Na parte teórica apresentamos informações sobre cérebro, concentração, criatividade e memória. Ao final de cada capítulo existem exercícios que você poderá utilizar para trabalhar cada um desses aspectos.

Na parte prática, você encontrará exemplos de como criar e desenvolver mapas mentais em duas ferramentas específicas, MindManager e XMind. Conforme dito anteriormente, você poderá praticar os exercícios em qualquer outra ferramenta, pois aqui trabalhamos a lógica para construção e desenvolvimento de mapas mentais.

Se você deseja saber informações sobre funcionamento cerebral, criatividade, concentração e memória, deve iniciar sua leitura pelo Capítulo 2.

Caso você esteja interessado em conhecer o processo de construção e desenvolvimento de um mapa mental, sem a utilização de uma ferramenta computacional para ajudar, poderá iniciar a leitura do livro pelo Capítulo 5.

Mas se você é um leitor que já possui conhecimento sobre o assunto, já desenvolveu mapas mentais e deseja saber como criá-los através de uma ferramenta computacional, poderá iniciar a leitura do livro pelo Capítulo 6.

Nos capítulos 6 e 7, os mapas serão desenvolvidos exclusivamente com a utilização do MindManager e no Capítulo 8 a ferramenta computacional utilizada será o XMind. Os exemplos passo a passo e exercícios serão desenvolvidos duas vezes, um para cada tipo de ferramenta computacional.

O Capítulo 9 trata das boas práticas para o desenvolvimento de mapas mentais. São alertas para que erros comuns sejam evitados, além de uma série de dicas e orientações para que seus mapas mentais sejam desenvolvidos de forma a ficarem mais práticos e de fácil assimilação e leitura.

No Capítulo 10 são apresentadas diversas sugestões de mapas mentais. São mais de trinta exemplos abordando os mais variados assuntos, tais como: "Lista de Ações Diárias", "Passeio de Final de Semana na Serra", "Férias em Família", "Ações do Portfólio de Projetos", "Decoração de Apartamento", além de exemplos específicos para estudantes dos ensinos médio e fundamental, ensino superior, pós-graduação e concursos.

Por fim, o Capítulo 11 apresenta diversas dicas para organização das informações. Neste capítulo são compartilhadas diversas estratégias de aplicação dos mapas mentais para organização pessoal. O nosso computador, por exemplo: dia após dia, vamos salvando dados que esperamos um dia utilizar. Guardamos apostilas de cursos, documentos digitalizados, e-mails, fotografias importantes, vídeos, músicas, apresentações etc. O problema é que, na hora de salvar, você sabe onde a informação está; porém, na hora de recuperá-la, gera-se um considerável esforço de pesquisa! Este capítulo sugere como organizar e encontrar de forma rápida as suas informações.

Para que o seu aprendizado e o seu aproveitamento do conteúdo escrito neste livro sejam ainda maiores, utilizamos alguns ícones para chamar a sua atenção:

☞	Este símbolo é utilizado quando estamos desenvolvendo um exemplo. Ele tem a função de chamar a sua atenção para itens importantes e escolhas a serem realizadas.
Como Fazer Passo a passo	Toda vez que este símbolo aparecer, uma explicação detalhada será apresentada.
⚠	Este símbolo é utilizado para dicas ou para chamar a sua atenção sobre alguma opção de configuração.
⚠ AVISO	Este símbolo é utilizado para chamar a sua atenção para erros ou ações que devem ser evitadas.
🌐 www.	Este ícone é utilizado para orientá-lo sobre o arquivo usado no exemplo do livro, que poderá ser encontrado no site do autor (<http://www.germanofenner.com.br>).

O livro vem com diversos exemplos e sugestões de mapas mentais. Houve um esforço e uma dedicação especial em desenvolver cada um dos exemplos de forma bem detalhada, e alguns conceitos são repetidos duas ou mais vezes para que sejam fixados pelo leitor. Nossa preocupação é que você consiga assimilar e entender os conhecimentos aqui descritos da melhor forma possível. Queremos que você aprenda!

Por fim, esperamos que este livro ajude você a melhorar o seu desempenho pessoal e profissional.

Relaxe a aproveite!

Espaço do leitor

O espaço do leitor é uma área de interação dos leitores deste livro. Ali, você poderá trocar experiências com outros leitores e também com o autor.

Nesta área você irá encontrar:

- **Respostas dos exercícios do livro** – É permitido ao leitor realizar o *download* dos exercícios desenvolvidos ao longo do livro.
- **Software** – O leitor poderá fazer *download* dos softwares para desenvolvimento de mapa mental. Alguns destes softwares, como o MindManager, são cópias de avaliação e outras são código aberto, como o XMind.
- **Exemplos de mapas mentais** – O leitor poderá realizar *download* das diversas sugestões de mapas mentais apresentadas no livro.
- **Fórum do leitor** – O leitor poderá interagir, postar dúvidas e trocar experiências com outros leitores e também poderá interagir diretamente com o autor sobre as principais questões envolvendo os assuntos apresentados no livro.

Acesse o espaço do leitor:
<http://www.germanofenner.com.br/espacodoleitor>

Prefácio

Não lembro como o folder chegou às minhas mãos. Lembro apenas que falava de algo do meu interesse, embora eu não o compreendesse totalmente. Anunciava um curso e tinha o seguinte título: "Mapas Mentais – Potencializando Ideias".

Era o ano de 2009, época na qual, por um motivo que não vem ao caso agora, eu vinha me interessando por questões relacionadas ao cérebro, ao pensamento e à mente humana. Tanto que estavam na minha cabeceira obras como "As tecnologias da inteligência", de Pierre Lévy, "O ócio criativo", de Domenico De Masi, e "Treine a mente, mude o cérebro", de Sharon Begley. Com outro tipo de abordagem, mas na mesma cabeceira, estavam também "Sidarta", de Hermann Hesse, e "Concentração", de Mouni Sadhu.

Não foi à toa que o curso sobre "mapas mentais" me chamou a atenção, ainda mais quando vi que no programa havia tópicos como *níveis de memória, organização das ideias, processos e estratégias para a elaboração de mapas mentais.*

Só fiquei intrigado com os itens sobre integração dos mapas mentais com ferramentas como Word e PowerPoint. Seriam os mapas mentais um método de mapear os pensamentos ou um programa de computador? Deixei para me preocupar com isso durante o curso.

Foi assim que, em junho de 2009, em uma sala de aula da Universidade de Fortaleza (UNIFOR), fiz meu primeiro contato com os mapas mentais.

O responsável pela minha introdução nesse novo ramo do conhecimento foi o professor Germano Fenner, que hoje me honra com a missão de escrever o prefácio do seu novo livro, o qual, aliás, tem o mesmo nome do curso já referido aqui: "Mapas Mentais – Potencializando Ideias".

Se por um lado a tarefa me honra, por outro é um grande desafio, uma vez que, sendo eu apenas um aluno do autor, não sei se tenho conhecimento suficiente para falar do assunto. Afinal, trata-se de tema complexo que ora se refere à própria compreensão do modo de funcionar do pensamento humano, da maneira como as ideias se organizam em nossa mente, ora apresenta uma ferramenta tecnológica, que se propõe a facilitar o trabalho do nosso cérebro, ou seja, o trabalho de raciocinar e organizar o raciocínio.

Nessa linha, penso que seja melhor deixar para o autor, no conjunto de sua obra, a exposição de seus conhecimentos a respeito do assunto, limitando-me eu – aluno investido da condição de prefaciador – a dar o meu próprio testemunho de como os mapas mentais passaram a fazer parte da minha vida.

Não, não estou exagerando. Desde aquele junho de 2009, o uso dos mapas mentais – e de softwares que favoreçam a sua criação – tornou-se algo frequente, usual, corriqueiro até, em diversas de minhas atividades, sejam elas profissionais, sejam pessoais.

Neste ponto, mesmo o leitor que ainda não tenha tido contato algum com o assunto (e que tenha a curiosa mania de ler o prefácio antes de avançar um pouco no livro propriamente dito) já pode perceber (ou ser advertido de) que o uso de mapas mentais, como método para organizar as ideias, não requer mais que lápis, papel e borracha, embora existam programas de computador que tornem esse trabalho muito mais fácil.

Ouso dizer que os mapas mentais são um método fundamentado na nossa forma natural de pensar, de maneira tal que, em vez de usar um diagrama ou esquema, no qual inserimos nossas ideias, é a partir destas – as ideias – que o diagrama é desenvolvido, assumindo formas diferenciadas, conforme seja o objeto de nossos pensamentos.

O certo é que, pelo menos quanto a mim, parece ter sido essa adequação do método ao raciocínio (e não o contrário) que fez a diferença.

Retomo a narrativa acerca do uso dos mapas mentais em diversas situações da minha vida, na certeza de que o leitor melhor compreenderá o que acabo de afirmar.

Experimentei os mapas mentais primeiro na organização dos meus próprios interesses e ocupações. Afinal, interesso-me pelo quê? Com o que me preocupo? De quais atividades me ocupo? As respostas a essas perguntas sempre me pareceram fundamentais para a organização do meu tempo e o direcionamento das minhas energias.

Ao pensar sobre elas, vêm-me à mente ideias como FAMÍLIA, AMIGOS, TRABALHO, LAZER, FÉ e tantas outras coisas que fazem parte da vida de qualquer pessoa. Mas uma lista de palavras é apenas uma lista de palavras. E não é assim, em forma de palavras, que as ideias surgem em nossa mente. Quando penso em amigos, não penso na palavra AMIGOS, mas nas pessoas que considero amigas. É por isso que essas ideias me parecem mais naturais apresentadas assim:

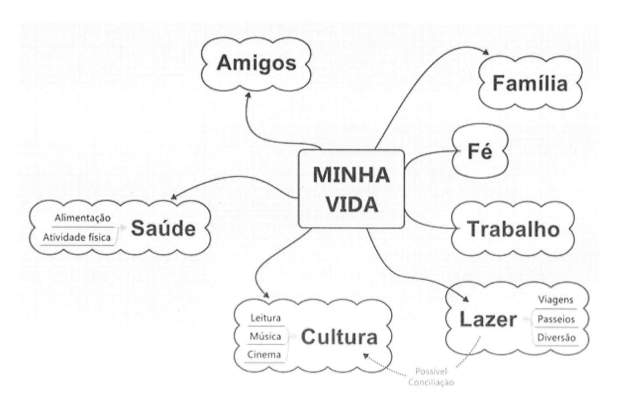

Claro que o mapa anterior está apenas iniciado. Cada um dos itens citados pode ser expandido em diversos níveis – além do quê, inúmeras são as relações que podem ser identificadas entre esses itens. O desenvolvimento de um mapeamento da espécie é, portanto, um projeto ambicioso, muito ambicioso.

Admito que o leitor não habituado ao tema possa estar surpreso, ou até um pouco confuso, diante do esquema apresentado. Porém, se observar atentamente, começará a perceber a beleza e a funcionalidade desse método fantástico que são os mapas mentais.

Por outro lado, o leitor iniciado na matéria saberá, de imediato, que está diante de um exemplo simples, pois tem a exata noção de que os mapas mentais se mostram eficazes para tarefas bem complexas.

Nesse sentido, um ponto que merece destaque no livro de Germano Fenner é o cuidado do autor ao se dirigir a esses dois tipos de leitores: o iniciante e o iniciado.

Da análise do conjunto da obra, vê-se que é um livro bem completo, com valioso conteúdo teórico e prático, que apresenta vários exemplos de mapas mentais e capacita o leitor para o uso de ferramentas existentes no mercado, tais como o MindManager e o XMind.

Para finalizar esse testemunho-prefácio, darei mais um exemplo de mapa mental. Já os utilizei para preparar aulas e palestras, organizar viagens, planejar o lançamento de meus livros e muitas outras finalidades. O que apresentarei a seguir bem demonstra como os mapas mentais continuam fazendo parte do meu cotidiano.

Em 2013, coordenei um seminário promovido pela Justiça Federal do Ceará, cujo título foi "Seminário sobre Humanização do Sistema Jurisdicional". Ao ser incumbido de tal missão, minha primeira providência foi desenvolver um mapa mental do evento, a fim de planejá-lo, e, em sua versão resumida, ele ficou assim:

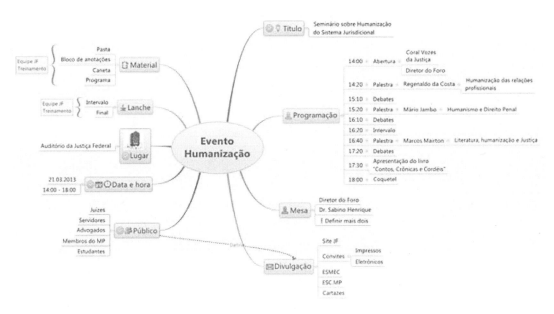

No final, o seminário foi um sucesso. Claro que a participação de todos os colaboradores do evento foi fundamental, mas tenho certeza de que o uso dos mapas mentais me permitiu planejar e monitorar essa participação de maneira muito eficiente.

Ao leitor que ora se debruça sobre esta obra, recomendo olhos atentos e mente aberta. Os conhecimentos aqui contidos podem fazer a diferença em inúmeras situações que ainda surgirão em sua vida.

Marcos Mairton
Juiz Federal, escritor e poeta.

Sumário

Capítulo 1. O que são os mapas mentais 1
Um cenário bastante diferente 1
O que é um mapa mental 2
Como surgiram os mapas mentais 3
Os mapas mentais e suas aplicações 4
Benefícios na utilização dos mapas mentais 4
    Benefícios intelectuais 5
    Benefícios emocionais 5
    Benefícios materiais 5
    Benefícios para comunicação com outras pessoas 6
Desvantagens de um mapa mental 7

Capítulo 2. A organização de nosso cérebro 8
Sistema nervoso 8
O Sistema Nervoso Central (SNC) 10
O Sistema Nervoso Periférico (SNP) 11
O Sistema Nervoso Autônomo (SNA) 11
A célula nervosa – o neurônio 12

Capítulo 3. Outras perspectivas sobre o nosso cérebro 17
O que é o cérebro triádico 17
Analogias dos comportamentos cerebrais 19
    Quando o lado racional é o mais desenvolvido 20
    Quando o lado emocional é o mais desenvolvido 20
    Quando o lado operacional é o mais desenvolvido 20
QT – Quociente Triádico 21
Exercício de integração dos hemisférios cerebrais 23
O fator comunicação 25
Canais de comunicação 26

Comunicação visual 27
Comunicação sinestésica 27
Comunicação auditiva 28
Exercício de identificação do canal predominante de comunicação 28

Capítulo 4. A natureza e sua forma de organização 32

Técnicas padrão para o aprendizado 34
A natureza e suas formas de organização 34

Capítulo 5. Criando mapas mentais 41

Passos para criar um mapa mental 41
    Passo 1 – Comece no centro da folha 41
    Passo 2 – Crie tópicos 42
    Passo 3 – Crie subtópicos 44
    Passo 4 – Acrescente cores 45
    Passo 5 – Acrescente imagens 46
Algumas observações sobre como nos lembramos das informações 47
Considerações sobre mapas mentais 49
Mapas que ajudam na memorização e fixação do conteúdo 50

Capítulo 6. Criando mapas mentais com MindManager 53

Sobre o MindManager 53
Requisitos necessários para a instalação 54
Instalando o MindManager 54
Iniciando o MindManager 63
Exemplo passo a passo com o MindManager 66
Considerações sobre o exemplo de implantação do processo de compras 68
    Ideia central 68
Trabalhando com tópicos 70
    Incluindo tópicos 71
    Alterando a identificação de tópicos 74
    Excluindo tópicos do mapa mental 75
Salvando um mapa mental 77
Trabalhando com subtópicos 77
    Incluindo subtópicos 78
    Ocultando subtópicos 82
    Alterando a identificação de subtópicos 83
    Excluindo subtópicos do mapa mental 84
Melhorando a aparência de mapas mentais 85
    Adicionando imagens ao mapa mental 85

Excluindo imagens do mapa mental..88
Criando uma biblioteca de imagens personalizadas 89
    Excluindo uma biblioteca de imagens personalizadas 93
Adicionando ícones 95
Trabalhando com notas 98
    Inserindo notas 98
    Excluindo notas 99
Trabalhando com anotações 99
    Inserindo anotações 99
    Excluindo anotações 101
    Visualizando as anotações de forma rápida 101
Trabalhando com *boundary* 104
    Inserindo *boundary* 104
    Alterando a cor de fundo do *boundary* 105
    Excluindo um *boundary* 106
Estabelecendo relacionamentos 109
    Criando relacionamentos 109
Vinculando arquivos ao mapa mental 113
    Criando vínculos de arquivos 114
Imprimindo um mapa mental 120

Capítulo 7. Exportando dados de mapas mentais para outros formatos de arquivos.. 126

Exportando informações do mapa mental para um arquivo HTML5 126
Exportando informações do mapa mental para um arquivo Word 130
Exportando informações do mapa mental para um arquivo PowerPoint 135
Exportando informações do mapa mental para um cronograma de projeto 140
Criando um arquivo de imagem 144
Criando um arquivo compactado 146
Criando a página *web* do mapa mental 149
Compartilhar mapas mentais por e-mail 153
Trabalhando com múltiplos mapas mentais 158

Capítulo 8. Criando mapas mentais com XMind 166

Sobre o XMind..166
Requisitos necessários para a instalação 167
Instalando o XMind 168
Iniciando o XMind 175
Exemplo passo a passo com o XMind 177
Considerações sobre o exemplo de implantação do processo de compras 180
    Ideia central 180

    Adicionando tópicos 183
        Alterando a identificação de tópicos 185
        Excluindo tópicos do mapa mental 187
    Salvando um mapa mental 187
    Adicionando subtópicos 188
        Alterando a identificação de subtópicos 193
        Excluindo subtópicos do mapa mental 194
    Melhorando a aparência de mapas mentais 195
        Adicionando marcadores ao mapa mental 197
        Alterando imagens no mapa mental 201
        Excluindo imagens do mapa mental 202
    Criando uma biblioteca de imagens personalizadas 203
        Adicionando imagens da biblioteca de imagens personalizadas 204
    Trabalhando com callout 208
        Inserindo callout 208
    Trabalhando com notas 209
        Inserindo notas 210
        Visualizando as notas de forma rápida 211
        Alterando notas 212
        Excluindo notas 212
    Trabalhando com *boundary* 215
        Inserindo *boundary* 215
        Alterando o formato do *boundary* 216
        Alterando a cor de fundo do *boundary* 217
        Excluindo um *boundary* 219
    Estabelecendo relacionamentos 222
        Criando relacionamento entre itens 222
        Alterando o estilo da linha de relacionamento 224
        Excluindo o relacionamento entre itens 225
    Vinculando arquivos ao mapa mental 228
        Inserindo vínculo de arquivos 229
        Excluindo vínculo de arquivos 231
    Exportando dados de mapas mentais para outros formatos de arquivos 234
    Trabalhando com múltiplos mapas mentais 240

Capítulo 9. Boas práticas para o desenvolvimento de mapas mentais 245

Excesso de informações 245
Ordem de leitura das informações 251
Letras 253
Figuras 255
Informações extensas 257

Capítulo 10. Sugestões de mapas mentais 260

Exemplo de mapas mentais 260
    Lista de ações diárias 261
    Férias 262
    Ações do portfólio de projetos 264
    Programa de projetos 265
    Projetos 266
    Rede de relacionamentos 267
    Utilização de software 268
    Exemplo para palestra 269
    PRINCE2® 269
    Apartamento 270
    Conteúdo programático para aulas 274
    Agenda de encontros para curso 279
    Livros 279
    Mapas para estudo 281
    Dicas de mapas mentais para concursos – primeira sugestão 282
    Dicas de mapas mentais para estudantes dos ensinos fundamental e médio – primeira sugestão 285
    Dicas de mapas mentais para estudantes universitários – primeira sugestão 286
    Dicas de mapas mentais para concursos – segunda sugestão 288
    Dicas de mapas mentais para estudantes dos ensinos fundamental e médio – segunda sugestão 291
    Dicas de mapas mentais para estudantes universitários – segunda sugestão 294
    Dicas finais para os estudantes 295

Capítulo 11. Organização pessoal com mapas mentais 296

Organização do conteúdo 296
Decida o que é importante a ser guardado 297
Estratégia para organização 297
Sugestões para organização das informações 298
    Principais assuntos 299
Sugestões para armazenamento das informações 303
Comentários finais 305

Referências bibliográficas 307

Capítulo 1. O que são os mapas mentais

Neste capítulo iremos estudar:
- O conceito de mapa mental.
- Como surgiram os mapas mentais.
- Os mapas mentais e as suas aplicações.
- Benefícios da utilização dos mapas mentais.
- Exemplos da utilização dos mapas mentais.

Mapas mentais podem ser utilizados das mais diversas formas, seja para melhoria da performance pessoal ou profissional.
Através de esquemas gráficos podemos sintetizar ideias, organizar o raciocínio, elaborar um planejamento, tomar notas, gerenciar informações, ajudar no processo de comunicação com outras pessoas, etc.
Trata-se de um recurso simples e de fácil utilização do qual você poderá se beneficiar das mais variadas formas.

Um cenário bastante diferente

Em nenhuma outra época a humanidade teve tantos recursos à sua disposição como o período em que atualmente estamos vivenciando. Ficamos sabendo em questão de minutos, e às vezes em tempo real, os acontecimentos que ocorrem em qualquer lugar do planeta. Notícias que antes levavam dias, semanas, para chegar ao nosso conhecimento hoje podem ser acessadas de forma instantânea e com uma facilidade nunca antes conhecida. Não precisamos chegar em casa e esperar o horário de um determinado noticiário para ficar informado sobre os últimos acontecimentos. De qualquer lugar através de um dispositivo móvel com acesso à internet você escolhe o horário e decide o que deseja saber!

Hoje temos um verdadeiro arsenal, se é assim que podemos chamar, de recursos tecnológicos desenvolvidos para nos ajudar a viver melhor. Celulares, computadores, *smartphones* e *tablets* são alguns dos equipamentos disponíveis.

Se por um lado temos o privilégio de saber em tempo real os acontecimentos do mundo e podemos contar com uma variedade de recursos tecnológicos, por outro, nunca fomos tão exigidos como estamos sendo agora.

As pessoas estão trabalhando mais, os prazos são cada vez mais otimizados, custos cada vez mais restritos e temos ainda que saber administrar um volume cada vez maior de atividades e compromissos – e talvez este seja um dos desafios resultantes de tanta tecnologia. Diariamente recebemos um considerável volume de e-mails, telefonemas, solicitação de reuniões, etc. Em certos momentos estamos falando ao celular, teclando num *chat* de conversa instantânea, fazendo sinal para uma pessoa próxima e pensando sobre a solução de uma determinada situação que precisamos resolver, e tudo isso ao mesmo tempo. Seguidamente temos que gerar relatórios, responder a dúvidas, tomar decisões e, como se não bastasse, temos nossos compromissos pessoais e familiares, além da atualização profissional, pois a reciclagem do conhecimento passou a ser constante em nossas vidas.

Assim como nós, as empresas e organizações também estão tendo que se adaptar a constantes mudanças e, para tal, elas contam com uma série de metodologias e boas práticas que as auxiliam a serem mais rápidas, competitivas e otimizadas. Como exemplo disso nós temos as normas ISO, Six Sigma, o Controle Total da Qualidade, etc. Todas essas práticas de mercado buscaram garantir um melhor resultado, melhorar um serviço e elevar o nível de garantia e qualidade de um determinado produto. Existem também modelos, técnicas, padrões e boas práticas para melhorar o seu desempenho, como, por exemplo, na área de Tecnologia da Informação (TI), que talvez seja uma das áreas mais privilegiadas. A TI conta com diversas opções de *frameworks*, tais como o CMMI, CobiT, ITIL, Scrum e XP, tudo para ajudar a melhorar e eficiência dos serviços.

Não se preocupe com as siglas que foram citadas, apenas entenda que elas têm uma coisa em comum: são o resultado de muito estudo, experiência e contribuição de diversos profissionais da área que buscam melhorar cada vez mais!

Perceba que, tanto para as empresas como para as suas áreas, existe uma diversidade de opções de modelos disponíveis – e para você? O que existe de opção, *framework*, técnica, já que o nível de exigência vem sendo cada vez maior, os desafios e oportunidades vêm aumentando? O que existe para ajudar a melhorar o seu desempenho pessoal e profissional para que você possa se beneficiar do atual cenário?

É pensando nisso que este livro foi escrito!

Queremos aqui ajudá-lo através dos recursos que os mapas mentais oferecem, e este será o nosso modelo, *framework*, técnica, a possibilidade de melhorar o seu desempenho pessoal e profissional.

Os mapas mentais podem nos ajudar das mais diversas formas, como, por exemplo, no planejamento inicial de um projeto, em uma determinada entrevista, no roteiro de apresentação para uma palestra, a ministrar uma determinada aula, no planejamento de uma viagem, na comunicação com outras pessoas, no apoio aos estudos e muito mais.

Podemos utilizar mapas mentais para organizar os nossos compromissos pessoais e profissionais, para administrar um determinado volume de informações, para gerenciar a implantação de um determinado processo ou sistema de informação, ou para conduzir uma mudança. O difícil está em saber em que ele não pode ser aplicado.

O que é um mapa mental

Mapa mental, ou mapa da mente, é o nome dado a um tipo de diagrama, sistematizado pelo inglês Tony Buzan, voltado para a gestão de informações, de conhecimento e de capital intelectual; para a compreensão e solução de problemas; para a memorização e o aprendizado; para a criação de manuais, livros e palestras; como ferramenta de *brainstorming* (tempestade de ideias); e no auxílio à gestão estratégica de uma empresa ou negócio (WIKIPÉDIA).

Através de símbolos, textos e imagens, as informações são organizadas de forma muito semelhante à organização dos neurônios em nosso cérebro. A forma como as informações são apresentadas em um mapa mental é muito diferente da forma tradicional (linear) de organizar as informações, como mostrado na tabela a seguir.

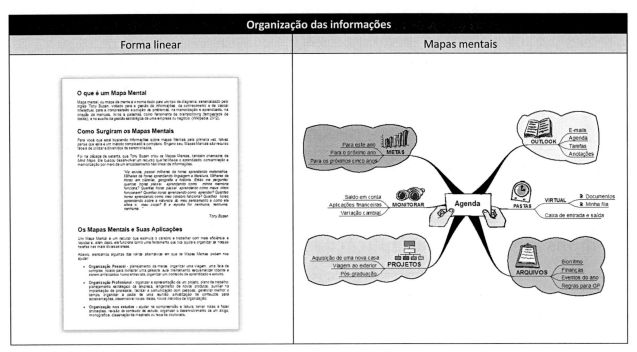

Tabela 1 – Formas de organizar as informações

Como surgiram os mapas mentais

Ao buscar informações sobre mapas mentais pela primeira vez, talvez você pense que este é um método complicado e complexo. Engano seu. Mapas mentais são recursos fáceis de utilizar e divertidos de serem criados.

Foi na década de 1970 que Tony Buzan criou os mapas mentais, também chamados de *mind maps*. Ele buscou desenvolver um recurso que facilitasse o aprendizado, a concentração e a memorização por meio de um encadeamento não linear de informações.

> *Na escola, passei milhares de horas aprendendo matemática. Milhares de horas aprendendo linguagem e literatura. Milhares de horas em ciências, geografia e história. Então me perguntei: quantas horas passei aprendendo como minha memória funciona? Quantas horas passei aprendendo como meus olhos funcionam? Quantas horas aprendendo como aprender? Quantas horas aprendendo como meu cérebro funciona? Quantas horas aprendendo sobre a natureza do meu pensamento e como ele afeta o meu corpo? E a resposta foi: nenhuma, nenhuma, nenhuma...*
>
> *Tony Buzan*

O trabalho de estudo e descoberta dos mapas mentais começou com as observações de Tony Buzan sobre atitudes e comportamentos de alunos que estavam obtendo bons resultados. Analisando os registros das informações, ele percebeu que anotações eram feitas de maneira simples e que sintetizavam ideias. Buzan percebeu também que as anotações não necessitavam de tempo de preparo, elas eram feitas de forma direta e objetiva.

Outra característica que chamou a sua atenção foi que os registros das informações utilizavam recursos como cores, desenhos, ilustrações, símbolos e setas, além de destacarem as palavras-chave dos assuntos em questão.

Buzan, em suas análises, concluiu que as informações eram registradas de forma bastante simples e atrativa, destacando os pontos importantes de um determinado assunto em questão.

A partir desse fato, Tony Buzan passou a fazer pesquisas que resultaram na criação de uma técnica, mapas mentais, que passou a ser utilizada por diversas pessoas e das mais variadas formas, motivando inclusive a criação e o desenvolvimento de software específico para esse assunto, tema que abordaremos nos próximos capítulos.

Vale destacar aqui que Tony Buzan passou a ser considerado uma das maiores autoridades do mundo em aprendizagem acelerada, tendo seus livros recomendados pela *Open University* da Grã-Bretanha como textos introdutórios de pedagogia e comunicação.

Os mapas mentais e suas aplicações

Um mapa mental estimula o cérebro a trabalhar com mais eficiência e rapidez. Ele funciona como uma ferramenta que nos ajuda a organizar as nossas ideias melhorando a concentração e a memória.

A seguir, apresentamos algumas das formas que os mapas mentais podem nos ajudar:

- **Organização pessoal** – Planejar metas, organizar uma viagem, fazer uma lista de compras, organizar uma mudança, esquematizar tópicos a serem enfatizados em uma determinada entrevista.
- **Organização profissional** – Organizar a apresentação de um projeto, fazer um plano de trabalho, roteiro para ministrar uma palestra, fazer o planejamento estratégico da empresa, lançamento de novos produtos, auxiliar na implantação de processos, facilitar a comunicação com pessoas, gerenciar melhor o tempo, organizar a pauta de uma reunião, sintetizar conteúdos para apresentações, desenvolver novas ideias.
- **Organização nos estudos** – Ajudar na compreensão e leitura, tomar notas, organizar um conteúdo de aprendizado ou estudo, organizar o desenvolvimento de artigo, monografia, dissertação de mestrado ou tese de doutorado.

Ainda sobre a utilização dos mapas mentais para os estudos, tanto o aluno quanto o professor podem se beneficiar desse recurso para tornar o aprendizado (e o ensino) mais fácil e intuitivo. É muito comum um conteúdo complicado e de difícil assimilação passar a ser compreendido com facilidade ao ser traduzido na forma de mapa mental.

Benefícios na utilização dos mapas mentais

Ao utilizar o mapa mental, nós fazemos com que o cérebro seja mais bem estimulado e, consequentemente, o trabalho passe a ser desenvolvido com mais rapidez, com as ideias fluindo com mais facilidade.

Toda vez que você traduzir as informações para mapas mentais, ou seja, pegar um texto, uma anotação, um determinado assunto, e colocá-lo na forma de um mapa mental, você passa a ter uma série de benefícios que farão a diferença, seja para resolver um problema, encontrar uma solução, aprender sobre um determinado assunto ou apresentar informações para outras pessoas. A seguir, elencamos alguns dos diversos benefícios que você poderá obter com a utilização dos mapas mentais.

Benefícios intelectuais

Alguns exemplos de benefícios intelectuais que podemos obter com a utilização mapas mentais:

- Estímulo à criatividade.
- Melhora da concentração, principalmente em situações onde for necessário desenvolver um determinado assunto (entrevista, palestra, reunião).
- Desenvolvimento da percepção de múltiplos aspectos para um determinado assunto ou situação.
- Evitar/Diminuir os momentos de devaneios (falta de concentração) no desenvolvimento de um assunto.
- Aumento do nível de captação e memorização (facilidade para lembrar o assunto tratado).
- Capacidade de organizar conhecimentos.
- Desenvolvimento da objetividade, pois, como os mapas mentais aumentam a nossa capacidade de concentração, evitamos colocar informações que nada agreguem ao assunto em questão.
- Maior habilidade para sintetizar as informações.

Ainda sobre as habilidades intelectuais, chamamos a sua atenção para a capacidade de organizar o conhecimento, que nos dias de hoje é algo crítico, considerando a quantidade de informações que recebemos diariamente.

Benefícios emocionais

Além dos benefícios intelectuais, os mapas mentais nos beneficiam emocionalmente. Isso acontece porque, ao criar um mapa mental, você estimula o cérebro a trabalhar, ou seja, você cria mecanismos para que o cérebro utilize melhor os seus recursos.

Exemplos de benefícios emocionais que podemos obter com a utilização de mapas mentais:

- Redução do estresse causado por excesso de informações.
- Maior sensação de organização e controle.
- Estímulo à tranquilidade, à autoestima, à autoconfiança.
- Aumento do senso de capacidade.
- Desenvolvimento do processo criativo.

Benefícios materiais

Você já parou para observar a quantidade de papel necessária para registrar informações, a quantidade de rascunhos para tomar notas ou fazer anotações? Já observou o quanto esse tipo de situação atrapalha o seu desempenho, principalmente quando precisa procurar por algum tipo de informação que você não lembra onde registrou? Os candidatos a concursos, exames e vestibulares conhecem muito bem essa realidade, pois em ambas as situações o volume de informação a ser memorizada é consideravelmente grande.

As informações nos mapas mentais são registradas de forma simples e intuitiva – e o mais interessante é a possibilidade de resumirmos um considerável volume de informações em uma única página.

Existem situações onde temos um grande volume de informação (anotações, desenhos, rascunhos, fórmulas) para memorizar para posteriormente podermos lembrar. A depender da maneira como as informações estão registradas, armazenadas ou arquivadas (grande volume de papel, quantidade de arquivos, pastas, fórmulas), acaba-se por gerar um desânimo em buscar a informação que se está necessitando naquele momento. Isso pode ser melhorado? A resposta é sim!

Com a utilização de mapas mentais, podemos obter os seguintes benefícios materiais:

- Redução do volume físico de papel utilizado para fazer anotações.
- Considerável redução de tempo para encontrar as informações necessárias.
- Rapidez em entender o assunto ou a informação que foi registrada.
- Menos tempo para revisão do que foi escrito.
- Aumento da produtividade.

Benefícios para comunicação com outras pessoas

Os mapas mentais também podem ser utilizados para trabalhos que envolvam diversas pessoas. Você já passou por um momento em que sabia claramente o que precisava ser dito ou explicado, mas, ao tentar fazer isso para um grupo de pessoas, não conseguiu? Mapas mentais podem ser utilizados para facilitar a explicação de uma ideia, apresentar um conteúdo, esboçar um plano, etc.

Você já presenciou um palestrante que, na medida em que o tempo vai passando, consulta várias folhas e acaba se perdendo na ordem das informações, devido à quantidade de material que foi necessário para organizar o roteiro da apresentação? Quem já não viu uma pessoa que vai consultando determinadas anotações em pequenos pedaços de papéis, os chamados *post-its*, e em um determinado momento acaba se confundindo?

Existem ainda as situações onde o apresentador está muito bem organizado e começa a passar uma série de informações em *slides*. Ao terminar, devido à grande quantidade de *slides* utilizados, é preciso fazer uma revisão do conteúdo apresentado, pois as pessoas têm dificuldade de lembrar dos assuntos.

Mapas mentais podem ajudar nesse tipo de situação, onde precisamos melhorar a forma como nos comunicamos com as pessoas? Mais uma vez a resposta é sim!

Você pode criar mapas para organizar o roteiro de apresentação de um determinado conteúdo para uma equipe de profissionais, uma entrevista, palestra, ou até para organizar as informações de uma determinada disciplina a ser apresentada em sala de aula.

Em vez de ter as informações espalhadas em folhas, ou em *post-its*, podemos ter o roteiro de uma palestra, entrevista, apresentação, etc. sintetizado em um mapa mental que poderá caber em uma única folha.

Com a utilização de mapas mentais, podemos obter os seguintes benefícios para a comunicação com outras pessoas:

- Facilidade no compartilhamento do conhecimento e de informações.
- Conteúdo mais bem organizado de cursos, aulas, treinamentos, etc.
- Considerável melhoria na comunicação com equipes de trabalho, já que as informações são vistas de maneira direta e objetiva.
- Tomadas de decisão são realizadas de forma mais precisa e segura.

- Melhor percepção da situação e visualização de alternativas, considerando que as informações estarão concentradas em um menor volume de documentos.
- Facilidade de estudo e revisão, uma vez que as informações são acessadas de forma rápida.
- Facilidade para explicar informações que estejam interligadas.
- Melhor delegação de tarefas.

Desvantagens de um mapa mental

Este livro busca ser ético e transparente no que se refere aos assuntos relacionados com mapas mentais.

Apesar dos enormes benefícios já citados, existem desvantagens na utilização deste recurso que devem ser observadas:

- **Registros pessoais** – Os conteúdos dos mapas mentais irão variar de pessoa para pessoa. Vale destacar aqui que o conteúdo de um mapa mental tem muito do indivíduo que o desenvolveu – trata-se de identificações pessoais, ou seja, aquilo que é a palavra-chave para uma pessoa pode não ser para outra; cores, quantidade de informações, símbolos e figuras utilizadas, tudo isso pode dificultar o entendimento daquilo que está registrado no mapa mental.
- **Formato padrão de informações** – As informações registradas em um mapa mental não seguem o padrão tradicional (horizontal, vertical e às vezes em diagonal) que se costuma ver em aplicativos como editores de texto e planilhas eletrônicas. Você terá dificuldades quando tentar copiar as informações de seu mapa mental para outro programa. Poderá copiar, caso exista compatibilidade entre os programas de origem e destino; mas o conteúdo talvez não fique estruturado da mesma forma lógica tal como se vê no mapa mental.

Não queremos com isso diminuir o seu entusiasmo com os mapas mentais, mas os comentários que acabamos de fazer são alertas necessários e esclarecedores. Você deve lembrar também que não existe uma solução padrão que atenda a todas as pessoas; cada ser humano é diferente, cada pessoa tem a sua forma de agir, pensar, perceber e fazer as coisas. Diante disso, existirão indivíduos que não se identificarão com a solução proposta pelos mapas mentais, o que é perfeitamente normal!

Nota do autor: caso você queira compartilhar sua experiência com a utilização de mapas mentais, envie seus comentários e observações para o e-mail do autor, <leitor@germanofenner.com.br>.

Capítulo 2. A organização de nosso cérebro

Neste capítulo iremos estudar:
- O sistema nervoso.
- O Sistema Nervoso Central (SNC).
- O Sistema Nervoso Periférico (SNP).
- O Sistema Nervoso Autônomo (SNA).
- A célula nervosa – o neurônio.

> O cérebro é o único órgão que com o passar do tempo continua a se desenvolver.
> Com uma determinada idade, a nossa altura está definida, desenvolvemos nossos membros, formamos o nosso corpo, mas o cérebro não para, ele continua a se desenvolver.
> O cérebro só interrompe o seu desenvolvimento quando deixamos de usá-lo.
> A rotina de um mesmo percurso, atividades que não exigem raciocínio e imaginação, um cotidiano monótono, tudo isso são situações que nos fazem utilizar menos o nosso cérebro.
> Ele é uma máquina maravilhosa. Precisamos saber explorar mais os seus recursos!

Antes de começarmos a tratar da utilização dos mapas mentais, precisamos conhecer os nossos recursos internos. Estamos falando do nosso cérebro, um assunto muito comentado, mas na maioria das vezes pouco explorado!

Para fazer valer a utilização de mapas mentais, é importante compreender melhor o seu cérebro, saber sua organização, como ele processa as informações, percepções e sensações. Isso ajudará você a ter uma base de conhecimento para poder explorar melhor os benefícios oferecidos por um mapa mental.

Iniciaremos nossos estudos conhecendo o nosso sistema nervoso.

Sistema nervoso

De acordo com Roberto Lent, há muitas maneiras de ver o cérebro, assim como há muitas maneiras de ver o mundo. Um astrônomo, por exemplo, pensa na Terra como uma esfera azulada que se move em torno de seu próprio eixo e em torno do Sol. Já um geólogo percebe a Terra de outra maneira: ele a vê como uma esfera mineral, constituída por diversas camadas de matéria sobrepostas umas sobre as outras. Para o biólogo, a Terra é um local onde existem milhões de formas de vidas. Observe que as três percepções são verdadeiras, porém, enfatizando abordagens diferentes.

Nosso sistema nervoso, considerando o cérebro em particular, também pode ser estudado de várias maneiras, todas verdadeiras e igualmente importantes. Segundo Robert Lent, os psicólogos percebem o cérebro como um objeto capaz de produzir comportamento e consciência. O cérebro, numa visão neurobiológica, pode ser interpretado como um conjunto de células que se tocam através de finos prolongamentos, formando trilhões de complexos circuitos intercomunicantes. Os médicos eletrofisiologistas percebem o cérebro como sinais elétricos produzidos pelos neurônios como elementos de comunicação. Já os neuroquímicos observam o cérebro como reações químicas que ocorrem entre as moléculas existentes dentro e fora das células nervosas.

Muitos são os modos pelos quais podemos analisar e estudar o nosso sistema nervoso. Aqui, apresentamos alguns dos estudos científicos do cérebro, mas certamente existem muitos outros modos de estudar e observar, se considerarmos os pontos de vista não científicos.

O nosso sistema nervoso vai além de cérebro, cerebelo, tronco encefálico e medula espinhal; ele também abrange os diversos sistemas sensoriais como o Sistema Nervoso Central (SNC), o Sistema Nervoso Periférico (SNP) e o Sistema Nervoso Autônomo (SNA). Esses sistemas são responsáveis pela coleta das informações provenientes das partes de nosso corpo humano e pelo sistema motor que controla os nossos movimentos.

Na figura apresentada a seguir, podemos ver uma organização hierárquica de nosso sistema nervoso.

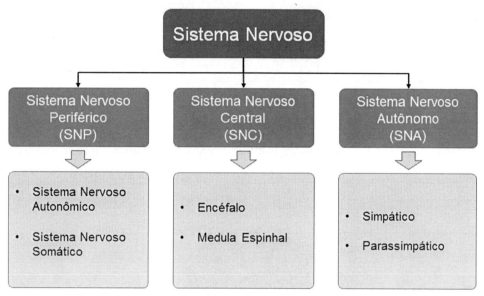

Figura 1 – Organização do sistema nervoso

Além da organização hierárquica, podemos observar, conforme mostrado na tabela a seguir, as funções de cada divisão do sistema nervoso.

Sistema nervoso		
Divisão	Partes	Funções gerais
Sistema Nervoso Central	• Encéfalo • Medula Espinhal	Processamento e integração de informações
Sistema Nervoso Periférico	• Nervos • Gânglios	Condução das informações entre os órgãos receptores de estímulos
Sistema Nervoso Autônomo	• Simpático • Parassimpático	Equilíbrio de ação

Tabela 2 – Funções de cada divisão do sistema nervoso

A seguir, falaremos um pouco sobre cada um dos sistemas.

O Sistema Nervoso Central (SNC)

O Sistema Nervoso Central coordena as principais atividades nervosas, interpretando e comandando a interação do organismo com o ambiente. Divide-se em: cérebro, cerebelo, ponte e bulbo (protegidos pelo crânio) e medula espinhal (no interior da coluna dorsal). A medula espinhal tem como principal função o transporte de mensagens neurais de nosso cérebro.

Roberto Lent, em seu livro "Cem Bilhões de Neurônios: conceitos fundamentais de neurociência", sugere a tabela a seguir para classificação hierárquica das estruturas de nosso cérebro:

SNC (Sistema Nervoso Central)							
Encéfalo							
Cérebro			Cerebelo		Tronco Encefálico			Medula Espinhal
Telencéfalo		Diencéfalo	Córtex Cerebelar	Núcleos Profundos	Mesencéfalo	Ponte	Bulbo	
Córtex Cerebral	Núcleos da Base	Diencéfalo						

Tabela 3 – Organização do Sistema Nervoso Central, segundo Roberto Lent

Com este exemplo, podemos perceber como é complexa a organização do nosso cérebro e mais complexo ainda, e por assim dizer fantástico, é o controle que ele exerce sobre cada uma das funções de nosso corpo.

Na figura a seguir, podemos ter uma ideia de como está organizada essa divisão em nosso Sistema Nervoso Central.

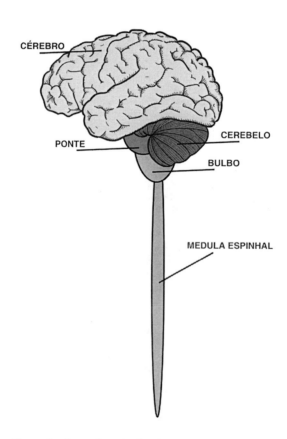

Figura 2 – Organização do Sistema Nervoso Central

Nos nervos espinhais e cranianos transitam informações oriundas de todas as partes do corpo humano, que são transmitidas:

1. Para todos os níveis da medula espinhal.
2. Para o tronco cerebral, formado pelo bulbo, pela protuberância e pelo mesencéfalo.
3. Para as partes mais altas do cérebro (GUYTTON, p. 103).

O Sistema Nervoso Periférico (SNP)

O Sistema Nervoso Periférico coloca o organismo em contato com o ambiente e é formado por pares de nervos, 12 cranianos e 31 raquidianos; em sua porção aferente (que vai ao encéfalo) é sensório (capta as sensações); na eferente (que volta do encéfalo com a ordem a ser seguida) é motor. Ele é composto por três tipos de nervos que não fazem parte do SNC:

- Sensitivos (transmitindo o sinal captado ao SNC).
- Motores, que conduzem a determinação ao órgão efetor (que realiza a ação).
- Mistos, com papel de sensitivo e motor ao mesmo tempo.

Os órgãos receptores dos nossos sentidos oferecem as seguintes informações: tato (com as submodalidades de temperatura e dor), visão, audição, paladar, olfato e propriocepção. Este último sentido nos dá uma referência do estado e da posição do corpo em relação a um número de sensores.

O Sistema Nervoso Autônomo (SNA)

Anteriormente, quando foi apresentada a tabela de funções de cada uma das divisões do Sistema Nervoso, na coluna funções, aparece equilíbrio de ação. As partes do SNA, Simpático e Parassimpático, possuem ações antagônicas, contrárias entre si, e que atuam de forma simultânea. Portanto, equilíbrio de ação é uma espécie de equilíbrio entre as forças que nascem da extrema capacidade regulatória do SNA. De modo geral, um corrige os excessos do outro. O sistema nervoso simpático acelera as batidas do coração e o sistema nervoso parassimpático entra em ação de forma contrária, diminuindo o ritmo cardíaco. Caso o sistema simpático acelere o trabalho do estômago e dos intestinos, o parassimpático, de forma contrária, atua diminuindo as atividades desses órgãos. Resumindo: o primeiro acelera o organismo, excitando-o, e o segundo o acalma, desacelera, em um mecanismo que deve ser sempre bem equilibrado.

O Sistema Nervoso Autônomo coordena a vida vegetativa atuando sobre a musculatura lisa (vísceras) e o coração. A ativação do SNA se dá por ordens emanadas do cérebro e de glândulas como a hipófise, exercendo comando químico através dos famosos neurotransmissores, principalmente adrenalina, noradrenalina, serotonina e colinérgicos.

A tabela a seguir apresenta um comparativo dos comportamentos orientados pelo Sistema Nervoso Autônomo:

Nervo simpático	Órgão humano	Nervo parassimpático
Dilata (midríase)	Pupila	Contrai (meiose)
Pouca saliva – espessa e grossa. Boca seca	Glândulas salivares	Saliva abundante e fina
Suor viscoso, frio	Glândulas sudoríparas	Suor fluido, quente
Vasoconstrição (diminui o calibre)	Vasos sanguíneos	Vasodilatação (aumenta o calibre)
Estreitamento das coronárias Lentidão de pulso	Coração	Dilatação das coronárias Aceleração do pulso
Contenção da digestão	Estômago	Estímulo à digestão
Contenção da secreção biliar	Vesícula biliar	Estímulo à secreção biliar
Estímulo à secreção de adrenalina	Suprarrenais	Contenção da secreção da adrenalina
Contenção da eliminação da urina	Rins	Estímulo da eliminação da urina

Tabela 4 – Comparativo dos comportamentos orientados pelo Sistema Nervoso Autônomo

Os reflexos que se desencadeiam por estarem alicerçados ao desenvolvimento da espécie denominam-se filogenéticos. Aquele que se desenvolveu ao longo da vida do indivíduo toma o nome de ontogenético.

Esses mecanismos auxiliaram na vida e na supremacia da espécie humana por largos séculos. Hoje em dia há necessidade de omitir grande parte da ação física que consumia os neurotransmissores do simpático e permitiam a volta ao equilíbrio – o preço disso é o estresse!

A célula nervosa – o neurônio

Para John R. Anderson, os componentes mais importantes do sistema nervoso são os neurônios. O neurônio é uma célula que acumula e transmite atividade elétrica.

John R. Anderson também afirma que nosso cérebro contém cerca de cem bilhões de neurônios, cada qual tendo aproximadamente a capacidade de um pequeno computador. Para ele, parte desses neurônios está ativa simultaneamente e realiza muito do seu processamento da informação por meio de interações de uns com os outros.

Cem bilhões de neurônios é o que temos à nossa disposição, uma tecnologia complexa e perfeita trabalhando para nós. Fica a pergunta: estamos fazendo bom uso desses recursos?

Você se lembra de fotos, filmagens, imagens e registros de seu nascimento? Pare e pense por alguns segundos...

Você se lembra de fotos, filmagens, imagens e registros de sua infância? Pare e pense por alguns segundos...

Você se lembra de fotos, filmagens, imagens e registros de seu tempo de colégio ou faculdade? Pare e pense por alguns segundos...

Você se lembra de fotos, filmagens, imagens e registros de algum momento marcante de sua vida? Pare e pense por alguns segundos...

Independentemente da sua idade, você deve ter recordado diversas imagens em frações de segundos. Em questões de segundos muitas imagens de épocas distantes e diferentes foram processadas pelo seu cérebro! Em minha experiência de trabalho com computadores, imagens sempre foram operações que consumiam considerável velocidade de processamento, memória e espaço em disco, comprometendo, na maioria das vezes, outras operações que tornavam o computador lento enquanto as imagens eram processadas. Se você pensou em cada uma das sugestões de fotos, filmagens e imagens, saiba que seu cérebro foi buscar informações registradas há muitos anos com uma velocidade incrível. O seu cérebro fez diversas operações de recuperação de informações de imagens em diferentes épocas de sua vida e em nenhum momento o seu desempenho foi alterado. Não precisa pensar muito para perceber o grande diferencial desse nosso "computador".

Já que temos bilhões de neurônios em nosso cérebro, é bom saber um pouco mais sobre estas células, tão fundamentais para o funcionamento cerebral.

O neurônio é uma célula nervosa com numerosas ramificações que lembram os galhos de uma árvore às quais se deu o nome de dendritos. Uma única dessas ramificações é mais comprida (pode ter mais de um metro) e é chamada de axônio. Ela representa o que tipicamente conhecemos como nervo. Por ela transitam impulsos elétricos e químicos. A figura a seguir é uma ilustração de um neurônio com destaque para a ramificação dos dendritos e dos axônios.

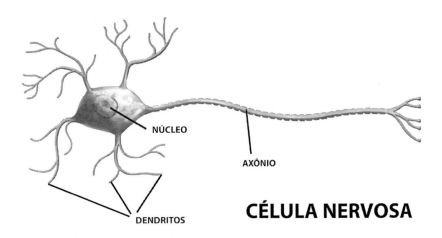

Figura 3 – Ilustração de um neurônio com destaque para a ramificação de dendritos

Os vários dendritos de um neurônio se comunicam com os axônios de outras células semelhantes, formando redes. O contato entre elas (sinapse) não é fechado, existindo um pequeno espaço (espaço sináptico) (resumo de ASIMOV, p. 133-135).

A figura a seguir é uma representação gráfica de um esquema de espaço sináptico entre as sinapses de dois neurônios, "A" e "B". Entre esses dois neurônios existem a troca de impulsos elétricos e químicos, sempre no sentido do axônio (A) para o dendrito (B). Vale destacar aqui que a maioria das sinapses é química.

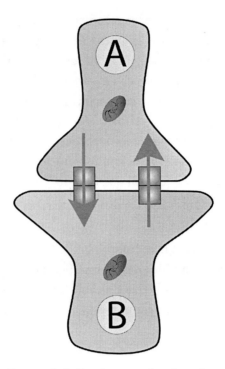

Figura 4 – Espaço sináptico de comunicação entre neurônios

As conexões entre neurônios são muito numerosas, de forma a, se necessário, existir a escolha de outro caminho diverso quando um estiver bloqueado.

Existem formas (inclusive farmacológicas) de facilitar, dificultar ou impedir o trânsito de neurotransmissores. Tal fato pode ser percebido até pela mobilidade de um sujeito. O portador da doença de Parkinson apresenta tremor nas mãos em razão da falta de dopamina; o psicótico pode apresentar movimento similar em razão da medicação que lhe é imposta (que diminui a absorção de dopamina).

É necessário, para o bom desempenho do sistema nervoso, um equilíbrio de três importantes neurotransmissores: noradrenalina, dopamina e serotonina.

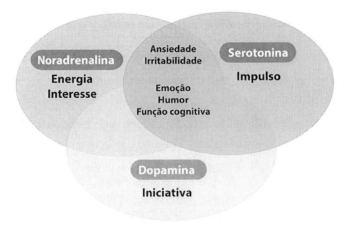

Figura 5 – Esquema de relação entre os neurotransmissores

O impulso elétrico (muito mais rápido) não pode ser bloqueado e ele compreende os subsistemas nervosos central, periférico e autônomo, comentados anteriormente.

Na próxima figura, temos uma representação do cérebro com destaque para as importantes estruturas neurais. Funções como nervo óptico, hipotálamo, ponte, bulbo e cerebelo são as mais primitivas, considerando o ponto de vista evolucionista, e podemos dizer que elas são responsáveis pelas funções mais básicas. O bulbo, por exemplo, é responsável por funções como respiração, deglutição, digestão e batimentos cardíacos. O desempenho de funções como coordenação motora e movimentos voluntários é patrocinado pelo cerebelo, enquanto o hipotálamo controla a expressão dos impulsos básicos.

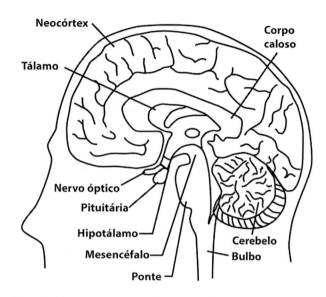

Figura 6 – Visão do cérebro com destaque para as importantes estruturas neurais

Já as estruturas como o tálamo, neocórtex e corpo caloso são bem desenvolvidas nas espécies superiores. O tálamo atua como uma espécie de retransmissão de informações motoras e sensoriais entre as áreas inferiores do córtex.

O sistema límbico, que está situado no limite do córtex com as estruturas inferiores, vem a ser uma área importante para a nossa memória. O sistema límbico contém uma estrutura chamada hipocampo, essencial para a memória humana. O hipocampo é uma estrutura que se estende pelas metades direita e esquerda do nosso cérebro.

Outro item importante é o córtex, ou neocórtex, que vem a ser a parte mais recentemente desenvolvida do cérebro. O neocórtex, embora seja muito primitivo em muitos mamíferos, nos seres humanos ocupa uma considerável área de extensão.

O neocórtex está dividido nos hemisférios direito e esquerdo. O que chama a atenção na anatomia do corpo humano é que a parte direita do corpo tende a se vincular com o hemisfério esquerdo do cérebro. Já a parte esquerda do corpo, com o hemisfério direito.

Os hemisférios cerebrais são divididos em quatro lobos:

1. **Lobo Frontal** – Responsável pelas funções motora e de planejamento.
2. **Lobo Parietal** – Responsável pelas funções sensoriais, principalmente as envolvidas no processamento espacial, tais como sensibilidade da temperatura e tato.
3. **Lobo Occipital** – Responsável pelas áreas visuais primárias.
4. **Lobo Temporal** – Responsável pelas áreas auditivas primárias e o reconhecimento de objetos.

Na próxima figura, podemos ver onde estão localizados cada um desses lobos em nosso cérebro.

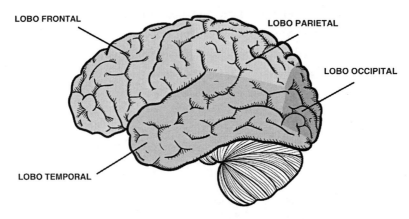

Figura 7 – Visão do cérebro com destaque para a localização dos lobos

Com todas essas informações, podemos perceber como são complexos e organizados o nosso cérebro e o nosso sistema nervoso.

Para quem leu este capítulo e conhecia muito pouco sobre o nosso sistema nervoso, provavelmente teve diversas surpresas quanto a sua organização e a complexidade de seus mecanismos. Sim, a natureza nos dotou de um sistema complexo e, por assim dizer, fantástico! Para quem já conhece mais, pode ser muito pouco o que está sendo aqui apresentado.

Na verdade, o assunto é muito mais complexo e a proposta não é apresentar uma aula de neuro anatomia, mas, sim, dar uma visão básica sobre o que é o sistema nervoso.

Queremos que você compreenda que, por exemplo, estar nervoso tem mais a ver com o estado emocional, mental e psicológico de uma pessoa do que com o sistema nervoso. É claro que tudo está interligado e uma coisa interfere na outra. Por exemplo, uma pessoa pode ficar nervosa em decorrência de uma incapacidade motora ocasionada por um problema neurológico. Outra fica nervosa por não ter a devida paciência diante daquela pessoa que não consegue entender o que ela tenta ensinar. Outra pessoa poderia ter distúrbios motores ocasionados por uma grande alteração emocional. E assim por diante.

O que importa mesmo é ter a consciência de que o verdadeiro equilíbrio depende de um funcionamento harmônico desse todo que constitui o ser humano. Ao pensar no corpo físico, lembre que são vários sistemas que constituem o todo. Todos os sistemas estão interligados, direta ou indiretamente, pelo sistema nervoso, pelo cardiovascular, por hormônios e diversas outras estruturas químicas que atuam como mensageiros estimulando reações distantes da sua origem.

E, para finalizar, é importante ter a consciência de que, habitando esse todo existe ainda um ser emocional cuja consciência pode afetar ou ser afetada pelo todo.

Capítulo 3. Outras perspectivas sobre o nosso cérebro

Neste capítulo iremos estudar:
- O que é o cérebro triádico.
- Analogias dos comportamentos cerebrais.
- Exercício do cérebro triádico.
- Exercício de integração dos hemisférios cerebrais.
- O fator comunicação.
- Canais de comunicação.
- Comunicação visual.
- Comunicação sinestésica.
- Comunicação auditiva.
- Exercício de identificação do canal predominante de comunicação.

Mais do que saber a respeito de como o nosso cérebro está organizado, precisamos entender um pouco o seu funcionamento. Precisamos conhecer melhor os seus recursos e o que temos disponível para poder explorá-los.
É curioso que existam pessoas que se dedicam a estudar novas tecnologias, mas esquecem de aprender um pouco sobre a tecnologia do cérebro.
Com o passar dos anos, novas descobertas e interpretações sobre o funcionamento do cérebro vão sendo conhecidas. O cérebro triádico é um exemplo disso, descoberta que nos faz repensar um pouco mais sobre o nosso cérebro, muito falado, mas ainda pouco explorado.

No capítulo anterior, estudamos como o nosso sistema nervoso está organizado e observamos o quanto ele é complexo e fantástico. Continuaremos o nosso estudo a respeito do cérebro[1], mas sob uma perspectiva de comportamento e função. Assim, aprenderemos um pouco mais sobre esse nosso mecanismo.

Por muitos anos acreditou-se que o nosso cérebro era dividido em duas partes, o hemisfério direito e o hemisfério esquerdo. Mas uma nova interpretação sobre o número de lados do nosso cérebro chama a nossa atenção, o cérebro triádico, que trataremos a seguir.

O que é o cérebro triádico

"Uma pessoa criativa é aquela capaz de processar, sob novas formas, as informações de que dispõe – os dados sensoriais comuns acessíveis a todos nós. O escritor precisa de palavras, o músico precisa de notas, os artistas precisam de percepções visuais e todos precisam de certo conhecimento das técnicas de sua arte. Mas o indivíduo criativo percebe intuitivamente possibilidade de transformar dados comuns em uma nova criação que transcende a mera matéria-prima". (EDWARDS, 1984, p. 38).

Mas qual a base neurológica da criatividade humana?

O cérebro é formado principalmente por dois hemisférios. Nos animais eles são simétricos, mas no homem isso é diferente. Desde fins do século XX os cientistas sabem que aproximadamente em 98% dos destros e em cerca de dois terços dos canhotos o comportamento é como o apresentado na tabela a seguir:

---
[1] Um complexo de conhecimentos como este, tão novo, criou várias escolas que discordam entre si e que chegam a diferentes conclusões. Nossa intenção é estar o mais equidistante possível das divergências e buscar as convergências.

Hemisfério cerebral esquerdo (racional)	Hemisfério cerebral direito (emocional)
Científico	Intuitivo (os fatos chegam à consciência sem que saibamos a razão)
Digital (conta)	Analógico (mede)
Crítico	Sensível – Criativo
Analítico (percebe os detalhes)	Sintético (percebe o todo)
Literal (usa e percebe palavras)	Visual (usa e percebe imagens)
Pragmático (prático)	Afetivo (valores)

Tabela 5 – Comportamento dos hemisférios cerebrais esquerdo e direito[2]

Já pensou por que pessoas diferentes realizando exatamente as mesmas tarefas produzem resultados absolutamente opostos? Certamente por causa do funcionamento de seu cérebro! Vale destacar também que cada pessoa tem a sua história de vida e, nesse contexto, as experiências vividas influenciarão a maneira como cada pessoa reage a uma mesma situação.

O hemisfério direito controla o lado esquerdo do corpo e vice-versa. O biólogo americano Roger W. Sperry, prêmio Nobel de Medicina em 1981, ficou famoso por seus estudos sobre a lateralidade dos hemisférios cerebrais e como eles se completam.

Os testes de QI (Quociente Intelectual) medem principalmente a inteligência abstrata, mais relacionada ao hemisfério esquerdo. O QI é um dado genérico que pouco pode ser alterado ao longo da vida (pode ocorrer ligeira mudança para mais com o treinamento adequado).

Mas: "qualquer um pode zangar-se – isto é fácil. Mas zangar-se com a pessoa certa, na medida certa, na hora certa, pelo motivo certo e da maneira certa – não é fácil". (Aristóteles, *apud* GOLEMAN, p. 9).

A teoria das inteligências múltiplas foi proposta por Howard Gardner em 1983 para analisar e descrever melhor o conceito de inteligência.

Gardner afirma que o conceito de inteligência como tradicionalmente definido em psicometria[3] (testes de QI) não é suficiente para descrever a grande variedade de habilidades cognitivas humanas. Por exemplo, a teoria afirma que uma criança que aprende a multiplicar números facilmente não é necessariamente mais inteligente que uma criança com habilidade maior em outro tipo de inteligência. A criança que leva mais tempo para dominar uma multiplicação simples pode: 1) aprender melhor a multiplicar através de uma abordagem diferente; 2) ser excelente em um campo fora da matemática; ou 3) compreender o processo de multiplicação em um profundo nível fundamentalmente (WIKIPÉDIA).

Existem vários tipos de inteligências que se completam; um deles é a cinestésica (coordenação da ação corpórea). Um dos exemplos pode ser Garrincha, um jogador excepcional do futebol brasileiro, apelidado de "a alegria do povo", que fazia jogadas magistrais, sempre da mesma forma e sempre logrando seus adversários. Só que ele não conseguia explicar tais proezas (faltava o argumento do hemisfério esquerdo). Nesse exemplo, podemos constatar o forte desenvolvimento de uma característica operacional, tão forte que se sobressaía perante as outras.

---

2 Existem diferentes conclusões e resultados com relação às pesquisas realizadas sobre o cérebro humano! A nossa intenção aqui é mostrar um pouco sobre os recursos e algumas formas de interpretação. Em momento algum estaremos opinando ou dando algum parecer sobre as linhas de pesquisa e resultados de estudos sobre o assunto. Reforçamos que estaremos o mais equidistante possível das divergências e buscando as convergências.

3 A psicometria não se refere apenas a testes de QI, trata-se de um assunto muito mais abrangente.

Chamamos a sua atenção para dois tipos de inteligência presente nos seres humanos: a inteligência interpessoal, que governa o relacionamento entre pessoas, e a inteligência intrapessoal, que se refere ao relacionamento consigo mesmo. Ambas estão relacionadas com o hemisfério cerebral direito e são medidas pelos testes de QE (Quociente Emocional).

Mais tarde o Dr. Waldemar de Gregori e outros cientistas acrescentaram a noção de um terceiro componente das inteligências dos hemisférios – o cerebelo ou cérebro central –, criando com isso a noção de cérebro triádico, como apresentado na figura a seguir.

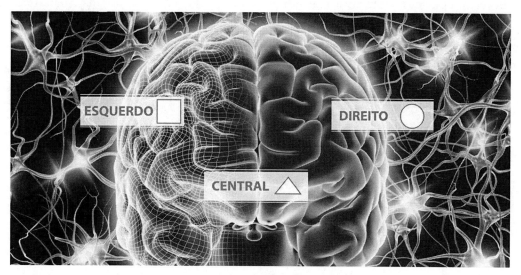

Figura 8 – Visão do cérebro triádico

As três regiões assim se denominam:
- **Esquerdo** ou **racional**.
- **Direito** ou **emocional**.
- **Central** ou **operacional**.

Como já visto, o QI menciona a capacidade do cérebro esquerdo e o QE (Quociente Emocional) o faz com relação ao direito, mas o QT (Quociente Triádico) mensura o todo. É certo que cada indivíduo possui uma região dominante e uma subdominante, mostrando com isso suas principais habilidades e necessidades. Você se lembra do exemplo do jogador Garrincha? Considerando a sua inquestionável habilidade com a bola em uma partida de jogo de futebol, podemos concluir que o seu lado operacional era o dominante.

Mas também é correto que aprender e agir com maior desenvoltura aplicando os três lados do cérebro nos leva a resultados muito melhores. Em outras palavras, para que possamos ter um melhor desempenho, é necessário que exista uma harmonia, um equilíbrio, entre as três regiões do cérebro.

Analogias dos comportamentos cerebrais

Como falamos anteriormente, a depender da pessoa, um dos três lados do cérebro (racional, emocional, operacional) poderá de destacar em relação aos outros.

Para que você entenda melhor o assunto que estamos tratando, apresentaremos a seguir alguns exemplos de comportamentos que são percebidos nos seres humanos, de acordo com o lado predominante do cérebro.

Quando o lado racional é o mais desenvolvido

Pessoas com o cérebro racional mais destacado possuem uma facilidade considerável para fazer cálculos. Na escola costumam se destacar pela habilidade com disciplinas tipo matemática, física e aquelas que exigirem maior capacidade de raciocínio lógico abstrato.

Se por sua vez essas pessoas possuem um lado intelectual destacado, elas poderão ter dificuldade em operacionalizar as suas deias e até de expor os seus sentimentos.

É comum vermos pessoas sendo criticadas por pensar demais e não colocar nada em prática. Se considerarmos o princípio do cérebro triádico, poderemos concluir que esse tipo de pessoa possui um lado racional muito destacado, mas um lado operacional deficiente. O lado racional é tão destacado que domina ditatorialmente o lado operacional.

Com isso, podemos concluir que os comentários do tipo "ele pensa e não faz", "pensa e não age", "pensa e não sai do lugar", "só sabe pensar e não toma uma atitude de ação", "pensa muito e não faz nada", etc. descrevem pessoas que possuem o lado racional mais destacado do que o lado operacional.

Quando o lado emocional é o mais desenvolvido

Pessoas com o cérebro emocional mais destacado possuem a facilidade de compreender melhor as outras pessoas. No convívio com outros seres humanos, podem possuir a capacidade de resolver conflitos, harmonizar situações e colaborar para o entendimento entre as partes. São criativas, poéticas e apreciam a beleza.

Mas se por um lado o emocional está em destaque, poderemos ter um racional em desvantagem! Essas pessoas poderão apresentar dificuldade para discordar das ideias de outras e até mesmo para expressar as suas opiniões. É como se diz popularmente: "dizem amém para tudo".

É comum vermos pessoas sendo muitas vezes humilhadas, suportando maus tratos emocionais e concordando com tudo o que está acontecendo. Parece que elas não têm iniciativa para reagir e é justamente aí que pode estar o lado racional, no papel de cérebro subdominante. O lado emocional é tão desenvolvido que domina o racional.

É possível que você já tenha escutado comentários do tipo "parece não ter opinião própria", "ele concorda com tudo o que dizem", "fulano não quer se indispor com ninguém". Se considerarmos o princípio do cérebro triádico, poderemos concluir que esse tipo de pessoa possui um lado emocional muito destacado, mas um lado racional deficiente.

Quando o lado operacional é o mais desenvolvido

Você já deve ter convivido com aquele tipo de pessoa que toma uma decisão e depois para e pensa no que fez! A pessoa faz as coisas e depois do resultado ter acontecido ela começa a fazer uma autoanálise sobre o seu ato, ou sobre as consequências geradas, que na maioria das vezes não são boas! Isso acontece por causa de impulsividade.

Você já deve ter presenciado aquele conselho tipo: "Fulano, pense antes de fazer algo", "conte até dez", "não tome decisão de cabeça quente".

Quando a tecnologia da informática estava entrando nas empresas, tive a oportunidade de presenciar o caso em que uma determinada loja estava patrocinando um curso de operador de computador para um carregador de caixas. A empresa estava oferecendo a chance de o funcionário ampliar os horizontes de conhecimentos e se desenvolver dentro da organização.

Para minha surpresa, alguns meses depois eu encontrei o funcionário na mesma função e, por conhecê-lo, perguntei: "você não quis trabalhar com computador?". A resposta foi interessante: "esse negócio de digitar informações e ler documentos não é para mim. Eu gosto mesmo é de colocar a mão na massa!".

Podemos observar que o cérebro desta pessoa tem o lado operacional muito desenvolvido e isso fez com que ela agisse daquela forma. Suas decisões e comportamentos serão sempre com características operacionais.

Diante do exposto, podemos concluir que: para termos um bom desempenho se faz necessário que exista um equilíbrio entre os três lados do cérebro – um será o dominante, o outro será o subdominante e o terceiro, o complementar. Caso contrário, poderemos pensar muito e não entrar em ação, sermos afetivos demais e não críticos quando necessários, sermos muito impulsivos e não raciocinarmos antes de agir.

QT – Quociente Triádico

A seguir, apresentamos um exercício referente ao cérebro triádico.

Na tabela a seguir, cada lado do cérebro é representado por uma figura. O desenho do quadrado refere-se ao hemisfério cerebral esquerdo, o triângulo refere-se ao hemisfério cerebral central (cerebelo) e o círculo, ao hemisfério cerebral direito.

Você deverá responder dando notas de 1 a 5, no lugar onde está marcado o "X", para cada pergunta referente ao questionário, como mostrado no exemplo da tabela a seguir:

Exercício do cérebro triádico		□	△	○
Respostas do lado esquerdo		□		
Respostas do lado central			△	
Respostas do lado direito				○
1	No relacionamento afetivo, você entra para valer, com romantismo, com paixão?			X (4)
2	Você fala em grupo, tem bom vocabulário, tem fluência e correção gramatical?		X (3)	
3	Quando você compra ou vende, você consegue ir bem? Se tivesse um negócio, você teria êxito financeiro?		X (3)	
Pontuação		3	3	4

Tabela 6 – Exemplo de resposta ao questionário do exercício do cérebro triádico

O maior escore mostra seu cérebro dominante, o segundo, o cérebro subdominante e o terceiro, o complementar.

As diferenças de até dois pontos entre os cérebros se anulam – oscilação de dominância.

As diferenças maiores do que 7 pontos são indesejáveis, pois mostra que um cérebro é extremamente dominante em relação aos outros.

O lado dominante esquerdo é o da intelectualidade, o lado dominante central é o da operacionalidade e o lado dominante direito, o da emotividade.

Exercício do cérebro triádico

		□	△	○
Respostas do lado esquerdo				
Respostas do lado central				
Respostas do lado direito				
1	Você confere os dados de uma passagem, de uma nota, de uma conta? Ao fim do dia, da semana, de uma atividade, faz uma revisão?	X		
2	O seu quarto, em casa, está organizado?		X	
3	Você acredita em alguma força maior, como o amor, a vida, alguma entidade superior? Você acredita na espiritualidade?			X
4	Você anda alegre, gosta de brincadeira, piadas, festa, diversão? Você é otimista apesar de tudo?			X
5	Numa discussão, você tem boas explicações, argumentos, sabe rebater, sabe levar adiante uma discussão com paciência?	X		
6	Você tem pressentimentos, previsões ou sonhos que se cumprem? Tem "estalos", ideias luminosas, para resolver problemas?			X
7	No relacionamento afetivo, você entra para valer, com romantismo, com paixão?			X
8	Você fala em grupo, tem bom vocabulário, tem fluência e correção gramatical?	X		
9	Ao falar, você gesticula, olha para as pessoas, movimenta bem e com elegância todas as partes do corpo?			X
10	Você é capaz de se colocar no lugar de outrem, imaginar-se na situação de outra pessoa e sentir-se como ela se sente?			X
11	Diante de uma situação, você combina os prós e contras, você faz diagnósticos realistas, julgamentos bons, acertados?	X		
12	Ao narrar algum fato, você dá muitos detalhes, gosta de falar sobre as minúcias, os pormenores?	X		
13	Quando você compra ou vende, você consegue ir bem? Se tivesse um negócio, você teria êxito financeiro?		X	
14	Você gosta de modificar a rotina do dia a dia, do ambiente? Você acha soluções criativas, originais? Gosta de inventar?			X
15	Você controla seus ímpetos? Para e pensa antes de agir? Pensa nas consequências antes de fazer algo?	X		
16	Antes de tomar uma informação como certa, você se dedica a coletar mais dados, a ouvir o outro lado, a averiguar as fontes?	X		
17	Como vão suas mãos em artesanato, consertos, uso de agulhas, facas, serrote, martelo, ferramentas, jardinagem? Possui habilidades manuais?		X	
18	Frente a uma dificuldade, você tem capacidade de concentração, dedicação continuada? Você tem boa resistência, suporta a pressão?		X	
19	Na posição de chefe, você sabe dividir tarefas, calcular o tempo para cada coisa? Sabe dar comandos curtos, exatos, e cobrar a execução?		X	
20	Você gosta de decoração, arrumação de ambiente? Você se veste bem? Você presta atenção a um pôr-do-sol, a um pássaro, a uma paisagem?			X
21	Você tem atração por aventuras, por desbravar caminhos, por tarefas desconhecidas, pioneiras, que ninguém faz antes?		X	

22	Você consegue transformar seus sonhos e ideias em fatos, em coisas concretas? Seus empreendimentos e suas iniciativas progridem e duram?		X	
23	Você fica imaginando o que poderá acontecer no ano que vem, daqui a dez anos, e nos possíveis rumos dos acontecimentos?			X
24	Você se dá bem com tecnologia, gravador, máquina de lavar, calculadora, máquina fotográfica, cronômetros e os botões da eletrônica?		X	
25	Você é rápido(a) no que faz? Resolve logo? Termina bem o que faz e no prazo certo? Seu tempo rende mais que o de seus colegas?		X	
26	Quando se comunica, você usa números, medidas, estatística, matemática, além do palavrório popular?	X		
Pontuação				

Tabela 7 – Questionário do exercício do cérebro triádico

Exercício de integração dos hemisférios cerebrais

No próximo exercício buscamos oferecer uma melhora na concentração e na criatividade e produzir um estado de alerta, flexibilidade e versatilidade. Ele foi inicialmente utilizado pela NASA, agência espacial norte-americana, e tem como objetivo estimular a integração dos hemisférios cerebrais e melhorar a utilização de suas funções através do aumento do número de conexões entre os neurônios.

O hemisfério esquerdo controla a parte motora do lado direito e vice-versa. Cada movimentação irá estimular as diferentes conexões de diferentes áreas do cérebro e, o que é mais importante, irá estimular também as áreas pouco utilizadas ou adormecidas.

O exercício está organizado em sequência, obedecendo às letras do alfabeto, de "A" a "Z". Essas letras estão escritas em caixa alta, ou seja, letra maiúscula. Observe que para cada uma das letras maiúsculas existe logo abaixo uma das seguintes letras: "d", "e" e "j", escritas em minúsculo. As letras em minúsculo serão sempre uma das três opções: "d", "e" ou "j".

Para a realização do exercício você deve observar a seguinte lógica: se aparecer a letra "A" com o "d" embaixo, você deverá dizer "A" e levantar a mão direita; quando aparecer a letra "B" com o "e" embaixo, você deve dizer "B" e levantar a mão esquerda; e quando aparecer a letra "C" com o "j" embaixo, você deve dizer "C" e levantar as duas mãos, e assim sucessivamente.

Resumindo: diga a letra do alfabeto e na sequência levante a mão direita se for a letra "d", esquerda se for à letra "e", ou as duas juntas se for a letra "j".

Esse processo de falar o nome da letra e levantar uma das mãos, ou as duas, deve ser feito de forma rápida. Evite fazer de forma pausada, pois isso impedirá que você se beneficie dos resultados desse trabalho.

Caso você erre uma das letras (por exemplo: ao falar a letra "R" você levantou a mão direita quando deveria ser a esquerda, pois é a letra "e" que está logo embaixo), você deverá repetir novamente o exercício iniciando pela letra "A" outra vez.

Por mais que você possa errar, persista sempre!

Comece então o exercício lendo alto as letras maiúsculas, uma após a outra, de "A" até "Z", ao mesmo tempo em que ergue o braço correspondente à letra.

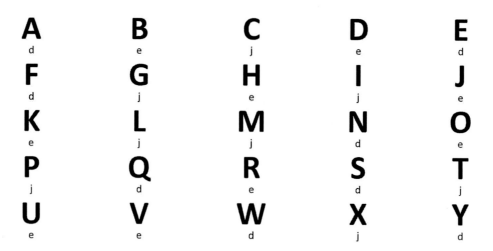

Tabela 8 – Integração dos hemisférios cerebrais

Você poderá praticar esse exercício com outra pessoa, pois fica mais divertido quando outro está segurando a tabela enquanto você realiza a sequência. Se for praticar com outra pessoa, alterne entre os papéis, para que ambos tenham a chance de praticar.

Para que o exercício não fique repetitivo, você poderá inverter a ordem: em vez de começar pelo "A", poderá fazer o inverso, de "Z" para "A". Em vez de ler na horizontal, poderá fazer a leitura na sequência vertical, de "A" até "Y" ou de "Y" até "A", e poderá também fazer em diagonal, de cima para baixo, seguindo a sequência de "A", "F", "B", "K", "G", "C", ou de baixo para cima, seguindo a sequência de "Z", "Y", "T", "X", "S", "O". Com o tempo, busque alterar a ordem de leitura e execução desse exercício.

A figura a seguir apresenta alguns dos possíveis modos de leitura que você poderá combinar para a prática desse exercício, que pode ser considerado uma aeróbica cerebral. Se você inovar, ou intercalar os sentidos de leitura, o exercício será sempre novo!

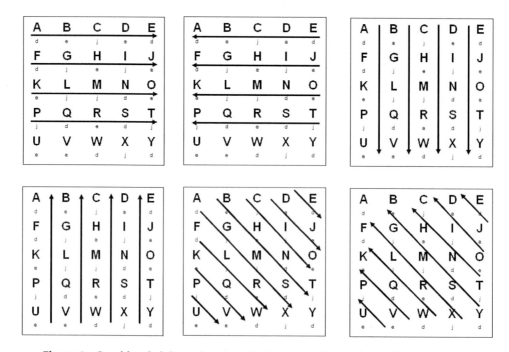

Figura 9 – Sentidos de leitura do exercício de integração dos hemisférios cerebrais

Com o tempo, para aproveitar ainda mais esse exercício, você poderá, além dos braços, utilizar também as pernas. Nesse caso, utilize sempre a perna do lado oposto, ou seja: se levantar o braço esquerdo, levante também a perna direita. Se levantar o braço direito, levante também a perna esquerda e vice-versa. Quando a letra minúscula for o "j", levante os dois braços e pule!

Sugerimos fazer esse exercício pelo período de cinco minutos, repetindo-o duas vezes ao dia.

O fator comunicação

Além de sabermos como nosso cérebro está organizado e que, a depender da pessoa, poderá haver um cérebro dominante e um cérebro subdominante, veremos outro aspecto interessante, que é a comunicação e como o cérebro poderá assumir diferentes comportamentos dependendo do tipo de comunicação que estará prevalecendo, ou sendo utilizado, no momento.

Segundo Richard Wayne Bandler, o criador da Programação Neurolinguística (PNL), muitos dos nossos problemas são linguísticos, ou seja, de comunicação. Para você ter uma ideia do quanto a comunicação é importante, observe a seguinte situação: se você esquecer a data de nascimento de seu animal de estimação, não haverá maiores problemas, mas se você esquecer o aniversário de sua(seu) namorada(o), noiva(o), esposa(o), isso poderá ter sérias consequências.

O seu esquecimento poderá ser interpretado como falta de respeito, de atenção, de consideração com o próximo, quando na verdade os compromissos de um dia agitado vieram a colaborar para que você esquecesse a data! Quanto mais cedo você puder explicar e se comunicar, mais rápido o mal-entendido poderá ser resolvido, ou pelo menos aceito.

Definiremos aqui a comunicação como sendo o processo pelo qual os pensamentos, as ideias, as informações, os sentimentos e as emoções são transmitidos de pessoa para pessoa, permitindo assim a interação social.

O mecanismo básico da comunicação envolve o emissor e o receptor, conforme mostrado na figura a seguir.

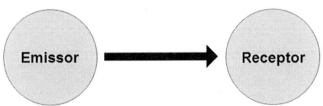

Figura 10 – Mecanismo básico da comunicação

Sabemos que falar, escrever e fazer gestos não é o suficiente para que ocorra uma boa comunicação.

A verdade é que, nos dias de hoje, a comunicação está sujeita às mais variadas distorções, de forma que uma determinada mensagem pode chegar ao seu receptor de forma bem diferente da qual foi enviada pelo seu emissor.

A comunicação pode ser verbal e não verbal. Hoje sabemos que a comunicação verbal corresponde apenas a 7%. É um erro pensar que apenas o ato de falar é o centro de uma mensagem. Além dos 7% de comunicação verbal, 38% ocorrem pelo tom de voz e os outros 55% restantes são pela linguagem corporal, ou seja, a forma como nos posicionamos e nos movimentamos.

Uma mensagem poderá ser entendida de diferentes maneiras e isso poderá variar de acordo com o canal de comunicação.

Canais de comunicação

Certas pessoas gostam de ouvir música, algumas preferem ler um livro em silêncio e outras preferem atividades físicas.

Algumas pessoas reconhecem rostos, outras recordam nomes. Tem gente que gosta de informações escritas e gente que prefere instruções verbais.

Diferentes pessoas e diferentes formas de comunicação!

Assim como nosso cérebro está dividido em diferentes partes, também a nossa comunicação pode acontecer de diferentes maneiras. Essas diferentes maneiras identificaremos aqui como "canais de comunicação".

Existem três tipos diferentes de canais de comunicação: o visual, o auditivo e o sinestésico. Esses três canais de comunicação poderão variar de pessoa para pessoa e geralmente um deles se sobressai em relação aos outros dois.

Se você observar, os comerciais exploram muito bem isso, pois fazem uso dos três canais de comunicação. Preste atenção quando for ver um anúncio de TV – o da propaganda de um creme dental, por exemplo. A propaganda exibirá cenas que destacam o sorriso (visual), dão ênfase ao sabor e à textura do produto (sinestésico) e narram também palavras como dentes limpos, hálito refrescante (auditivo).

Observe que a propaganda busca explorar os três canais de comunicação, pois, com isso, ela aumenta consideravelmente as chances de que a mensagem seja entendida por um número maior de pessoas. Se a propaganda der ênfase apenas a imagens, a mensagem será mais bem compreendida por pessoas com esse canal de comunicação predominante.

Cada um de nós tem um canal de comunicação que se destaca entre os demais e é através deste que iremos nos comunicar na maioria das vezes, mas devemos lembrar que os seres humanos têm diferentes percepções e entendimentos, que serão fundamentais na escolha de um bem, de um serviço, de um relacionamento, etc.

Algumas escolhas serão com base no que as pessoas veem, outras naquilo que ouvem e outras, naquilo que conseguem sentir, provar ou tocar. Uma prova disso é que algumas pessoas compram uma determinada roupa pela maciez do tecido, outras pela cor e pelo formato do corte e existem aquelas que compram pela marca, que é muito comentada em seus círculos de convívios sociais.

Já deu para perceber que a conduta e as decisões de uma pessoa poderão ser determinadas de acordo como seu canal de comunicação.

Você já deve ter escutado frases do tipo:

- De que adianta falar se ele nunca escuta? (Comunicação auditiva)
- Nós dois não temos o mesmo ponto de vista! (Comunicação visual)
- Sinto que algo não está bem! (Comunicação sinestésica)

Você já deve ter presenciado, ou escutado, uma situação em que a mulher (comunicação visual) investe em uma preparação visual, capricha na maquiagem, coloca um belo vestido, prepara um jantar à luz de velas, mas o marido (comunicação sinestésica), por outro lado, ao chegar em casa, lhe dá um beijo e senta pesadamente no sofá para relaxar. Precisa contar o resto da história?

Ela irá replicar num tom alto e rapidamente, como só uma pessoa visual sabe fazê-lo: "você é mesmo desatencioso, não teve o mínimo de noção para perceber o ambiente que foi preparado para recebê-lo!".

Desculpas sobre um dia cansativo, pesado, e pedidos de que o mundo acabasse num buraco para ele ficar recostado só irão piorar a situação, pois temos um conflito de canais de comunicação: de um lado o emissor visual e de outro, o receptor sinestésico.

Nesse caso, o melhor seria que o marido, com comunicação predominantemente sinestésica, utilizasse uma comunicação visual e desenvolvesse o diálogo que começasse pelo elogio ao belo visual da esposa, destacando na sequência o jantar à luz de velas. Em outras palavras, utilizar artifícios da comunicação visual que evitariam um conflito gerado por problemas de comunicação!

Para entendermos melhor isso, do quanto a comunicação é importante em nossas vidas, na sequência vamos abordar especificamente cada um desses canais.

Comunicação visual

Quando o canal de comunicação predominante é o visual, o comportamento, a postura e a conduta de uma pessoa passam a ter características bem interessantes. Se questionadas sobre como está o seu dia, provavelmente responderão com frases do tipo: "o dia está iluminando", "um céu azul radiante". Se estiverem com alguma dificuldade, poderão dar respostas como: "o dia cinzento", "está faltando cor no dia de hoje".

Observe que o vocabulário desse tipo de pessoa tem toda uma conotação de imagens, de visualização.

Essas pessoas, quando não observado o bom-senso, ou na falta de alguma orientação, poderão usar roupas com cores misturadas, tipo: calça branca, sapato verde, cinto vermelho e camisa amarela.

Pessoas com o canal visual mais desenvolvido tenderão a usar palavras como "ver", "olhar", "enxergar", "luz", "claro", "brilhante", "foto", "foco", "acende", "apaga". Observe que todas essas palavras possuem uma conotação visual!

As pessoas que são predominantemente visuais costumam falar de forma rápida e às vezes "comem" algumas palavras, sílabas ou frases. Isso acontece porque a sua fala tenta acompanhar as imagens visuais através das quais ela pensa. Isso será impossível de acontecer, pois o pensamento será sempre muito mais rápido!

Comunicação sinestésica

As pessoas que utilizam o canal sinestésico terão uma comunicação voltada ao contato, ao toque, e isso pode fazer com que elas passem por algumas situações constrangedoras, pois imagine você o cenário: uma pessoa com a comunicação sinestésica predominante conversando com alguém que até então ela não conhecia e, durante o diálogo, tocando várias vezes em seu ombro.

Pode ser que a pessoa educadamente diga que está com uma determinada área do ombro "machucada", mas, se nada for dito, ao final do diálogo um mal-entendido poderá ficar como resultado da conversa.

As frases poderão ser do tipo: "o dia hoje está quente", "o dia hoje está frio", "o clima hoje estava pesado", "sinto uma leveza no ambiente".

Pessoas com o canal sinestésico mais desenvolvido tenderão a usar palavras como "sentir", "gostar", "amar", "agradável", "delícia", "salgado", "gostoso" e demais termos que demonstrem uma conotação para sentimentos, sensações táteis, olfativas e gustativas.

Comunicação auditiva

É bastante provável que pessoas com esse tipo de comunicação cheguem quase a levemente se inclinar para conversar com você. Não que elas sejam surdas ou apresentem algum tipo de deficiência na audição, mas é porque este canal de comunicação é muito desenvolvido, o que pode gerar esse tipo de ação.

As frases poderão ser do tipo: "na vinda para o trabalho vim ouvindo uma alegre música", "aquele lugar me lembra do canto dos passarinhos", "quanta buzina e barulho de carro tinha hoje no estacionamento".

Pessoas com o auditivo mais desenvolvido tenderão a usar palavras como "ouvir", "falar", "cantar", "silêncio", "música", "som", "ruído" e demais termos que caracterizam uma conotação de sons e diálogos.

Nosso objetivo aqui não é discutir a fundo as formas de comunicação, mas, sim, chamar a sua atenção para o assunto, pois muitas vezes uma discussão pode estar acontecendo por não estar havendo harmonia nas comunicações, o que poderá gerar um desgaste e até um sério problema de relacionamento entre os envolvidos.

Observe o seguinte exemplo de discussão entre um casal que começa da seguinte maneira:

A mulher indaga: "você nunca disse que me ama..." (auditiva).

E o marido responde: "Mas e o carro na garagem que lhe dei de presente?" (visual).

A mulher reforça: "...mas você não diz que me ama..." (auditiva).

E o marido argumenta: "... e a viagem que fizemos semana passada?" (visual).

A mulher reforça: "mas você não diz que me ama..." (auditiva).

E o marido continua a argumentar: "... e os nossos filhos?" (visual).

É muito provável que um goste do outro, mas o desalinhamento durante a conversa gerado pelos canais de comunicação poderá, no mínimo, gerar um diálogo desgastante que, se não resolvido, poderá ficar na lembrança por muito tempo, infelizmente!

Observe agora outra discussão entre um casal:

A mulher indaga: "você não toca..." (sinestésica).

E o marido responde: "mas eu te amo!" (auditivo).

A mulher reforça: "...mas não me abraça!" (sinestésica).

E o marido argumenta: "...mas eu sempre escuto você..." (auditivo).

A mulher reforça: "eu quero você mais perto de mim..." (sinestésica).

E o marido continua a argumentar: "...eu estou aqui para ouvir todas as suas preocupações..." (auditivo).

Deu para perceber a diferença?

Para aumentar as possibilidades de uma boa comunicação entre as pessoas, torna-se necessário identificar o canal de comunicações prioritário do receptor e usá-lo para a emissão das mensagens. Isso poderá ajudar de forma considerável o processo de recepção e entendimento das informações e, é claro, isso vale tanto para o receptor quanto para o emissor das mensagens.

Exercício de identificação do canal predominante de comunicação

Uma vez que sabemos que existem canais de comunicação e que um deles pode predominar em cada pessoa, resta a pergunta: como identificar o canal predominante da comunicação?

Você, que agora lê este livro, sabe qual é o seu canal predominante de comunicação?

Conhecer-se a si mesmo é o primeiro passo para aumentar a sua capacidade de comunicação com as pessoas. Em outras palavras, seja o seu próprio observador! Isso pode ser feito por meio de uma verificação sobre o que você gosta de fazer em seu tempo livre.

Em seu livro "A Comunicação Eficaz", Paulo Hecht oferece três listas de perguntas, cada uma dando ênfase a um dos canais de comunicação. Essas listas são mostradas a seguir. Exercitá-las será muito simples, bastará você marcar com um X cada atividade que você considerar de sua preferência. Após preencher cada lista, some a quantidade de X e confira aquela que der o maior número. Esse será o seu canal de comunicação prioritário.

Lista de perguntas para comunicação visual:

	Orientação visual
( )	Numa cidade desconhecida, gosto de me orientar utilizando um mapa
( )	Ao chegar em casa, ligo imediatamente a televisão
( )	Quando estou estudando, gosto de fazer resumos e anotações
( )	Gosto de ler
( )	Constantemente vou ao cinema, teatro, assisto vídeo
( )	Se meu carro fica arranhado ou amassado, procuro logo consertar
( )	Gosto de manter minha casa limpa e em ordem
( )	A aparência das pessoas é muito importante para mim
( )	Gosto de observar pessoas, animais e paisagens
( )	Registro meus compromissos numa agenda
( )	Gosto de decoração, quadros, bibelôs, etc.
( )	Aprecio visitar museus
( )	Quando conheço alguém procuro gravar seu rosto e só então associo o nome a ele
( )	Prefiro receber instruções por escrito
( )	Gosto de montar quebra-cabeças
( )	Planejo o que tenho de fazer escrevendo e desenhando
( )	Combino cores no meu vestuário
( )	Consigo montar equipamentos e instrumentos seguindo instruções escritas e desenhos
( )	Gosto de fazer/ver fotografias
( )	Logo após levantar-me cuido de minha aparência

Tabela 9 – Questionário para orientação visual

Total de X marcados no questionário	

Lista de perguntas para comunicação auditiva:

	Orientação auditiva
( )	Para melhor orientar-me em uma cidade estranha peço informações às pessoas
( )	Quando chego em casa ligo o som
( )	Gostei do lançamento dos "áudio-books", prefiro ouvir sobre um assunto a ler
( )	Gosto de longas conversas
( )	Frequentemente compareço a concertos
( )	Se meu carro apresenta ruídos, estranho logo e mando repará-lo
( )	É comum as pessoas dizerem que falo demais

( )	Após ouvir o tom de voz de uma pessoa, normalmente sei muitas coisas sobre ela
( )	Gosto de ouvir discos e fitas
( )	Prefiro ouvir notícias do rádio do que ler jornais
( )	A acústica dos ambientes é importante para mim
( )	Frequentemente falo em voz alta comigo mesmo, com animais de estimação ou com coisas que gosto muito
( )	Quando conheço alguém procuro gravar seu nome, repetindo várias vezes
( )	Prefiro receber ordens verbalmente
( )	Gosto de cantar, declamar e ouvir poesias
( )	Quando estudo, leio em voz alta
( )	Prefiro apresentar uma palestra sobre algo a escrever um artigo
( )	Gosto de ouvir pássaros cantando
( )	As pessoas dizem que sou um bom ouvinte
( )	Uso rimas para me lembrar de coisas

Tabela 10 – Questionário para orientação auditiva

Total de X marcados no questionário	

Lista de perguntas para comunicação sinestésica:

Orientação sinestésica	
( )	Em uma cidade estranha gosto de aprender itinerários andando pelas ruas
( )	Gosto de praticar exercícios físicos
( )	Durante o estudo prefiro fazer experiências
( )	Gosto de fazer artesanato e de trabalhos manuais
( )	Prefiro praticar esportes a assisti-los
( )	Se a suspensão de meu carro não está satisfatória, logo mando consertá-lo
( )	Gosto de ambientes confortáveis
( )	Posso dizer muito de uma pessoa após um aperto de mãos
( )	Aprecio comidas e bebidas gostosas
( )	Tenho tendência de engordar
( )	Ao fim de um dia gosto de um bom banho quente
( )	Escolho o tecido de minhas roupas pelo toque
( )	Quando criança, fui muito carregado ao colo
( )	Gosto de tocar, abraçar e beijar pessoas
( )	Aprecio animais de estimação
( )	Sou um bom dançarino. Tenho ritmo
( )	Quando me aborreço meu corpo fica tenso
( )	Gosto de ser massageado
( )	Gosto de estar ao ar livre
( )	Tenho boa coordenação motora

Tábela 11 – Questionário para orientação sinestésica

Total de X marcados no questionário	

Somando os pontos que marcou em cada uma das listagens de canal de comunicação você descobrirá a sua prioridade, o seu modo particular de perceber o mundo.

Score de pontos marcados	
Total de X marcados no questionário de orientação visual	
Total de X marcados no questionário de orientação auditiva	
Total de X marcados no questionário de orientação sinestésica	

Tabela 12 – *Score* **de pontos marcados**

A utilização dos canais de comunicação deve ser sempre levada em consideração. Se a pessoa com quem você está mantendo um diálogo não tiver o mesmo canal de comunicação predominante que o seu, poderá haver conflitos de entendimento da mensagem. Ou seja, para quem tem o canal visual predominante, alguma coisa dita durante a conversa **poderá não lhe parecer correta**; para alguém com o canal de comunicação auditivo predominante, algo dito no diálogo **poderá não estar soando bem**; e para alguém com o canal de comunicação sinestésico predominante, algo dito no diálogo **poderá não estar sentindo firmeza naquilo que foi dito**.

Existem técnicas para identificar o canal de comunicação da pessoa com que estamos conversando durante um diálogo, mas neste livro **não iremos** abordar esse assunto.

Aqui, buscamos chamar a sua atenção para algumas das diferentes formas de comportamento que o nosso cérebro pode ter. Conciliar a complexidade desse tema exigiria abordagem específica do assunto!

Capítulo 4. A natureza e sua forma de organização

Neste capítulo iremos estudar:
- Forma tradicional de aprendizado.
- Técnicas padrão para o aprendizado.
- A natureza e suas formas de organização.
- A forma atual como estamos estudando pode ser melhorada?
- Como adotar as formas de organização da natureza para aprendizado e estudo.

Você já parou para analisar a natureza? Isso mesmo: a forma de árvores, plantas, animais e vegetais.
Já percebeu alguma semelhança entre eles?
Sejamos mais específicos. Imagine uma árvore, um girassol, um pavão, um caracol. Dá para perceber alguma semelhança entre eles?
Temos algo a aprender com isso?
Neste capítulo, iremos observar a natureza e ver o que podemos aprender com ela. Isso será bastante útil para darmos início à criação dos mapas mentais.

Você já observou como as informações são mostradas para nós na maioria das vezes?

Como as aulas são apresentadas?

Como as informações são escritas?

Como lemos textos, livros, anúncios?

Da esquerda para a direita, de cima para baixo e, algumas vezes, na diagonal! É assim que as informações são apresentadas, explicadas, e é assim que nós também reproduzimos (registro escrito), apresentamos e ensinamos aos outros!

Desde o início de nosso aprendizado, nos primeiros anos de escola, passando pelos ensinos médio e fundamental, pela graduação do ensino superior, e chegando até os cursos de pós-graduação, as informações são transmitidas dessa forma tradicional.

Gerações após gerações utilizam essa forma de aprendizado e de reprodução das informações – ou seja, uma forma linear de aprender e ensinar.

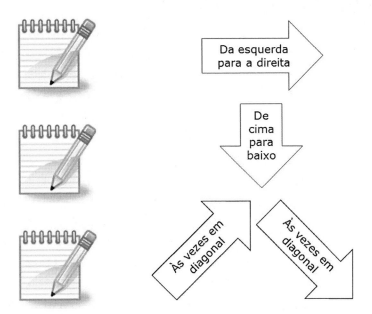

Figura 11 – Sentidos lineares de aprendizado

Salvo alguns países que escrevem da direita para a esquerda, este é um padrão mundial utilizado para reproduzir, apresentar, explicar e aprender. Agora mesmo, no instante em que você lê essas palavras, estamos adotando este padrão!

A dúvida que fica é: essa forma tradicional é a melhor?

Consegue explorar toda a nossa capacidade de aprendizado?

Pode ser melhorada?

A nossa educação tradicional, através do tempo, vem mantendo esse modelo de aprendizado que nos ensina a ler, estudar e escrever linha por linha, de cima para baixo, da esquerda para a direita, organizando assim as informações em um padrão linear.

Não estamos com isso dizendo que a forma está errada: milhares de pessoas aprenderam a ler, escrever, fazer cálculos e uma série de outras atividades utilizando essa forma tradicional de aprendizado. Portanto, é um método que funciona, tem dado certo e possui o seu valor!

Mas, antes de prosseguirmos, vamos explorar um pouco mais o nosso sistema de aprendizado. Vamos agora discutir um pouco o nosso processo de aprendizado, entender como o cérebro processa as informações para utilizá-lo de forma mais adequada e explorar melhor os seus recursos.

Cada pessoa tem o seu ritmo de aprendizado, o seu ritmo de estudo. Alguns conseguem se concentrar mesmo havendo barulho, enquanto outros serão pouco produtivos se não houver total silêncio no ambiente. Alguns conseguem se concentrar ouvindo música; outros, por incrível que pareça, com o aparelho de TV ligado; e há aqueles que conseguem ler e estudar nos lugares mais impróprios para estudo e concentração, como um ônibus ou um metrô lotado.

Técnicas padrão para o aprendizado

Algumas técnicas de aprendizado são padrão e em algum momento de nossas vidas nós a utilizamos para conseguir aprender e reter a informação. Técnicas de aprendizado como repetição, visualização e imaginação são comuns a todos nós e seguidamente estamos fazendo uso delas.

A técnica da **repetição** é a mais comum de todas. Um exemplo disso é a tabuada, lembra? Você aprendeu de tanto repetir os números. Outro exemplo de repetição são as letras do alfabeto. Você aprendeu ao repetir os movimentos da letra "a", da letra "b", da letra "c" e das demais letras do alfabeto.

Outra técnica de aprendizado que utilizamos é a **imaginação**, que facilita de forma considerável a retenção de informações e até para lembrá-las. Uma criança, quando está no início de seu aprendizado na escola, se ouvir do professor a seguinte frase: "um mais dois mais três é igual a...?" certamente terá dificuldade de entender o que está sendo dito. Mas se essa mesma criança escutar: "uma laranja mais outra laranja são quantas laranjas?", terá sua capacidade de aprendizado aumentada. O mesmo acontece com associações de imagem e letra. Por exemplo: "a" de avião, "n" de navio, "t" de tatu e assim por diante. Observe que associar imagens ao que estamos estudando facilita imensamente o nosso aprendizado.

A terceira técnica de aprendizado é pela **compreensão**, ou seja, saber o porquê das coisas. Na matemática, por exemplo, saber o que significa determinada variável, o que quer dizer determinado símbolo, qual o sentido da combinação de determinado conjunto de variáveis, tudo isso ficará muito mais fácil se conseguirmos saber o porquê das coisas!

Cada pessoa, com o tempo, desenvolve as suas estratégias de estudo, mas algumas técnicas são padrão!

Observe que não tem como você aprender a tabuada pela técnica da compreensão. A repetição é necessária. Assim como também não será possível você aprender matemática repetindo a sequência de passos para chegar a uma determinada resposta, pois haverá situações em que as variáveis, a ordem e o tipo dos símbolos serão diferentes. Se você não compreender o sentido de cada um deles, ficará muito mais difícil o seu aprendizado.

Mas, voltando à pergunta feita anteriormente, isso pode ser melhorado?

A natureza e suas formas de organização

Começamos a introdução deste capítulo fazendo a seguinte pergunta: você já parou para analisar a natureza?

Para um livro que se propõe a falar sobre mapas mentais e que até agora abordou assuntos como organização do cérebro e comunicação, esta pergunta, para você leitor, pode parecer no mínimo estranha!

Acredite, ela faz todo o sentido e poderá fazer a diferença!

Então... você já parou para analisar a natureza?

Coincidência ou não, Tony Buzan observou a forma como a natureza está organizada para o desenvolvimento de seus primeiros mapas mentais.

Analise a próxima figura, uma árvore com seus galhos.

Figura 12 – Árvore com galhos

Até aqui, nada de mais, concorda? Não existe nada de anormal em observamos uma árvore com galhos!

Antes de continuarmos, observe mais um pouco a imagem: veja os detalhes, observe a forma dos galhos, veja que todos eles seguem um padrão, nascem do centro e vão se expandindo.

A sua percepção é importante aqui, preste atenção a ela!

Vamos continuar o nosso estudo analisando a próxima figura, a imagem de um girassol, com suas pétalas amarelas.

Figura 13 – Girassol e suas pétalas

Até aqui, nada de mais, concorda? Não existe nada de anormal em observamos um girassol e suas pétalas!

Mas, antes de continuarmos, observe mais um pouco a imagem: veja os detalhes, observe a forma do girassol como um todo, veja que suas pétalas seguem um padrão, nascem do centro e vão se expandindo.

Lembre-se de que a sua percepção é importante aqui, preste atenção a ela!

Seguimos adiante com o nosso estudo sobre a natureza. Analisemos a próxima figura, a imagem de uma flor do tipo dente-de-leão, com suas pétalas brancas.

Figura 14 – Flor dente-de-leão

Até aqui, nada de mais, concorda? Não existe nada de anormal em observamos uma flor do tipo dente-de-leão e suas pétalas brancas!

Se você comparar esta flor dente-de-leão com o girassol e com a árvore, dará para perceber alguma semelhança? Dá para identificar um padrão?

A resposta é sim!

Tanto a árvore quanto o girassol e a flor do tipo dente-de-leão possuem um centro e dele saem ramificações, galhos e pétalas.

Vamos confirmar essa nossa percepção analisando outros elementos na natureza.

Observe agora a próxima figura, um pavão e suas plumas.

Figura 15 – Pavão e suas plumas

Assim como a árvore, o girassol e a flor dente-de-leão, o pavão possui um centro e dele saem as ramificações (plumas).

Na sequência, observe a imagem de um caracol e perceba as semelhanças com as figuras que anteriormente foram apresentadas.

Figura 16 – Caracol

Agora vamos voltar à atenção para nós. Veja a próxima figura, simulando diversos neurônios.

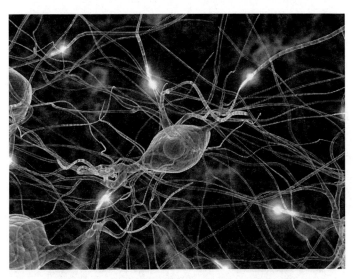

Figura 17 – Visualização de diversos neurônios

Veja ainda a próxima figura, simulando a visão de dois neurônios.

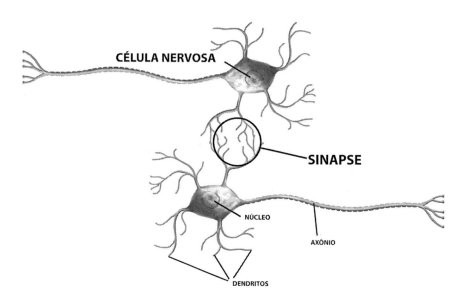

Figura 18 – Visualização de dois neurônios

As informações do cérebro são armazenadas em neurônios. O mecanismo de funcionamento de um neurônio e a maneira como eles estão organizados são semelhantes a uma teia de aranha, a uma rede de pesca, a uma árvore com muitos galhos. Em outras palavras, os neurônios estão organizados de uma forma muito semelhante a outros exemplos da natureza. Quanta coincidência, né?

Lembre-se que temos cem bilhões deles à nossa disposição!

As figuras da árvore, do girassol, da flor dente-de-leão, do pavão, do caracol e do neurônio seguem um mesmo padrão: existe um centro e deste vão surgindo as demais partes.

Para terminarmos a nossa sessão de análise e percepção sobre como a natureza está organizada, veja a próxima figura, que mostra algo muito mais abrangente, a Via Láctea.

Figura 19 – Via Láctea

Nas figuras que apresentamos até agora, seja a pequena proporção de um neurônio ou as proporções gigantes do universo como a Via Láctea, existiu um padrão.

Capítulo 4. A natureza e sua forma de organização 39

Agora, observando a próxima tabela, comparemos este padrão na natureza com a nossa forma tradicional de aprendizado:

Forma tradicional de aprendizado	Forma de organização da natureza
Da esquerda para a direita	
De cima para baixo	
Às vezes em diagonal	
Às vezes em diagonal	

Tabela 13 – Comparativo da forma tradicional de aprendizado e organização da natureza

Nossa forma tradicional de aprendizado é bem diferente da forma de organização apresentada nas figuras, concorda?

A pergunta ser feita aqui é: o que temos de aprender com isso?

Podemos utilizar essa forma de organização da natureza para o nosso aprendizado e com isso conseguir melhorar nosso desempenho pessoal e profissional?

Quais serão os resultados se passarmos a registrar as informações em um modelo semelhante aos das figuras vistas anteriormente?

Qual seria o resultado se passássemos a aprender, a estudar e a registrar as informações em um padrão semelhante ao mostrado nas figuras anteriores?

Foram esses questionamentos de Tony Buzan que o levaram a criar um novo modelo de registrar informações, os conhecidos mapas mentais!

Portanto, agora, iremos fazer uma experiência: vamos substituir a nossa forma tradicional de registrar as informações, da esquerda para a direita, de cima para baixo, em diagonal, por formas semelhantes à organização da natureza, aquelas mostradas nas figuras anteriores.

Nosso objetivo é mostrar outra alternativa de registrar as anotações, pois, com os mapas mentais, as informações, a partir de uma ideia central, serão organizadas como uma árvore com muitos galhos, através da utilização de símbolos, ícones, cores, desenhos e palavras-chave. Quanto mais diversificadas, maior será a nossa capacidade de assimilação, aprendizado e memorização.

Agora daremos início à criação de nosso primeiro mapa mental, assunto que será abordado no próximo capítulo.

Capítulo 5. Criando mapas mentais

Neste capítulo iremos estudar:
- Passos para criar um mapa mental.
- Considerações sobre quantidade de informações, tópicos e subtópicos.
- Adicionando recursos de cores e imagens em mapas mentais.
- Algumas observações sobre como nos lembramos das informações.
- Considerações sobre mapas mentais.
- Mapas que ajudam na memorização e fixação do conteúdo.

Mapa mental é um diagrama sistematizado que ajuda na gestão de informações. Ele é de grande auxílio em situações onde temos muitas informações que precisam ser lembradas, contextualizadas e apresentadas de forma lógica e fáceis de compreender.
Pela representação das informações e suas conexões de maneira gráfica, radial e não linear, o mapa mental estimula a imaginação e o fluxo natural de ideias, livre da rigidez das anotações lineares (listagens).
O mapa mental é a maneira mais fácil de introduzir e de extrair informações de seu cérebro – é uma forma criativa e eficaz de anotar o que realmente orienta os seus pensamentos.

No início deste livro, tivemos uma pequena introdução sobre mapas mentais e comentamos os benefícios de sua utilização, vantagens e desvantagens.

Vamos agora começar a criar os nossos mapas mentais!

Este primeiro mapa mental nós vamos fazer sem ferramentas computacionais. Posteriormente, teremos dois capítulos para tratar especificamente sobre isso, um que abordará a ferramenta MindManager e outro, o XMind.

Antes de continuarmos, peço que você tenha em mãos algumas folhas em branco, tamanho A4, e canetas coloridas.

Passos para criar um mapa mental

Abordaremos agora cinco passos para você desenvolver o seu mapa mental.

Passo 1 – Comece no centro da folha

Escolha uma ideia ou assunto que você deseje trabalhar e a registre no centro da folha.

Lembra-se de quando mostramos os exemplos da natureza? A árvore, o girassol, o pavão, o caracol, os neurônios, o universo? Tudo parte do centro.

Se você for organizar uma viagem com um mapa mental, registre-a no centro da folha. Em nosso exemplo, desejamos organizar os assuntos sobre uma palestra que abordará a utilização de mapas mentais, conforme apresentado na figura a seguir.

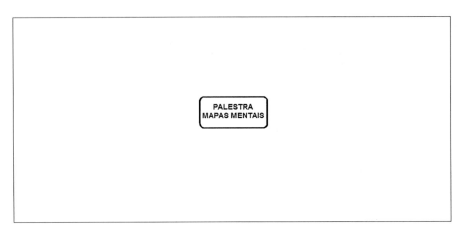

Figura 20 – Comece no centro da folha

Você poderá registrar o roteiro de uma entrevista, os tópicos que serão vistos em um curso, o conteúdo que irá estudar, os assuntos que pretende debater em uma reunião em sua empresa, etc.

Escolha um assunto e registre no centro da folha!

Passo 2 – Crie tópicos

Com a ideia definida no centro da folha, é chegado o momento de você estabelecer quais serão os tópicos.

Assim como a árvore tem seus galhos, o girassol tem suas pétalas, o pavão, suas plumas, os neurônios, suas segmentações, o seu mapa mental também deverá ter tópicos.

Os tópicos são os principais temas, a maneira como você irá organizar as informações que serão abordadas de acordo com a ideia ou assunto que você selecionou. Em nosso exemplo, "Palestra mapas mentais", iremos organizar os assuntos fazendo uma abertura e depois comentando as razões para utilizar os mapas mentais. Citaremos exemplos de mapas e concluiremos o assunto falando sobre algumas opções de ferramentas que existem para criação e desenvolvimento de mapas.

Um ponto importante para o qual queremos desde já chamar a sua atenção é sobre a quantidade de informação que deverá constar nos tópicos. Evite colocar frases longas. Coloque palavras-chave e, se for o caso, identificações curtas, pequenas frases, como, por exemplo: "razões para utilizar"! Se você colocar nos tópicos identificações muito extensas, frases, parágrafos, isso poderá dificultar a leitura rápida das informações.

Lembre-se que o mapa mental é um registro pessoal. Os conteúdos dos mapas mentais irão variar de pessoa para pessoa, portanto, escolha tópicos que sejam de fácil assimilação e compreensão pelos envolvidos.

Existe um número mínimo de tópicos para um mapa mental?

Aqui vale o bom-senso. Você há de concordar que um mapa mental com dois ou três tópicos poderá parecer pouco conteúdo, não acha? E justamente por haver pouco conteúdo, logo, poucos tópicos, talvez não justifique o trabalho e o esforço de desenvolvimento de um mapa mental! Nós orientamos que o seu mapa mental tenha no mínimo quatro tópicos.

Às vezes o trabalho é tão simples, uma conversa de minutos, uma simples compra no supermercado, uma saída à noite para jantar, que não há a necessidade de criar um mapa mental. Pode parecer exagero, mas quando uma pessoa conhece o recurso de mapas mentais ela fica tão vislumbrada com o tema que passa a utilizá-lo para tudo: atas de reuniões, programação de almoço, ida ao banco, passeio no final de semana com a família, etc. Justifica a criação de um mapa mental?

Uma conferência telefônica com várias pessoas envolvidas sim, mas uma ligação telefônica para sua casa, talvez não! Uma viagem de final de semana para visitar diversos pontos turísticos poderá ser planejada em um mapa mental, mas um passeio no domingo à tarde, talvez não! Para uma reunião com diversas pessoas onde serão tratados vários assuntos, ou uma reunião com outra pessoa para alinhar diversos itens de um projeto, o mapa mental será de grande utilidade, mas em uma conversa rápida de vinte minutos com o seu colega de trabalho, possivelmente uma pequena folha com alguns tópicos poderá ser muito menos trabalhosa do que criar um mapa mental. Então, vale o bom-senso. Entenda a complexidade do assunto, o volume de informações a serem tratadas e considere a necessidade de criação de um mapa mental.

Sugerimos que um mapa mental tenha pelo menos quatro tópicos, porém isso de forma alguma é impeditivo para que você tenha um mapa mental com três ou menos tópicos. Pode ser que o cenário em questão demande apenas três tópicos e seja, sim, um assunto complexo que justifique a criação do mapa.

Como boa prática, prevalecem sempre o bom-senso e a necessidade da situação!

Na próxima tabela, podemos ver um comparativo entre mapas mentais e o número de tópicos para cada um deles.

Situação	Mapa Mental
Não indicado	TÓPICO 2, TÓPICO 1 — PALESTRA MAPAS MENTAIS
Não indicado	TÓPICO 3, TÓPICO 1, TÓPICO 2 — PALESTRA MAPAS MENTAIS
Sugerido	TÓPICO 4, TÓPICO 1, TÓPICO 3, TÓPICO 2 — PALESTRA MAPAS MENTAIS

Tabela 14 – Sugestão quanto ao número de tópicos em mapas mentais

Existe um número máximo de tópicos para um mapa mental?

Novamente, vale destacar aqui o bom-senso! Um mapa mental com muitos tópicos deixará o assunto abordado no mínimo confuso, concorda?

Observe a próxima figura, onde apresentamos um mapa mental com 18 tópicos. Concorda que o mapa mental ficou bastante poluído?

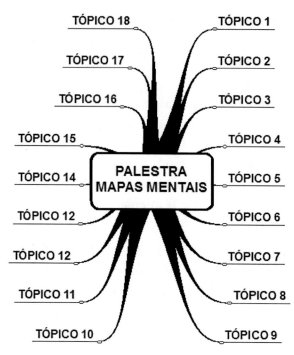

Figura 21 – Mapa mental com muitos tópicos

A depender do assunto, poderá haver a necessidade de criar mais de um mapa mental. Posteriormente, neste livro, veremos como um mapa mental pode fazer referência a outros mapas.

Voltando ao nosso exemplo, acrescente ao seu mapa mental os tópicos referentes ao assunto por você escolhido.

Na figura, segue o nosso exemplo de mapa mental com os tópicos acrescentados.

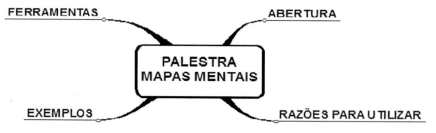

Figura 22 – Mapa mental com tópicos

Acrescentamos quatro tópicos à nossa ideia central, mas isso não é um limite. Você pode acrescentar quantos tópicos precisar, contanto que fique claro para você.

Passo 3 – Crie subtópicos

Com os tópicos criados, vamos agora detalhar cada um deles!

Os subtópicos são o detalhamento dos tópicos e neles você irá organizar as informações de forma específica no que diz respeito ao tópico. No tópico "Abertura", por exemplo, iremos mencionar como surgiram os mapas mentais, qual foi o local, se é resultado de uma pesquisa ou uma descoberta que aconteceu ao acaso. Logo, justifica termos um subtópico chamado "Histórico". Ainda no tópico "Abertura", falaremos sobre quem foi o criador dessa ideia, o que ele levou em consideração, quais os princípios – e isso justifica também a criação de um subtópico "Autor".

Voltamos a chamar a sua atenção sobre a quantidade de informação que deve constar nos subtópicos. Dê preferência a palavras-chave e identificações curtas, que ajudarão na leitura rápida das informações.

Na próxima figura, apresentamos o nosso mapa mental com os subtópicos acrescentados.

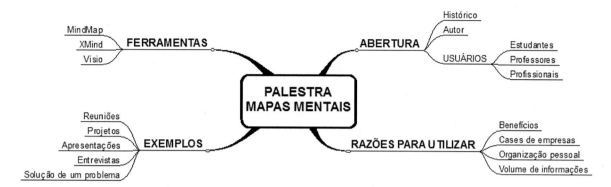

Figura 23 – Mapa mental com subtópicos

Um estudante que está se preparando para um concurso poderá fazer um plano de estudo e organizá-lo em um mapa mental. Ele poderá, por exemplo, criar um tópico chamado "Direito" e nos subtópicos inserir "Direito Constitucional", "Direito Administrativo", "Direito Penal", "Direito Processual Penal", etc.

Em uma entrevista para uma promoção ou para uma vaga de trabalho, o entrevistador poderá ter um tópico chamado "Informações pessoais" e um subtópico com itens a serem discutidos, como cidade de origem, idade, informações da família, amigos e demais informações que se fizerem necessárias.

Vale lembrar aqui que, assim como para os tópicos, não existe um limite mínimo ou máximo para a quantidade de subtópicos. Continua valendo o bom-senso!

Passo 4 – Acrescente cores

Temos o assunto que está sendo abordado pelo mapa mental e a partir dele nós criamos os tópicos e subtópicos do mapa.

Vamos então melhorar a qualidade das informações que estão sendo apresentadas colocando cores. As cores poderão ajudar a destacar as informações que necessitam de ênfase durante uma apresentação, entrevista, reunião, aprendizado ou estudo.

O nosso exemplo de mapa mental está sendo desenvolvido para um cenário onde as pessoas exigem saber a origem da informação e preocupam-se com os benefícios a serem obtidos. Esse cenário se refere a uma empresa de engenharia que é orientada a projetos. Antes de qualquer tomada de decisão, seus diretores buscam saber se outras empresas já utilizaram ou utilizam o que está sendo proposto e como isso pode ajudá-los a resolver os seus problemas. Considerando esses pontos de referência, utilizamos cores de canetas do tipo marca-texto para destacar os subtópicos "Histórico", "Benefícios", "*Cases* de empresas", "Projetos" e "Solução de um problema", pois eles são os mais importantes dentre os vários assuntos a serem abordados.

Na próxima figura, podemos observar o nosso mapa mental com as informações-chave, aquelas que precisamos enfatizar, destacadas.

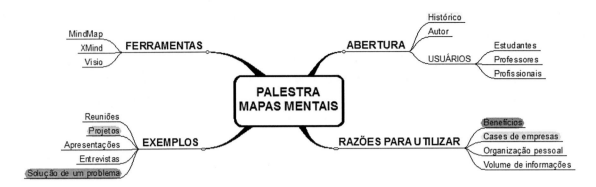

Figura 24 – Mapa mental com subtópicos destacados

Observe o que deve ser realçado em seu mapa mental. Quem destaca muito não destaca nada, portanto você deve saber o que é importante e precisa ser evidenciado.

Passo 5 – Acrescente imagens

Existe um ditado popular que diz o seguinte: uma imagem vale mais que mil palavras!

Isso é uma grande verdade devido à quantidade de informações que podemos colocar em uma imagem. Observe o desenho de um fluxo de processos mostrado a seguir. O exemplo se refere ao processo de vendas por *delivery*, ou entregas. Imagine o trabalho que daria descrever de forma manual aquilo que está sendo informado em símbolos.

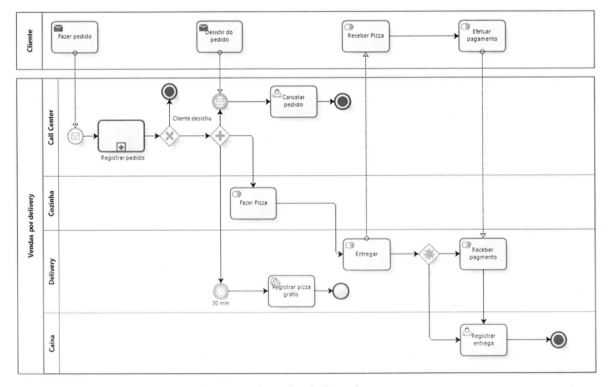

Figura 25 – Desenho de fluxo de processo

Imagens como essa ajudam muito a reduzir o volume de informações escritas, o que pode ser de grande valia no gerenciamento do conteúdo com que temos de lidar diariamente.

Assim como as imagens podem ajudar de forma significativa, elas também podem comprometer o trabalho, e isso acontece quando se coloca algum símbolo relacionado a time de futebol, clube, associações, religião ou qualquer outro emblema que possa gerar divergências dentro de uma organização. Em uma empresa com centenas de pessoas trabalhando, certamente haverá diferentes escolhas e opções por times de futebol, clubes, associações e religião; portanto, observe bem quais símbolos poderão ser utilizados no mapa mental.

Na próxima figura, podemos observar o nosso mapa mental com as imagens que foram atribuídas aos tópicos.

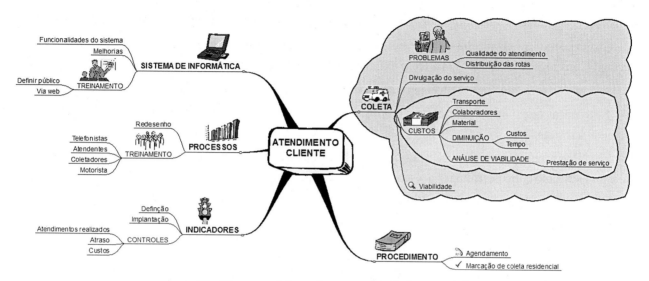

Figura 26 – Mapa mental com imagens associadas aos tópicos

Observe que as informações como um todo estão organizadas de forma muito semelhante à organização dos neurônios em nosso cérebro e aos exemplos das imagens da natureza.

Algumas observações sobre como nos lembramos das informações

Quando falamos sobre tópicos e subtópicos, por duas vezes chamamos a sua atenção para a quantidade de informação que deve constar neles. Evite colocar frases longas para que não haja dificuldade na leitura das informações. Qual a razão disso?

Você já observou como nos lembramos das informações? Como recordamos os fatos passados da nossa vida?

Observe o seguinte: existem ocasiões em que você é surpreendido pelo cheiro de um perfume que traz a lembrança de uma pessoa, de uma época, de um determinado evento, fazendo com que você relembre de detalhes tais como a roupa daquela ocasião, o diálogo ocorrido, se era dia ou noite, etc.

O mesmo acontece quando ouvimos o som de uma música de épocas passadas, de nossa infância, juventude, adolescência. Quem viveu a fase a juventude na década de 60/70 possivelmente terá lembranças ao escutar os Beatles. Para aqueles que foram crianças na década de 80, terão referências como a Turma do Balão Mágico e Xuxa. Ao ouvirem hoje músicas daquela época, o cérebro irá trazer lembranças de pessoas, de uma festa, de determinadas ocasiões. Você já não ouviu por alguns segundos a melodia de uma canção e começou a lembrar de coisas há muito tempo esquecidas?

Assim como o cheiro do perfume e o som da música, o mesmo acontece quando sentimos o gosto, o sabor, de um determinado alimento, bebida ou doce. Não existe aquele alimento que lembra uma época da sua vida? O doce que lembra a infância, o prato que lembra a casa da mãe?

Perceba que o cheiro do perfume, o som da música e o sabor do alimento desencadearam uma série de lembranças de fatos ocorridos em diferentes épocas da nossa vida.

Isso aconteceu de forma linear? Foi da esquerda para a direita? Ocorreu de cima para baixo? Foi em ordem cronológica? Talvez em ordem cronológica, mas, independentemente disso, observe que o cérebro processou as informações e trouxe as lembranças de maneira diferente da qual estamos acostumados a aprender e a estudar.

Outro ponto importante: essas lembranças que você teve vieram em forma de um volume grande de informações? Com muitas palavras? Uma frase extensa? Não! Foi muito menos que isso.

A razão de estarmos orientando você a colocar identificações curtas para os tópicos e subtópicos é:

1. Evitar que o mapa mental fique confuso e visualmente poluído devido à quantidade de informações escritas.
2. Proporcionar uma leitura tranquila que, por meio de poucas informações, palavras-chave, imagens e símbolos, lhe permita ter acesso aos dados de que precisa.

Vamos voltar à figura exemplo do nosso mapa mental com as imagens e cores que foram atribuídas aos tópicos e subtópicos.

Quanto trabalho daria para explicar isso em um relatório formal?

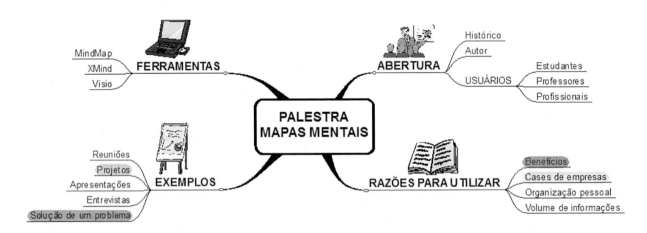

Figura 27 – Mapa mental com imagens associadas aos tópicos

Na tabela mostrada a seguir, temos uma comparação da informação escrita no formato texto e disposta num mapa mental.

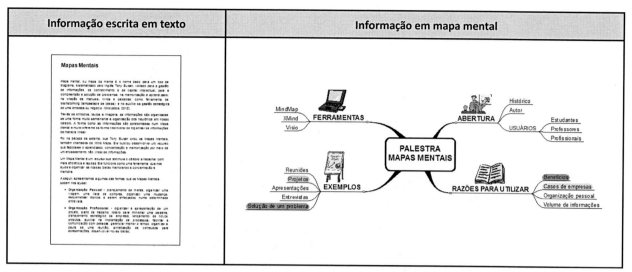

Figura 28 – Informação escrita em texto e em mapa mental

Mapa mental não é uma solução para tudo, pois haverá casos em que a informação terá de ser escrita em texto e de maneira formal, e muito bem detalhada para que não deixe dúvidas nem possibilite diferentes formas de interpretações. Atas de reunião, contratos, licitações, editais de concursos públicos e manuais do usuário são alguns exemplos de informações que precisam ser escritas detalhadamente. Nesses casos, o nosso tradicional processo de aprendizado, escrita e leitura fará toda a diferença.

Os principais assuntos de um edital poderão ser criados no mapa mental antes de ser elaborado; os principais tópicos de um manual do usuário poderão ser planejados utilizando mapas mentais; a pauta da ata de reunião; os critérios do processo de licitação; tudo isso poderá ser planejado com a ajuda de mapas mentais. Sendo assim, não estamos falando de uma substituição, e sim de uma ferramenta de apoio.

Considerações sobre mapas mentais

Você já deve ter visto, ou mesmo elaborado, resumos em forma de esquema e anotações com palavras-chave que ajudam a sistematizar um determinado volume de informações. Isso é muito comum em guias de referência rápida com informações resumidas e sintetizadas.

Com um mapa mental o princípio é o mesmo, o que difere é o formato em que as informações estão dispostas (teia ou radial divergente). Assim como nos resumos e nos guias de referência rápida, utilizam-se poucas palavras, mas, com muitas imagens e cores, promove a integração dos dois hemisférios cerebrais.

Enfim, o mapa mental é uma ferramenta poderosa de anotação de informações de forma não linear, ou seja, elaborado em forma de teia, onde a ideia principal é colocada no centro de uma folha de papel branco (sem pautas), usada na horizontal para proporcionar maior visibilidade, sendo que as ideias são descritas apenas com palavras-chave e ilustradas com imagens, ícones e muitas cores. Outra analogia muito interessante para compreendermos o mapa mental é o crescimento estruturado de uma árvore e seus galhos. Do centro saem troncos principais abrindo cada tópico do assunto principal, e de cada um deles saem galhos menores com mais detalhes explicativos.

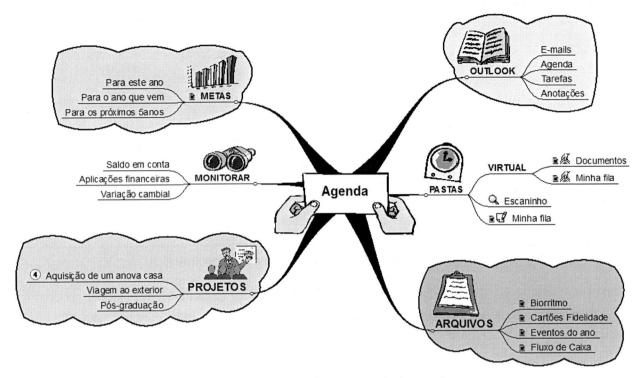

Figura 29 – Mapa mental para controle de agenda

Assim desenhado, um mapa mental está organizando e hierarquizando os tópicos de um mesmo assunto. Ao mesmo tempo em que sintetiza a visão global, mostra os detalhes e as interligações do assunto. Por fim, com a utilização de figuras e cores, promove a memorização das informações ao estimular ambos os hemisférios cerebrais. Trata-se de uma ferramenta muito útil para várias aplicações, tais como: anotações de aulas, resumo de livros, planejamento de eventos ou palestras, entre outros.

É muito divertido e fácil fazer um mapa mental. Mesmo que você dedique um pouco mais de tempo na sua elaboração, terá uma economia bastante considerável quando for o momento de estudar e memorizar as informações.

Se sua estratégia pessoal de estudo ou de organização do trabalho não está dando o resultado que você gostaria, mude. Procure novos caminhos. Um deles pode ser o mapa mental.

Agora que você já possui as dicas de como desenvolvê-lo, mãos à obra, experimente! E lembre-se sempre: só não aprende quem não quer!

Mapas que ajudam na memorização e fixação do conteúdo

Reconhecendo que nossa memória está presente em todos os momentos da nossa vida, é fácil entender como o mapa mental é importante quando precisamos ter acesso a determinadas informações, bem como quando queremos armazenar novas informações ou elementos da nossa imaginação (criatividade) que não gostaríamos de esquecer.

É, também, uma maneira eficiente de fazer com que o nosso raciocínio esteja sempre em movimento.

Enfim, é importante organizar o nosso estoque de conhecimentos. Considerando que não conseguimos nos lembrar de tudo a toda hora, o recurso do mapa mental é, sem dúvida, de grande auxílio para o seu bom funcionamento e recuperação das informações desejadas.

Partindo do princípio de que o mapa mental deve ser um instrumento para nos ajudar a obter da nossa memória as informações que necessitamos na hora certa, sua elaboração deve ser clara, precisa e através de uma representação gráfica atraente.

A clareza e a precisão do mapa devem ser representadas por palavras-chave que nos permitam associações de ideias.

Por exemplo, quando estamos imaginando ou estudando alguma coisa, começamos a deixar algumas pistas para que aquilo que colocamos na nossa memória não seja esquecido. As estratégias para isso são as mais variadas: além de palavras-chave (o meio mais comum), imagens, símbolos, siglas e às vezes até frases e histórias podem ajudar na hora de recordar alguma informação.

Quem já não associou o nome de uma pessoa a uma imagem, determinadas palavras a uma sigla, uma fórmula matemática a uma frase, uma ordem padrão a certos símbolos? Sim, criatividade para guardar e posteriormente conseguir lembrar informações é o que não falta!

Os cursos preparatórios para concursos e exames de universidades utilizam essas estratégias para fazer com que os alunos consigam ter uma maior facilidade de assimilação do conteúdo dado em sala de aula.

Aproveitamos esse momento para fazer uma pausa sobre as estratégias de aprendizado e observar como os aspectos de necessidade e interesse poderão fazer uma diferença considerável em nosso processo de aprendizado e retenção de informações.

Pense e responda as próximas perguntas:

1. Por que será que um menino consegue guardar o nome de um time completo de jogadores de futebol, sabe detalhes da vida de cada jogador, a quantidade de gols feitos, o histórico profissional de outros times e não consegue memorizar o nome de cinco ossos do corpo humano?
2. Por que será que uma pessoa com idade avançada tem problemas para se lembrar de um fato que ocorreu há cinco minutos (por exemplo, onde deixou a chave da casa, o aparelho de celular, o caderno de anotações), mas esta mesma pessoa consegue lembrar com detalhe fatos ocorridos há quarenta, cinquenta, sessenta anos atrás?
3. Por que muitas vezes num ambiente com muito barulho, em condições quase que impossíveis de se guardar uma informação, a pessoa escuta um número de telefone e não esquece mais? Por outro lado, há números dos quais não conseguimos nos lembrar de jeito nenhum.

Qual é a razão para o menino guardar tantas informações referente aos jogadores de futebol, para a pessoa com idade avançada lembrar de fatos ocorridos há mais de cinquenta anos e um número de telefone ser memorizado com facilidade em um local muito barulhento?

A razão está no **interesse**!

Havendo interesse ou necessidade, você irá guardar as informações com muito mais facilidade.

Para o menino é divertido saber as informações dos jogadores de futebol, isso chama a sua atenção. Para aquela pessoa de idade avançada, lembrar-se de fatos ocorridos há muitos anos faz a diferença em sua vida e o mesmo ocorre com a pessoa que recebeu o número de telefone, uma informação que lhe interessa.

Certa vez, eu estava escutando uma colega de aula que comentava sobre a sua dificuldade em conseguir estudar e memorizar os assuntos relacionados à disciplina de biologia. Duas coisas me chamaram a atenção: a forte crença de que ela não tinha boa memória, que era reforçada toda vez que ela estudava biologia, e a dificuldade que ela colocava nos assuntos relacionados à disciplina. Para piorar a situação, ela também não tinha um bom relacionamento com o professor, considerado chato e antipático. Este é outro problema: às vezes a antipatia com o professor se transfere para a disciplina por ele ministrada, busque observar isso! Às vezes existe certa "coincidência" de estudantes se saírem bem nas disciplinas onde existe um bom relacionamento com quem a está ministrando.

Mas voltando ao caso da estudante com dificuldades de aprender o conteúdo da disciplina e que julgava ter uma péssima memória, resolvi perguntar sobre um determinado cantor que ela admirava muito, e esta respondeu: nasceu em lugar tal, no ano "x", sua altura é...., ele é pai de três filhos (citou o nome deles), sua esposa foi sua primeira namorada e uma série de outras informações, uma ficha completa! Então eu pensei comigo mesmo: qual era mesmo o problema de memória que ela tinha?

Havendo interesse ou necessidade, você irá guardar as informações com muito mais facilidade.

Mais adiante neste livro teremos um capítulo específico sobre a utilização de mapas mentais para o estudo e nele apresentaremos diversas dicas e sugestões de como um estudante pode, durante os seus momentos de aprendizado, construir mapas mentais para ajudá-lo a memorizar o conteúdo dado em sala de aula.

A utilização de mapas mentais no aprendizado torna o estudo uma tarefa divertida e interessante!

Como já comentamos anteriormente, ao traçar nosso mapa mental devemos partir da ideia central, colocando uma palavra-chave e/ou uma imagem, representando-a no centro de uma folha de papel.

A partir daí vamos criando ramificações, com traços que nos levem às outras palavras e, destas, a outras que estabeleçam organização do conhecimento através de associações bem estruturadas das ideias. É como se essas palavras fossem lanternas capazes de ir clareando a memória sobre determinado assunto. Antes de escrever os subtópicos, pense em tudo o que deve ser contemplado no mapa.

Vimos aqui os passos para a criação de um mapa mental.

Nos próximos capítulos, veremos como criar mapas com ajuda de aplicativos desenvolvidos especificamente para este fim.

Capítulo 6. Criando mapas mentais com MindManager

Neste capítulo iremos estudar:
- Informações sobre o programa e seus recursos.
- Instalação do MindManager.
- Principais recursos do programa.
- Exemplo passo a passo.
- Criando um mapa mental.

MindManager é uma ferramenta computacional que possibilita a criação de mapas mentais de forma simples e prática. Desenvolvida pela empresa Mindjet, este programa possibilita a organização de informações e contribui para o aumento da produtividade do trabalho individual e em equipe.
O MindManager possibilita a visualização de ideias e informações, a organização do planejamento e a melhor utilização dos recursos, além de colaborar para a sintetização de ideias e a melhoria da comunicação.

Neste capítulo, aprenderemos como criar mapas mentais utilizando uma ferramenta computacional desenvolvida especificamente para este propósito, o MindManager.

Para maiores informações, acesse o link <http://www.mindjet.com>.

Sobre o MindManager

O MindManager possibilita organizar as informações de forma simples e objetiva. Informações que você obtém em reuniões de equipe, palestras, aulas e processos de negócios poderão ser registradas nos mapas mentais desenvolvidos nesse ambiente sem perder os detalhes.

A seguir, elencamos alguns dos recursos que o MindManager disponibiliza para seus usuários:

- Visualização de todos os aspectos do projeto, podendo selecionar e filtrar apenas as informações de que você precisa.
- Possibilidade de visualmente gerir as informações de forma mais eficiente.
- Acesso, atualização e compartilhamento do conhecimento de forma imediata.
- O mapa mental pode conter imagens, listas, notas, dados, gráficos e arquivos em qualquer formato, seja em Word, Excel, PowerPoint, Project, vídeos, bem como arquivos em formado PDF (*Portable Document Format*), conteúdo da web e muito mais.
- Comunicação visual para criar alinhamento com sua equipe.
- Contém praticamente todas as peças de informação pertinentes para um determinado projeto, tudo em um só lugar.
- Produz resultados mais previsíveis, afinal todos compreenderão o quadro geral, incluindo as suas funções, tarefas e prioridades dentro de um projeto.
- Economiza tempo e torna claro o seu projeto.
- Colaboração, de forma visual, com sua equipe para melhorar resultados.

Combine o poder do MindManager com o novo Mindjet Connect®, que permite usar os seus mapas mentais de qualquer computador, onde estiver, mediante uso de internet via browser (Firefox, Internet Explorer, Chrome). É possível compartilhar com sua equipe e parceiros e permitir atualizações dos seus projetos a partir de qualquer computador conectado à internet.

Requisitos necessários para a instalação

Para instalar o MindManager, é necessário que o computador tenha as seguintes configurações:

- Microcomputador com processador Pentium de 700 MHz ou superior.
- Sistema operacional Microsoft Windows® 8.0 ou superior.
- 4 GB RAM ou superior.
- 1,5 MB de espaço disponível no disco rígido (parte desse espaço poderá ser removido ao final da instalação).

As configurações listadas se referem aos requisitos mínimos para a instalação do software. Todos os testes apresentados neste livro foram realizados em um computador com as seguintes configurações:

Atributo	Capacidade
Processador	Genuine Intel (R) U7300 1.30 GHz
Memória RAM	4 GB
Sistema operacional	64 *bits*
Versão do Windows	Windows 8.1
Resolução de vídeo	Monitor genérico PnP com resolução de 1366 x 768, orientação paisagem.

Tabela 15 – Configurações do computador utilizado para testes

Todos os testes apresentados neste livro foram realizados em um computador com teclado configurado para o padrão ABNT2 e o mouse para usuário destro.

O desempenho do MindManager dependerá da configuração do computador onde foi instalado, ou seja, diferente configuração, diferente desempenho do software. A depender da configuração do computador em que o programa foi instalado, poderão ocorrer erros de memória e desempenho de processamento que comprometerão o atingimento dos limites aqui listados.

Na sequência, iremos mostrar o passo a passo para instalação do programa MindManager em seu computador.

Instalando o MindManager

Antes de darmos início ao processo de instalação do MindManager, certifique-se de que nenhum programa esteja aberto. Isso ajudará a garantir uma instalação mais adequada e segura do software.

Você poderá fazer obter versões atualizadas diretamente no site do fabricante, pelo endereço <http://www.mindjet.com/mindmanager/>. No Brasil, o representante oficial desta solução é a empresa WEBAUDIT e você poderá encontrar informações no endereço <http://www.mindmanager.com.br>.

Você poderá desenvolver os exercícios do livro com versões mais atuais do programa, mas se desejar utilizar a mesma versão que o autor, ela poderá ser encontrada no endereço eletrônico <http://www.germanofenner.com.br/livros/mapa-mental/>.

Capítulo 6. Criando mapas mentais com MindManager 55

 Acesse o endereço <www.germanofenner.com.br/livros/mapa-mental/> e e na seção **Trabalhando com o MindManager**, no tópico **Versão de Avaliação**, clique no botão *Download* para baixar o programa.

IMPORTANTE: a versão disponível no site do autor é uma versão *trial* do programa. É uma versão para uso temporário e deve ser utilizada para fins de testes dos exemplos apresentados no livro.

Agora veremos as etapas necessárias para a instalação do programa MindManager em seu computador.

1. **Baixe** o **arquivo** do programa MindManager para a unidade de seu computador.

    Nesta etapa, para melhor organização de tudo o que será visto daqui para frente, sugerimos que você crie uma pasta intitulada "Mapas Mentais" para armazenar todo o material relacionado ao assunto, inclusive programas na versão *trial* disponibilizadas no site do autor.

    Em nosso exemplo, criamos na unidade "C:\" do computador a pasta "Mapas mentais" e a subpasta "Software" para armazenar o MindManager.

2. **Acesse** a pasta onde se encontra o **programa** que você acabou de baixar.

    O acesso à pasta poderá ser realizado através do Windows Explorer.

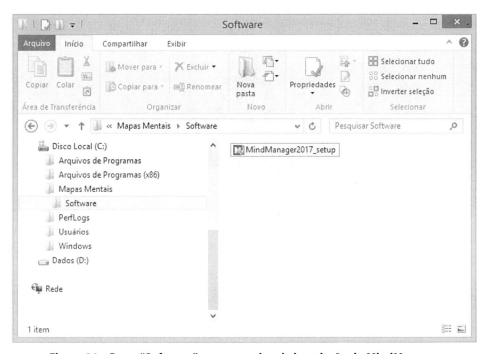

Figura 30 – Pasta "Software" com o arquivo de instalação do MindManager

3. **Dê** um **duplo clique** no arquivo **MindManager2017_setup**.

Nesta etapa, o instalador irá verificar o espaço em disco para o *download* do arquivo de instalação do programa.

Figura 31 – Tela de verificação do espaço em disco

Pode ser que o Windows, antes de qualquer coisa, exiba uma mensagem de alerta solicitando sua confirmação para continuar com o processo de instalação do programa. Isso acontece porque o sistema operacional pode interpretar essa ação como um programa malicioso, como um vírus, por exemplo, tentando se instalar em seu computador. Essa mensagem costuma ser exibida quando tentamos instalar um arquivo com extensão ".exe" em nosso computador, como é o caso do arquivo MindManager2017_setup.exe. Caso o Windows exiba a mensagem, clique no botão **OK** para continuar com o processo de instalação.

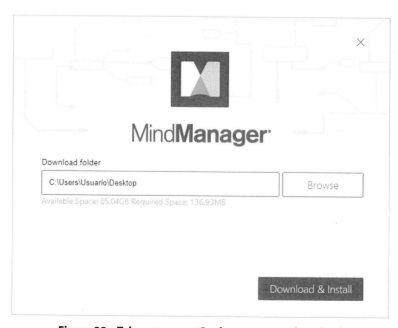

Figura 32 – Tela com sugestão de pasta para *download*

Após a verificação do espaço necessário, o MindManager irá sugerir uma pasta para armazenamento do programa de *download* necessário à instalação do programa.

Em nosso exemplo, optamos por armazenar na mesma pasta C:\Mapas Mentais\Software, conforme apresentado na figura a seguir.

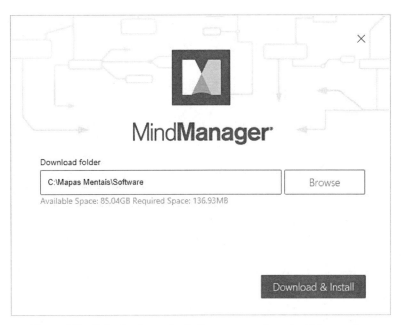

Figura 33 – Seleção da pasta Software para *download* de arquivo

Uma vez que você tenha definido a pasta, clique no botão **Download & Install** para dar continuidade ao processo de instalação.

Figura 34 – Processo de *download* do arquivo de instalação do MindManager

O MindManager dará início ao processo de *download* e será baixado em seu computador o arquivo identificado pelo nome de MindManager_32bit_17.1.178. Esse é o arquivo de programa para a instalação do MindManager. Após baixar o arquivo, o próprio MindManager se encarregará de dar prosseguimento ao processo de instalação, conforme apresentado nos passos a seguir.

4. **Escolha** o **idioma** de instalação.

Após o processo de *download* do arquivo de instalação, será solicitada a escolha do idioma: inglês, francês ou alemão. Escolha o que melhor lhe convier e clique no botão **OK**.

Figura 35 – Tela de seleção do idioma de instalação

Após a seleção do idioma, duas novas telas serão exibidas; porém, não haverá nenhuma necessidade de intervenção.

A primeira tela é uma apresentação do nome MindManager, conforme mostrado a seguir.

Figura 36 – Apresentação do nome MindManager

A segunda tela é de preparação do processo de instalação. Aguarde a conclusão deste processo, que, a princípio, deverá ser muito rápida.

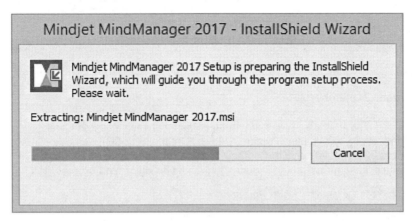

Figura 37 – Tela de preparação do processo de instalação

Após o término do processo de preparação para a instalação, será exibida a tela de boas-vindas para a instalação do programa MindManager.

5. **Clique** no botão **Next >** para **continuar** com a instalação.

Figura 38 – Tela de boas-vindas para a instalação do programa MindManager

6. **Leia** os **termos de licença** para **instalação** do **software**.

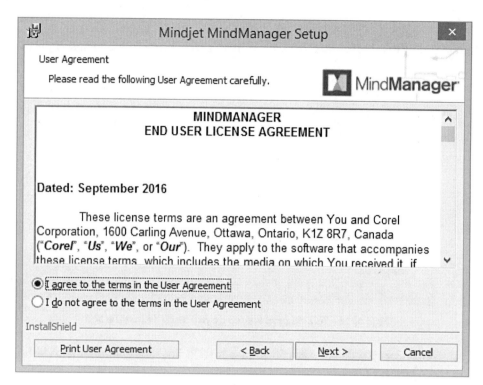

Figura 39 – Termos de licença para instalação do software

7. Se estiver de acordo, **habilite** a opção "I agree to the terms in the User Agreement" e **clique** no botão **Next >** para continuar.

8. **Informe** o **nome** do **usuário** e sua **empresa** e **clique** no botão **Next >**.

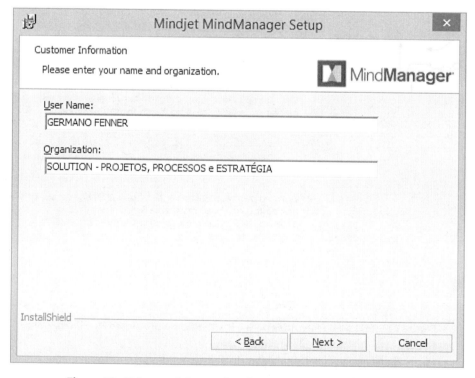

Figura 40 – Tela para informações do nome do usuário e empresa

9. **Escolha** o **tipo** de formato para a **instalação** do **programa** e **clique** no botão **Next >**.

Você pode escolher entre duas opções:

1. *Standard* – O programa será instalado com os principais recursos, no formato definido pelo fabricante.
2. *Custom* – Você pode definir quais as funcionalidades que estarão disponíveis em seu computador. Esse tipo de instalação geralmente é escolhido por usuários mais experientes.

☞ Em nosso exemplo, escolhemos a opção *Standard*.

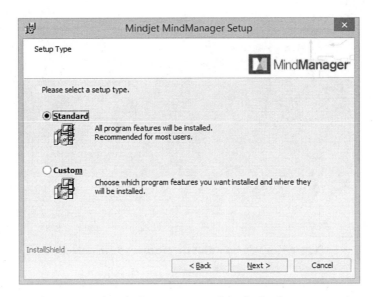

Figura 41 – Tipo de formato para a instalação do programa

10. **Escolha** as **opções** de criação de ícone de atalho e **clique** no botão **Next >**.

Você pode selecionar a opção "Create shortcut on the Desktop", que criará um ícone na área de trabalho do Windows.

Figura 42 – Tela de opções para criação de ícone de atalho

11. **Clique** no botão **Install** para continuar.

A partir daqui você visualizará a tela de status do processo de instalação do MindManager.

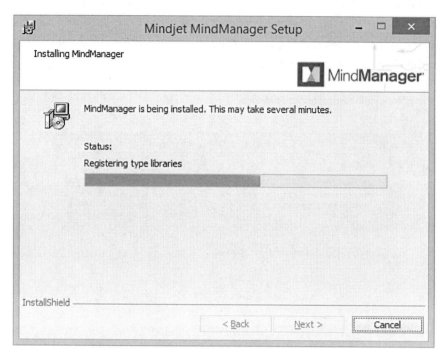

Figura 43 – Tela de status do processo de instalação

Ao final, será apresentada a tela de conclusão do processo de instalação do MindManager.

Figura 44 – Tela de conclusão do processo de instalação

12. **Clique** no botão **Finish**.

Iniciando o MindManager

Com o MindManager instalado, vamos agora abrir o programa e conhecer os recursos oferecidos, modos de exibição e recursos de ajuda.

Ao ser instalado no Windows 10, o MindManager ficará disponível na seção "Adicionado recentemente".

A próxima figura mostra o local onde está disponibilizado o programa para acesso.

Figura 45 – Caminho de acesso para o MindManager

Ao clicar pela primeira vez no ícone do programa, o MindManager irá instalar uma série de recursos, como modelos de mapas, biblioteca de imagens, ícones e legendas. O MindManager deixará tais recursos disponíveis no ambiente de trabalho para o desenvolvimento de seus mapas mentais.

Essa operação poderá levar alguns minutos, mas é importante que ela seja realizada, para que você possa explorar todos os recursos que o programa oferece.

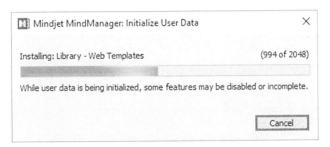

Figura 46 – MindManager instalando recursos

Após este processo, será exibida a seguinte tela de aviso:

Figura 47 – Licença de uso

O arquivo de instalação do programa que se encontra disponível no site do autor é uma versão demonstração válida pelo perído de trinta dias a partir da data de sua instalação. Somente com a aquisição do programa é que você poderá ter direito a utilização por tempo indeterminado.

Você poderá realizar o processo de aquisição da licença de uso clicando no botão **Purchase...** ou acessando o site: <http://www.mindjet.com>.

Clique no botão **Continue** para entrar no programa.

O MindManager possui o mesmo layout que os produtos Office, sendo assim é intuitivo e fácil de trabalhar. A próxima figura apresenta a área de trabalho do MindManager.

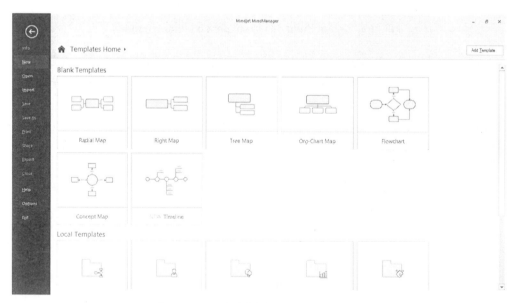

Figura 48 – Tela inicial do MindManager

Esta primeira tela apresenta as *templates*, ou modelos, de mapas mentais que estão disponíveis no seu computador.

Dando um clique em uma das opções, você terá uma explicação sobre o modelo selecionado, conforme mostrado na figura a seguir.

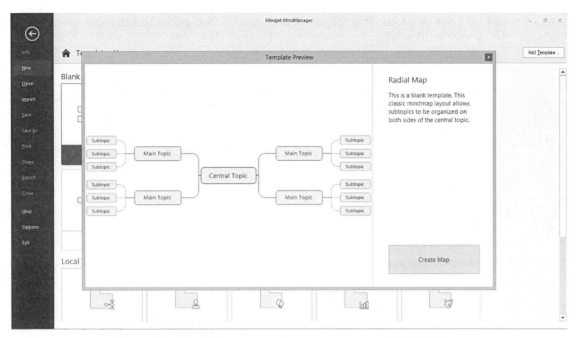

Figura 49 – MindManager com destaque para a opção Radial Map

Pode acontecer de, em outras vezes que você carregar o programa MindManager, ele exibir a sua área de trabalho, conforme mostrado na figura a seguir.

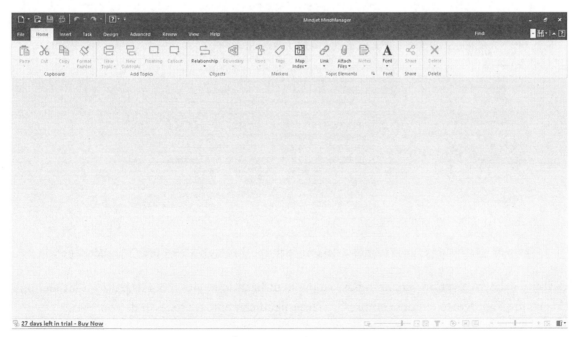

Figura 50 – Área de trabalho do MindManager

Se isso acontecer, basta clicar na guia **File** e na opção **New** que o MindManager exibirá as opções para criação de mapas mentais.

Exemplo passo a passo com o MindManager

Todos os exemplos passo a passo e exercícios aqui desenvolvidos poderão ser baixados diretamente no site do autor.

Acesse o endereço <www.germanofenner.com.br/mapa-mental/> e, na seção **Trabalhando com o MindManager**, no item **Respostas do Exemplos**, clique no botão **Download** para baixar as respostas do projeto **Implantação do Processo de Compras**.

Dando continuidade à organização do conteúdo a ser estudado, crie uma subpasta intitulada "Projeto Exemplo" para armazenar todo o material relacionado às respostas dos exemplos que serão desenvolvidos passo a passo com o MindManager.

Na próxima figura, apresentamos como ficará a estrutura de pastas após a descompactação do arquivo Exemplos_MindManager.zip. Perceba que serão gerados diversos arquivos referentes aos exemplos que iremos desenvolver neste capítulo especificamente com a ferramenta MindManager.

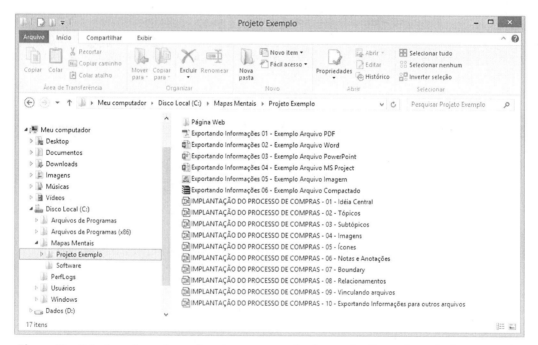

Figura 51 – Estrutura de pastas após a descompactação do arquivo Exemplos_MindManager.zip

Nós iremos desenvolver um exemplo passo a passo utilizando mapas mentais para ajudar na implantação de um determinado processo em uma empresa, mais especificamente o processo de compras!

Suponha que no local onde trabalha você ficou encarregado de aperfeiçoar um determinado procedimento de trabalho em um dos departamentos da organização. Você deverá ajudar a definir e implantar o processo de compras da empresa, que, até então, não era formal, não estava definido.

A partir de agora, a empresa quer formalizar esse processo. As pessoas precisam saber que ele existe, quais são as atividades envolvidas e, principalmente, executá-las de acordo com o que foi mapeado.

Tomando conhecimento do assunto e com base em sua experiência profissional, você define inicialmente as seguintes atividades:

- Análise da situação.
- Conversa com as partes interessadas.
- Verificar documentos existentes.
- Identificar particularidades.
- Mapeamento inicial do fluxo.
- Identificação de atores.
- Identificação de atividades envolvidas.
- Detalhamento do processo.
- Desenho do fluxo do processo.
- Definição de indicadores de desempenho.
- Apresentação de proposta do processo.
- Melhorias e ajustes necessários.
- Implementar proposta de processo.
- Implantação do processo no departamento.
- Acompanhamento.
- Possíveis ajustes.
- Medições e avaliação.
- Otimização.
- Melhoria contínua do processo.

Além disso, você deve agendar reuniões, solicitar acesso a documentos, identificar aqueles que poderão ser úteis, conhecer o cenário atual, identificar possíveis problemas, fazer um diagnóstico da situação e propor um plano (um projeto) para melhorar a situação.

Pela sua experiência, nesse caso, você sabe que precisa identificar responsáveis para a execução das atividades. Sabe também que só desenhar um fluxo de processos não resolve o problema, é preciso criar formas de avaliar o processo. Sua experiência o faz lembrar que, com o tempo, algumas atividades fundamentais ao trabalho podem vir a se perder, descaracterizando assim o processo, e ajustes e avaliações serão necessários.

Você sabe também que uma documentação deve ser gerada e que servirá de referência na hora da execução do trabalho e da orientação quando houver troca ou mudança das pessoas envolvidas no processo.

Para que o seu trabalho funcione, será necessária uma apresentação dos trabalhos de criação e da implantação do processo, mas, para que a ideia venha a ser aceita, o ideal seria que você também mostrasse um cronograma com as estimativas de datas para cada etapa que agora você está imaginando desenvolver.

É bastante coisa para ser feita, não acha?

Então, que tal transformarmos toda essa teoria em algo bem prático e fácil de entender?

É o que iremos fazer agora: um mapa mental para implantação desse processo.

O que desenvolveremos a seguir não é novidade para você, pois no capítulo anterior criamos um mapa mental em cinco passos, lembra? A diferença é que aqui faremos o mesmo trabalho, mas com ajuda do computador.

Considerações sobre o exemplo de implantação do processo de compras

Antes de continuarmos, algumas considerações e observações sobre o exemplo que será desenvolvido:

- O modelo que aqui será apresentado é um exemplo para fins especificamente didáticos.
- Nosso objetivo é apresentar um exemplo de desenvolvimento de um mapa mental do início ao fim, visando explorar os recursos que a ferramenta oferece para os seus usuários.
- Não é o objetivo deste exemplo mostrar etapas como modelagem, análise, desenho do processo, gerenciamento de desempenho, transformação do processo, etc., pois são assuntos específicos da área de *Business Process Management* (BPM).
- A forma como desenvolveremos o trabalho não representa uma posição oficial da ABPMP (*Association of Business Process Management Professionals*) ou uma correlação exata com o *CBOK® Guide*. Um processo de compras pode ser implantado de diferentes maneiras, inclusive seguindo as boas práticas do *CBOK® Guide*. Aqui, estamos mostrando apenas como os mapas mentais podem ajudar no processo de implantação.
- Qualquer semelhança entre as informações do processo e dados de processos reais terá sido mera coincidência!

Os relatórios, gráficos e textos apresentados são uma sugestão e não uma proposta final. Sugestões de melhorias, alterações, contribuições para o exemplo que visam ajudar no aprendizado de todos poderão ser enviadas diretamente para o e-mail do autor: <leitor@germanofenner.com.br>.

Ideia central

Como você já sabe, a primeira coisa a ser feita em nosso mapa mental é a identificação da ideia central (o assunto) que será desenvolvida. Em nosso caso, desenvolveremos o processo de "Implantação do Processo de Compra" do departamento.

Para registrar a ideia central do mapa mental, siga os passos:

1. **Carregue** o programa **MindManager**.

O MindManager apresenta as opções de modelos de mapas mentais. Você deverá escolher uma delas para iniciar o seu trabalho.

Capítulo 6. Criando mapas mentais com MindManager 69

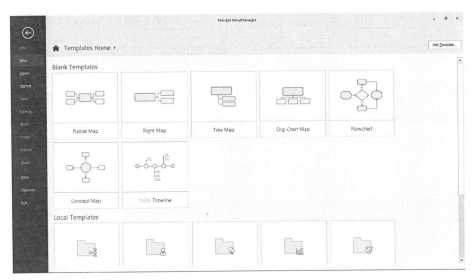

Figura 52 – Telas com as opções de mapas mentais

 Caso você esteja usando uma versão de testes (*trial*), antes será exibida a tela de aviso com quantidade de dias restantes para o uso do programa.

2. **Dê** um **duplo clique** em uma das **opções** de **mapas mentais**.

☞ Em nosso exemplo, selecionamos a opção "Radial Map".

O MindManager apresentará uma tela com recursos para desenvolvimento do mapa mental conforme mostrado a seguir.

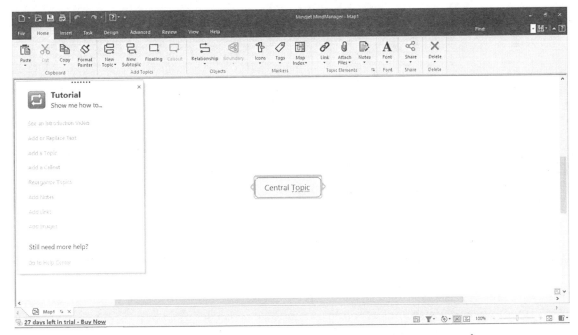

Figura 53 – Tela com recursos para desenvolvimento do mapa mental

70 Mapas Mentais

3. Dê um **duplo clique** em [Central Topic] e informe o **nome** para a **ideia central** do mapa mental.

 Em nosso exemplo, digitamos o nome "IMPLANTAÇÃO DO PROCESSO DE COMPRAS".

4. Dê um **clique** fora da **ideia central** do mapa mental para confirmar o nome.

Se você desejar que o nome de identificação da ideia central seja quebrado em várias linhas, basta deixar o cursor do mouse antes da palavra que deseja mover para a outra linha e pressionar as teclas **Shift + Enter**.

 Arquivo utilizado para este exemplo:
IMPLANTAÇÃO DO PROCESSO DE COMPRAS - 01 - Ideia Central

Na próxima figura, apresentamos o nosso exemplo com a identificação da ideia central para o mapa mental.

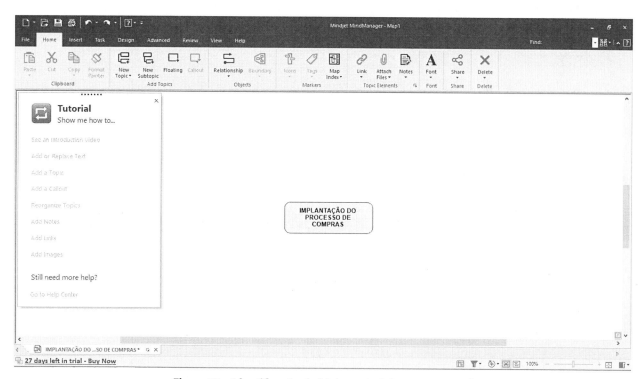

Figura 54 – Identificação da ideia central do mapa mental

Trabalhando com tópicos

Agora que temos a ideia central registrada em nosso mapa mental, vamos acrescentar os tópicos.

Anteriormente, quando estávamos expondo o cenário do nosso desafio, nós mostramos um breve levantamento de vários itens como: "análise da situação", "conversa com as partes interessadas", "verificar documentos existentes", "identificar particularidades", "mapeamento inicial do fluxo", "identificação de atores", "identificação de atividades envolvidas", etc.

O desafio aqui é conseguir identificar e organizar essas ações em tópicos!

Se cada atividade for considerada um tópico, o mapa mental ficará confuso, difícil de entender. Ironicamente, um recurso que era para ajudá-lo irá dificultar o seu trabalho.

Como resolver isso?

A ideia é você criar tópicos que tenham um assunto em comum, ou objetivo em comum, que resumam várias ações, atividades e tarefas a serem realizadas. Imagine uma situação onde você terá que conversar com partes interessadas, analisar a situação, identificar possíveis problemas e verificar documentação existente. Você poderia resumir tudo isso em um tópico chamado "diagnóstico".

Na medida em que você for praticando, ficará mais fácil sintetizar as ideias. No início poderá ser um pouco desafiador, mas com o tempo ficará muito mais simples.

Incluindo tópicos

Veremos agora como incluir tópicos em seu mapa mental. Siga os passos:

1. **Clique** na **ideia central** de seu **mapa mental**.

 Para acrescentar tópicos ao mapa mental, a ideia central deve estar selecionada.

2. **Clique** no botão **New Topic** ( ).

    O MindManager acrescentará um tópico, conforme mostrado na figura:

Figura 55 – Tópico acrescentado ao mapa mental

3. **Digite** o nome de **identificação** para o **tópico**.

Para digitar as informações no tópico basta dar um duplo clique no tópico ou selecionar e pressionar a tecla F2.

Em nosso exemplo, digitamos o nome "REUNIÃO".

4. **Clique** novamente no botão **New Topic** ( ).

 Em versões anteriores do MindManager, se você permanecesse no tópico e clicasse no botão **New Topic**, criaria um novo tópico neste local, ou seja, teria um tópico dentro de outro tópico.

5. **Digite** o **nome de identificação** para esse **tópico**.

 Em nosso exemplo, digitamos o nome "CENÁRIO ATUAL".

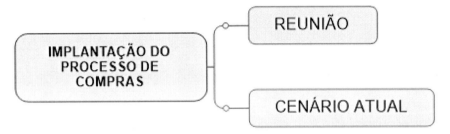

Figura 56 – Tópico "CENÁRIO ATUAL"

Repita as orientações dadas nos passos 4 e 5 para acrescentar ao mapa mental os tópicos "MAPEAMENTO FLUXO", "APRESENTAÇÃO DO PROCESSO", "MELHORIAS", "IMPLANTAÇÃO", "ACOMPANHAMENTO" e "OTIMIZAÇÃO".

Você poderá acrescentar novos tópicos pressionando a tecla Enter apenas.

 Arquivo utilizado para este exemplo:
IMPLANTAÇÃO DO PROCESSO DE COMPRAS - 02 - Tópicos

Ao final do exercício você terá um resultado semelhante ao apresentado na próxima figura.

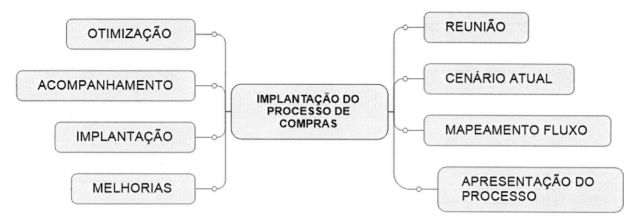

Figura 57 – Mapa mental após a inclusão dos tópicos

 Você pode melhorar a disposição dos tópicos no mapa mental clicando e arrastando o item que fica entre a linha de conexão e o tópico.

Na próxima figura, podemos visualizar o resultado de como ficou o nosso mapa mental após ajustar os tópicos.

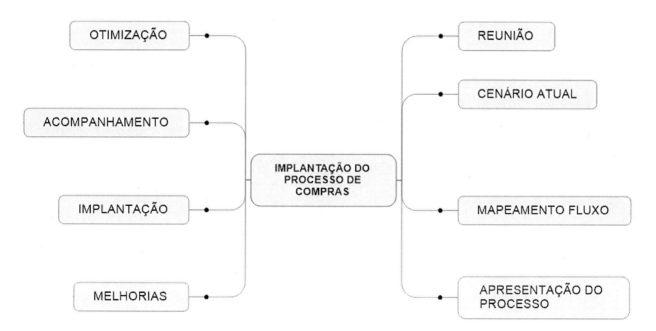

Figura 58 – Mapa mental após ajuste dos tópicos

Alterando a identificação de tópicos

Você poderá alterar a identificação de um tópico ou renomeá-lo a qualquer momento que desejar. Nós iremos alterar o tópico "REUNIÃO" para "REUNIÃO DE PLANEJAMENTO".

Para alterar a identificação de tópicos no mapa mental, siga os passos:

1. **Clique** no **tópico** que você deseja **alterar**.

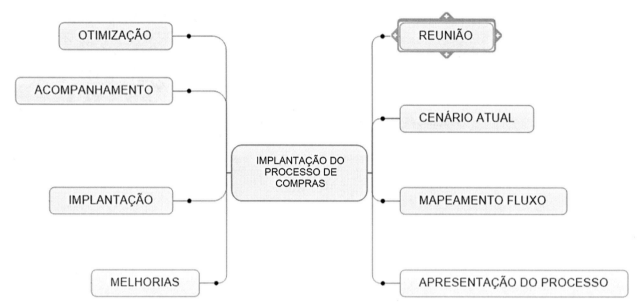

Figura 59 – Seleção de tópico para alteração

2. **Pressione** a tecla **F2**.

Ao pressionar a tecla **F2**, o tópico do mapa mental entra em modo de edição para que você altere o conteúdo do texto.

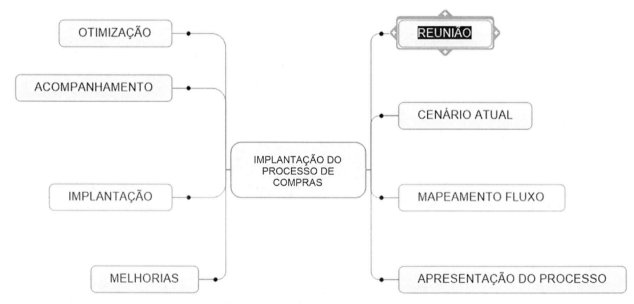

Figura 60 – Tópico em modo de edição

3. Digite o novo **nome** de **identificação**.

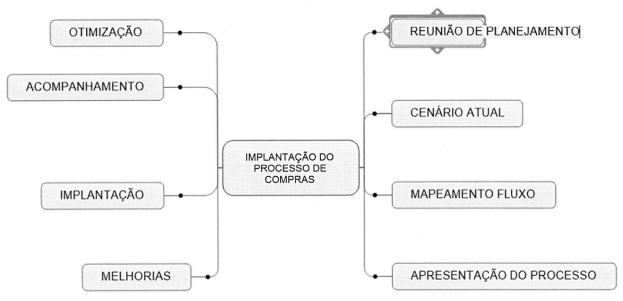

Figura 61 – Alterando a identificação do tópico

4. **Clique** com o mouse em qualquer lugar **fora** do **tópico selecionado**.

Pronto, o mapa mental agora aparece com o novo tópico de identificação, conforme mostrado na figura.

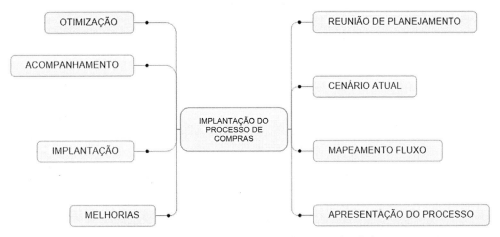

Figura 62 – Mapa mental após a alteração do tópico

Excluindo tópicos do mapa mental

Você poderá excluir tópicos de seu mapa mental a qualquer momento que desejar. Em nosso exemplo, iremos excluir o tópico "REUNIÃO DE PLANEJAMENTO".

Para excluir um tópico do mapa mental siga os passos:

1. **Clique** no **tópico** que você deseja **excluir**.

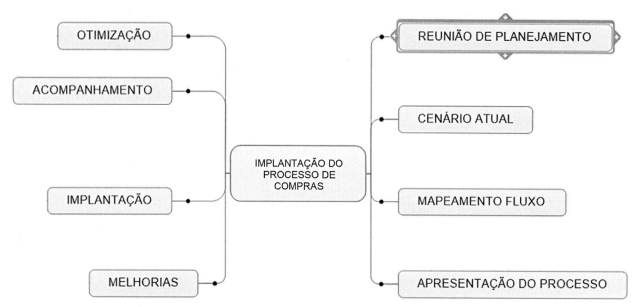

Figura 63 – Mapa mental com o tópico REUNIÃO DE PLANEJAMENTO selecionado

2. **Pressione** a tecla **Delete**.

O tópico será excluído de seu mapa mental. Observe que, nesse caso, não é solicitada a confirmação de exclusão do tópico. Ele automaticamente deixa de existir em seu mapa mental, conforme se vê a seguir.

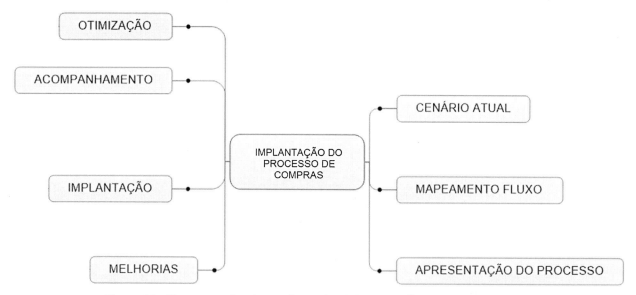

Figura 64 – Mapa mental após a exclusão do tópico REUNIÃO DE PLANEJAMENTO

 Caso tenha excluído acidentalmente um tópico de seu mapa mental, ele poderá ser recuperado pressionando simultaneamente as teclas **Ctrl + Z** ou clicando no botão.

Salvando um mapa mental

Para salvar um mapa mental, siga os passos:

1. **Clique** em 💾.

   O MindManager exibirá a seguinte tela:

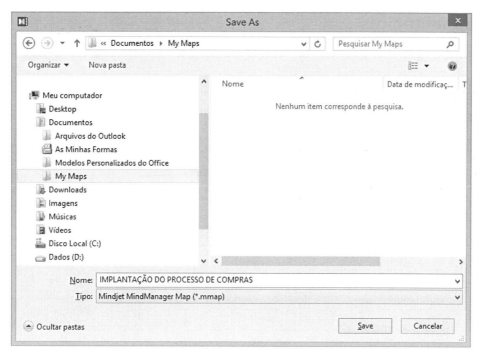

Figura 65 – Tela Save As

O MindManager sugere como opção para o nome do arquivo o mesmo nome utilizado para a ideia central do mapa mental. Se você desejar optar por outro nome, bastará digitar o novo nome para identificação do arquivo.

2. **Clique** no botão **Save**.

Seu mapa mental será salvo de acordo com o nome registrado campo **Nome** da tela **Save As**.

 Quando você instala o MindManager, ele cria a pasta "My Maps". Sempre que você for salvar um mapa mental, o MindManager irá sugerir essa pasta como local de destino para os seus mapas mentais.

Trabalhando com subtópicos

Com a ideia central definida e os tópicos acrescentados, é chegado o momento de acrescentarmos os subtópicos ao nosso mapa mental.

Os subtópicos servem para desenvolver a ideia que está registrada no tópico. Assim sendo, cada tópico terá subtópicos como forma complementar à ideia. Os subtópicos ajudam no entendimento do mapa mental e no desenvolvimento de ideias.

Em nosso mapa mental "IMPLANTAÇÃO DO PROCESSO DE VENDAS", temos o tópico "REUNIÃO". Para que uma reunião aconteça, ela precisa ser agendada, as pessoas que possam contribuir devem ser convocadas, os documentos a serem apresentados ou utilizados precisam ser organizados, etc. Como fazer essa organização no mapa mental?

Incluindo subtópicos

Nós estudaremos agora como acrescentar tópicos em seu mapa mental. Siga os passos:

1. **Selecione** um **tópico** onde **serão** acrescentados os **subtópicos**.

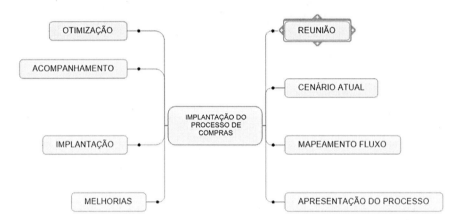

Figura 66 – Seleção do tópico REUNIÃO

2. **Clique** no botão **New Subtopic** ().

Você também pode acrescentar subtópicos pressionando a tecla **Insert**. O MindManager acrescentará um subtópico, conforme mostrado a seguir:

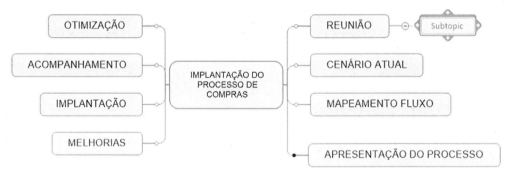

Figura 67 – Subtópico acrescentado ao mapa mental

3. **Digite** o nome de **identificação** para o **subtópico**.

☞ Em nosso exemplo, digitamos "Contatar Interessados".

Figura 68 – Mapa mental com o subtópico Contatar Interessados

4. **Selecione** novamente o **tópico** onde **serão** acrescentados os **subtópicos** e clique no botão **New Subtopic** (⬚).
5. **Digite** o **nome de identificação** para este **tópico**.

☞ Em nosso exemplo, digitamos "Agendar Reunião".

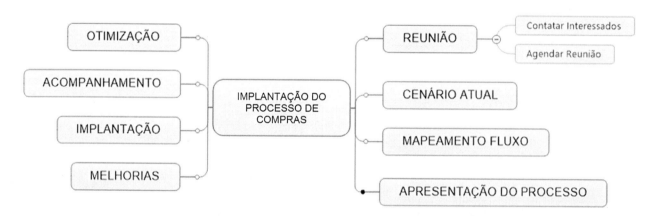

Figura 69 – Mapa mental com o subtópico Agendar Reunião

Repita as orientações dadas nos passos 4 e 5 para acrescentar ao seu mapa mental os outros subtópicos.

Na próxima tabela, mostramos os subtópicos que escolhemos para acrescentar em cada tópico de nosso mapa mental.

Você pode acrescentar subtópicos pressionando a tecla Insert.

TÓPICO	SUBTÓPICO	SUBTÓPICO
REUNIÃO	• Contatar interessados • Agendar reunião	
	• DOCUMENTOS	– Mapeamento de processos – Detalhamento do processo – Ação corretiva – Descrição do subprocesso
CENÁRIO ATUAL	• Solicitar apresentação • Anotação de detalhes • Verificar documentos existentes	
MAPEAMENTO FLUXO	• ATORES	– Nome – Contato
	• Entradas • Saídas • Desenho do processo • Criação de indicadores	
APRESENTAÇÃO DO PROCESSO	• Objetivo • Fluxo • Dúvidas	
MELHORIAS	• Implementar • Solicitar validação • Agendar nova apresentação • Apresentar o fluxo • Ajustes nos indicadores	
IMPLANTAÇÃO	• Agendar início das atividades • Apresentar fluxo de trabalho	
ACOMPANHAMENTO	• *Mentoring* • Possíveis ajustes • Medições	
OTIMIZAÇÃO	• Melhorias • Adaptações • Mercado externo • Clientes	

Tabela 16 – Tabela com orientação para tópicos e subtópicos

Arquivo utilizado para este exemplo:
IMPLANTAÇÃO DO PROCESSO DE COMPRAS - 03 - Subtópicos

Ao final do exercício, seu mapa mental deverá ficar semelhante ao apresentado na figura a seguir:

Capítulo 6. Criando mapas mentais com MindManager 81

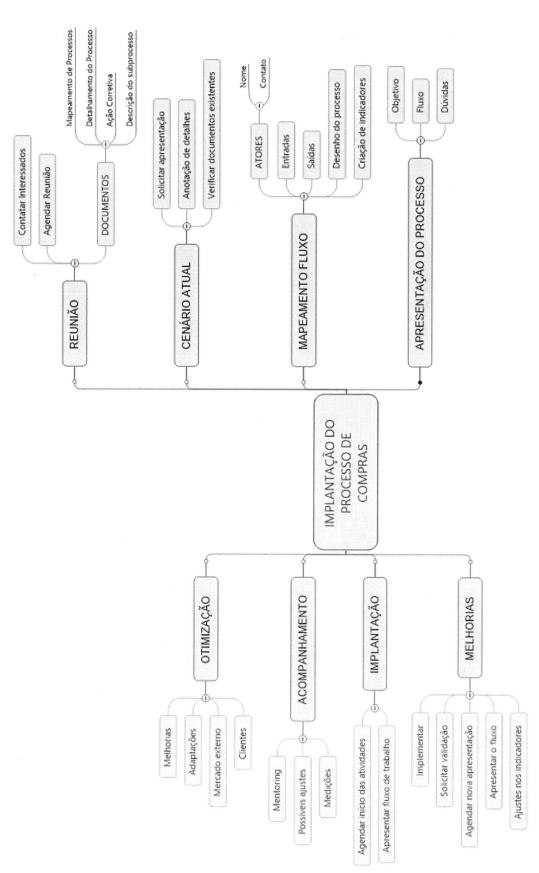

Figura 70 – Mapa mental com tópicos e subtópicos

Chamamos a sua atenção para os subtópicos **DOCUMENTOS** e **ATORES**. Observe que em ambos você tem outros subtópicos dentro. O processo para criação de subtópicos dentro de subtópicos é idêntico à criação de um subtópico dentro de um tópico.

Ocultando subtópicos

Com a adição de subtópicos, o mapa mental começa a ficar grande, mas você pode ocultá-los e exibir aqueles que realmente precisa visualizar no momento.

Ao clicar no componente ⊖, você oculta os subtópicos que estiverem a partir dele, conforme é apresentado na figura a seguir.

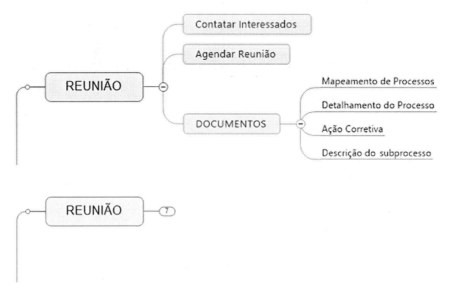

Figura 71 – Comparativo antes e depois de ocultar subtópicos

Ao ocultar os subtópicos, o MindManager exibirá um número que corresponde à quantidade de itens ocultos.

Figura 72 – Mapa mental com subtópicos ocultados

Para reexibir os subtópicos, basta clicar nos números que o MindManager reexibirá as informações ocultas.

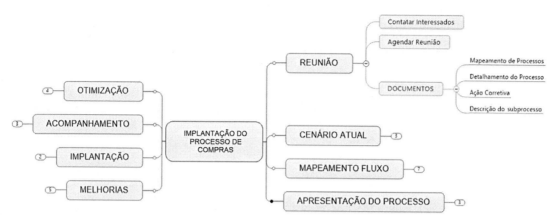

Figura 73 – Mapa mental com o tópico REUNIÃO e seus subtópicos

Alterando a identificação de subtópicos

Você poderá alterar a identificação de um subtópico ou renomeá-lo a qualquer momento que desejar. O mapa mental mostrado a seguir, o mesmo que vimos anteriormente, referente à implantação do processo de compras, terá o subtópico "Contatar Interessados" alterado para "Convocar Interessados".

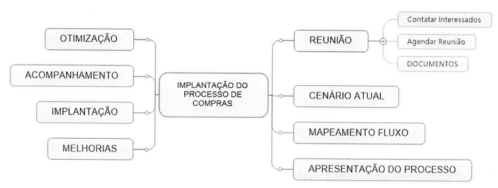

Figura 74 – Mapa mental IMPLANTAÇÃO DO PROCESSO DE COMPRAS com subtópicos

Para alterar a identificação de tópicos no mapa mental siga os passos:

1. **Clique** no **subtópico** que você deseja **alterar**.

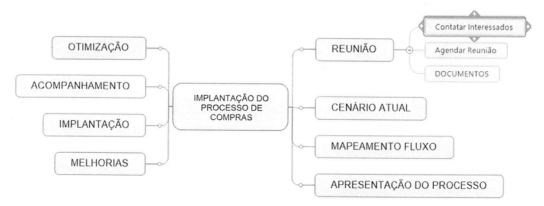

Figura 75 – Selecionando subtópicos para alteração

2. **Pressione** a tecla **F2**.

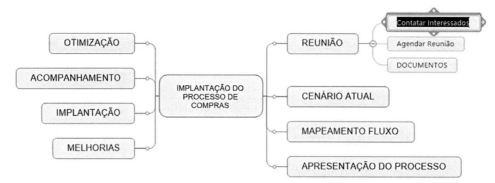

Figura 76 – Alteração da identificação do subtópico

3. Digite o novo **nome** de **identificação**.
4. **Clique** com o mouse em qualquer lugar **fora** do **subtópico selecionado**.

Pronto, o mapa mental agora aparece com o novo subtópico de identificação, conforme mostrado na figura a seguir.

Figura 77 – Mapa mental após a alteração do subtópico

Excluindo subtópicos do mapa mental

Dando continuidade ao nosso estudo, vamos aproveitar o exemplo anterior e excluir o subtópico "Convocar Interessados".

Para excluir um subtópico do mapa mental, siga os passos:

1. **Clique** no **subtópico** que você deseja **excluir**.

Figura 78 – Seleção de subtópico para exclusão

2. **Pressione** a tecla **Delete**.

O tópico será excluído de seu mapa mental. Observe que, neste caso, não é solicitada a confirmação de exclusão do tópico. Ao pressionar a tecla **Delete**, ele automaticamente deixa de existir em seu mapa mental, conforme se vê a seguir.

Figura 79 – Mapa mental após a exclusão do subtópico "Convocar Interessados"

 Caso tenha excluído acidentalmente um subtópico de seu mapa mental, ele poderá ser recuperado pressionando simultaneamente as teclas **Ctrl + Z** ou clicando no botão .

Melhorando a aparência de mapas mentais

Se deixarmos os nossos mapas mentais apenas com textos, além de explorarmos pouco os recursos oferecidos pelo MindManager, estaremos abrindo mão de imagens e ícones que poderão torná-los muito mais interessantes de serem lidos.

O MindManager oferece vários recursos visuais que poderão ser aplicados ao seu mapa mental. São ícones, imagens e símbolos que, além de contribuírem para melhorar a apresentação, poderão ajudar no processo de aprendizado e assimilação de um determinado conteúdo ou assunto.

Vamos agora melhorar a aparência do nosso mapa mental adicionando imagens aos tópicos e tornando assim a leitura do mapa mais divertida e interessante.

Adicionando imagens ao mapa mental

Para adicionar imagens a um mapa mental, siga os passos:

1. **Clique** na **guia Insert**.
2. **Clique** no menu do botão **Image** e na opção **Insert Image From Library**....

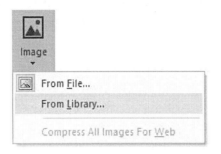

Figura 80 – Botão Image

Ao clicar na opção "Insert Image From Library", o MindManager exibirá, no lado direito da área de trabalho, a **Library – Images**, conforme mostrado na figura a seguir:

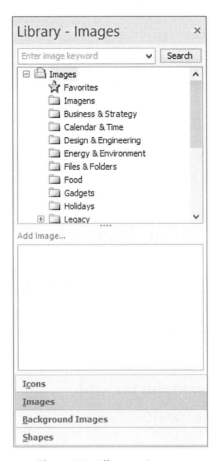

Figura 81 – Library – Images

Observe que dentro da pasta **Images** há várias outras subpastas. Se clicarmos na pasta **Calendar & Time**, por exemplo, será exibida uma série de imagens de acordo com essa categoria e assim por diante.

Figura 82 – Library – Images com destaque para a subpasta Documents

Observe também que algumas pastas possuem subpastas. Ao clicar na pasta **Legacy**, por exemplo, serão apresentadas diversas outras subpastas dentro dela. Na figura apresentada a seguir, clicamos na pasta **Legacy** e na subpasta **Documents**. Várias imagens referentes a essa categoria são apresentadas.

Figura 83 – Library – Images com destaque para a subpasta Documents

3. **Selecione** uma **subcategoria** e **escolha** uma **imagem**.

☞ Em nosso exemplo, selecionamos a subpasta **Departments**, que está logo acima da subpasta **Documents**.

4. **Clique** e **arraste** a **imagem** para um **local** do mapa mental.

☞ Selecionamos imagens para o tópico "REUNIÃO".

Após a imagem estar sobre o local onde você deseja inseri-la, você poderá soltar o botão do mouse.

A próxima figura apresenta um comparativo antes e depois de arrastar as imagens para o tópico e subtópicos do mapa mental.

Figura 84 – Comparativo antes e depois de arrastar as imagens

As imagens ajudam a melhorar a qualidade das informações e as deixam mais interessantes de serem lidas.

Excluindo imagens do mapa mental

Assim como podemos incluir imagens, podemos também excluí-las a qualquer momento de nosso mapa mental. Para excluir uma imagem, siga os passos:

1. **Clique** na **imagem a ser excluída**.

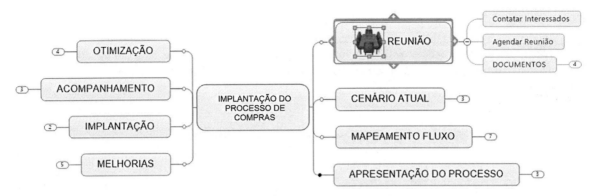

Figura 85 – Seleção de imagem para exclusão

2. **Pressione** a tecla **Delete**.

A imagem será excluída do mapa mental.

 O MindManager não solicita confirmação para exclusão de imagem.

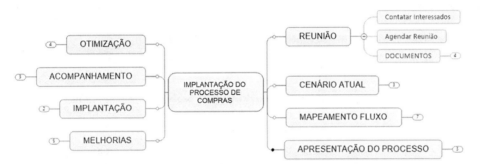

Figura 86 – Mapa mental após a exclusão da imagem

Criando uma biblioteca de imagens personalizadas

Além das imagens sugeridas pelo MindManager, você pode adicionar imagens suas, como desenhos personalizados, logotipo da empresa, imagens padrões utilizadas em sistemas de TI e fluxos de processos.

Você poderá criar uma biblioteca com as suas próprias imagens, aquelas que você mais utiliza no seu dia a dia.

Antes de seguirmos adiante com os nossos estudos, acesse o site do autor e faça *download* do arquivo **Biblioteca de Imagens**, que contém uma coleção de imagens selecionadas aleatoriamente para ajudá-lo a destacar assuntos que julgar importante quando estiver desenvolvendo o seu mapa mental.

Acesse ao endereço <www.germanofenner.com.br/mapa-mental/> e, na seção **Trabalhando com o Mind-Manager**, clique no *link* **Biblioteca de Imagens** para fazer *download* do arquivo.

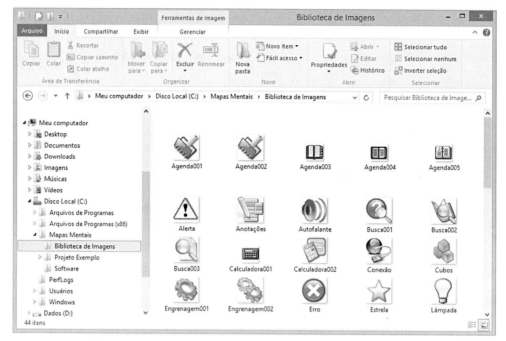

Figura 87 – Descompactação do arquivo Biblioteca_de_Imagens

Orientamos você a criar uma subpasta intitulada **Biblioteca de Imagens** para armazenar as figuras relacionadas aos exemplos passo a passo desenvolvidos com o MindManager.

Para você criar a sua biblioteca de imagens personalizadas, siga os passos:

1. **Clique** na **guia Insert**.
2. **Clique** no menu do botão **Image** e escolha a opção **From Library**....
3. Em **Library – Images**, **clique** com o **botão direito** do **mouse** e **escolha** a opção **New Folder**.

Figura 88 – Library – Images com destaque para a opção New Folder

4. **Informe** um **nome** para a **pasta** e **pressione** a tecla **Enter**.

Em nosso exemplo, digitamos o nome "Apoio" para a pasta.

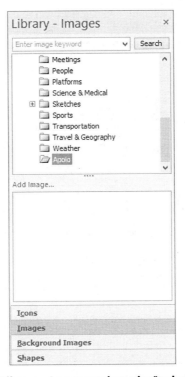

Figura 89 – Library – Images após a criação da pasta Apoio

5. **Clique** com o **botão direito** do **mouse** na pasta **Apoio** e escolha **Add Image**.
6. Na caixa de diálogo **Select Image**, informe o local onde estão as imagens.

Figura 90 – Tela Select Image

7. **Selecione** todas as **imagens**.
8. **Clique** no botão **Insert**.

As imagens serão acrescentadas dentro da pasta **Apoio** que criamos anteriormente.

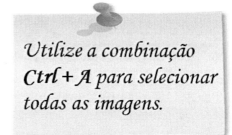

Utilize a combinação Ctrl + A para selecionar todas as imagens.

A próxima figura apresenta a pasta **Apoio** com as imagens disponíveis para serem utilizadas.

Figura 91 – Pasta Apoio com imagens disponíveis

Muito bem, agora você tem a sua biblioteca de imagens personalizadas.

Havendo necessidade, poderão ser criadas bibliotecas personalizadas para cada departamento, ou setor, da organização, permitindo assim um trabalho ainda mais personalizado para a criação de mapas mentais.

Excluindo uma biblioteca de imagens personalizadas

Assim como podemos criar bibliotecas, também podemos excluí-las a qualquer momento.

Para excluir uma biblioteca de imagens, basta **selecioná-la** e **clicar** na tecla **Delete**.

 O *MindManager* não solicita confirmação para exclusão de imagem.

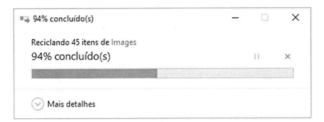

Figura 92 – Processo de exclusão da biblioteca de imagens Apoio

Tenha muito cuidado ao realizar esta operação, pois a combinação de tecla **Ctrl + Z** não funcionará. Em versões anteriores, o MindManager solicitava confirmação, mas nesta versão a confirmação não é solicitada!

A exclusão da biblioteca de imagens não irá apagar as imagens que estão na pasta de origem, **Biblioteca de Imagens**, aquelas que você anteriormente fez o *download*. Estas irão permanecer no local original. O que existe é apenas a exclusão da pasta e de seu conteúdo de dentro do programa MindManager.

Agora que você conhece o recurso de inclusão de imagens em mapas mentais, vamos continuar a desenvolver o nosso projeto de exemplo passo a passo.

Nesta etapa você deve acrescentar imagens ao seu mapa mental.

 Arquivo utilizado para este exemplo:
IMPLANTAÇÃO DO PROCESSO DE COMPRAS - 04 - Imagens

A seguir, apresentamos o mapa mental após a inclusão de imagens. Perceba como ele ficou mais interessante de ser lido.

94 Mapas Mentais

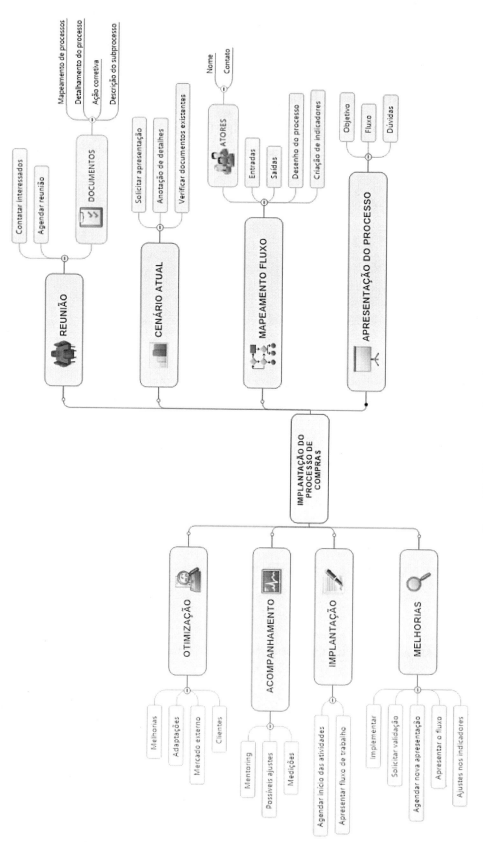

Figura 93 – Mapa mental com imagens

Adicionando ícones

Assim como as imagens, os ícones poderão ajudar a destacar informações no mapa mental.

Para você acrescentar ícones ao mapa mental, siga os passos:

1. **Selecione** um **Tópico**, ou **subtópico**, do mapa mental.
2. **Clique** na **guia Insert**.
3. **Clique** no botão **Icons** e **escolha** uma das **opções**.

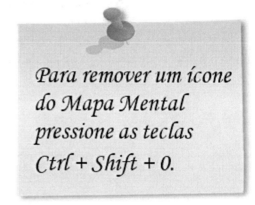

Figura 94 – Opções de ícones

 Em nosso exemplo, escolhemos o ícone do número 1.

4. **Repita** os **passos 1** e **3** para **acrescentar** ícones em **outros subtópicos**.

A próxima figura apresenta um comparativo dos subtópicos de um mapa mental antes e depois de acrescentar ícones.

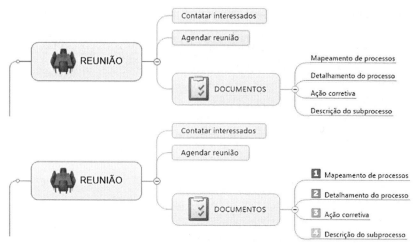

Figura 95 – Comparativo antes e depois de acrescentar ícones aos subtópicos

Se você desejar, poderá acessar outras opções de ícones. Para isso, basta clicar na opção **Icons** que será exibido o painel onde teremos a opção da **Library – Icons**, conforme apresentado na figura.

Figura 96 – Library – Icons

Caso você não esteja visualizando a barra **Library – Icons**, clique na guia **Insert > Icons > More Icons** que a barra passará a ser visualizada no lado direito da área do programa MindManager.

Dando continuidade ao desenvolvimento de nosso mapa mental "Implantação do Processo de Compras", acrescentaremos ícones a ele.

Arquivo utilizado para este exemplo:
IMPLANTAÇÃO DO PROCESSO DE COMPRAS – 05 – Ícones

A seguir, você terá a visão do mapa mental após a inclusão dos ícones.

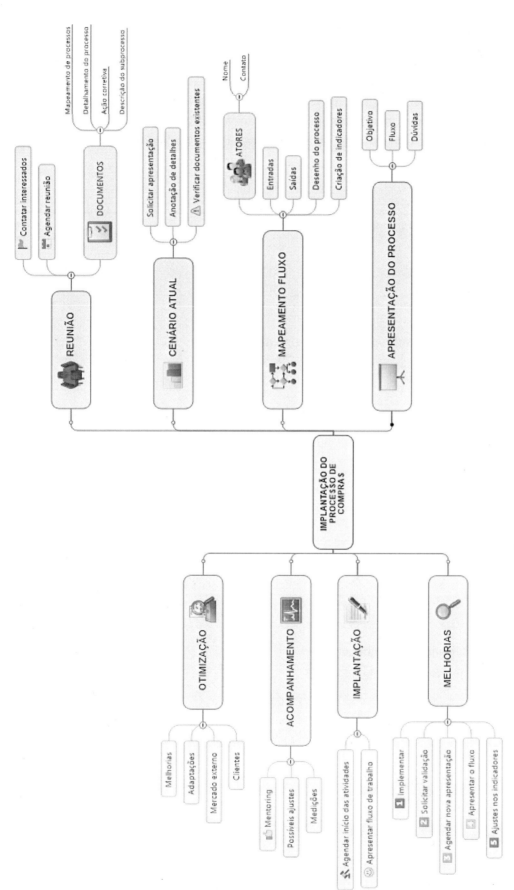

Figura 97 – Mapa mental com ícones

Trabalhando com notas

Outro recurso que podemos utilizar para melhorar a visualização das informações no mapa mental é o "Callout", que aqui chamaremos de notas. Esse recurso pode ser utilizado para registrar informações sobre um tópico ou subtópico. Nós o utilizamos quando precisamos destacar algo que é fundamental para o trabalho que estamos realizando. Por exemplo: em um um subtópico chamado "formulário", você pode utilizar o recurso de notas para especificar se deve ser o modelo "xyz", ou se necessita ser autorizado por uma determinada pessoa.

Inserindo notas

Para inserir uma nota no mapa mental, siga os passos:

1. **Selecione** um **tópico**, ou **subtópico**, do mapa mental.
2. **Clique** na **guia Home** e **clique** em **Callout** ( ).
3. **Digite** a **informação**.

Será exibido um balão onde você poderá registrar as informações referentes ao tópico selecionado.

Figura 98 – Local de digitação do Callout

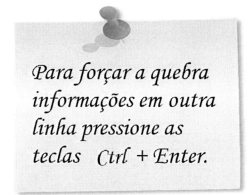

Para forçar a quebra informações em outra linha pressione as teclas Ctrl + Enter.

4. **Pressione** a tecla **Enter** para **finalizar**.

Na figura a seguir, temos o exemplo de uma nota.

Figura 99 – Exemplo de mapa mental com nota

Excluindo notas

Para excluir a nota de um tópico ou subtópico, basta selecioná-la e pressionar a tecla **Delete**. Não será solicitada a confirmação da exclusão.

Trabalhando com anotações

O recurso que possibilita armazenar grandes quantidades de textos no MindManager é o "Notes", mas aqui chamaremos de anotações.

Este recurso permite que você acrescente um grande volume de informações, o que poderá ser útil em situações onde existe a necessidade de detalhar as informações, muito comum em processos onde às vezes precisamos descrever o passo a passo daquilo que necessita ser feito.

As anotações poderão ser feitas para um ou mais tópicos ou subtópicos do mapa mental. Não existe limite quanto a sua utilização.

As anotações, quando registradas apenas no diagrama de mapa mental, não são visualizadas.

Ao contrário de todos os recursos que apresentamos até agora, a anotação, depois de registrada, não é exibida, ou seja, você não conseguirá visualizá-la em seu mapa mental a não ser que você clique no ícone (), que dá acesso a ela. Isso faz sentido, pois a ideia de um mapa mental é sintetizar informações. Mapa mental não é para armazenar informações extensas.

Então, qual a razão desse recurso?

Suponha que você precise apresentar uma determinada ideia para um grupo de pessoas, como esta do mapa mental de Implantação do Processo de Compras que estamos desenvolvendo. Haverá situações em que será necessário fazer referência a uma determinada lei jurídica, norma ou requisito de qualidade. Geralmente situações como essas são embasadas por textos bastante formais e escritos de maneira detalhada para que não haja dúvidas sobre o que precisa ser feito. O recurso de anotações será muito útil para registrar essas informações. Você poderá evitar que as informações sobre um determinado assunto fiquem espalhadas em diversos lugares, concentrando-as assim em um único local.

Inserindo anotações

Para utilizar o recurso de anotações em seu mapa mental, siga os passos:

1. **Selecione** um **tópico**, ou **subtópico**, do mapa mental.

    Em nosso exemplo, escolhemos o subtópico "Agendar reunião".

2. **Clique** na **guia Insert** e **clique** no botão **Notes**.

Figura 100 – Botão Notes

    Em nosso exemplo, escolhemos a opção vertical.

Ao escolher uma das opções, "Vertical" ou "Horizontal", será exibido um editor de texto para registrar a informação.

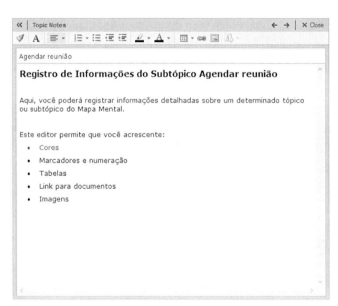

Figura 101 – Editor de notas

3. **Insira** as **informações**.
4. **Clique** no botão **Close** para **fechar** o **editor** de **notas**.

Observe que o texto digitado anteriormente não aparece no mapa mental, porém, o subtópico onde registramos as informações tem o ícone ( ). Esta é uma forma de alertar que, nesse local, há outras informações referentes ao assunto tratado pelo mapa mental.

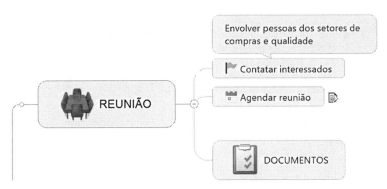

Figura 102 – Exemplo de mapa mental com anotações

Excluindo anotações

Caso você queira excluir uma anotação do mapa mental, basta clicar com o botão direito do mouse sobre o ícone (📝) e escolher a opção **Remove Notes**.

Figura 103 – Remove Notes

Para esse tipo de operação, não será solicitada a confirmação de exclusão da anotação do tópico ou subtópico do mapa mental.

Visualizando as anotações de forma rápida

Para visualizar as anotações de forma rápida, basta passar o ponteiro do mouse sobre o ícone (📝) que as informações aparecerão em uma tela flutuante que ficará oculta tão logo o ponteiro do mouse deixe de apontar para o ícone de anotações.

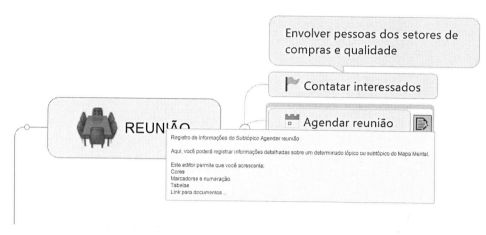

Figura 104 – Visualização rápida das anotações

Resumindo, você pode visualizar as anotações do seu mapa mental de três maneiras:

1. No diagrama de mapas mental, quando tiver um tópico ou subtópico com o ícone ( ) e o ponteiro do mouse passar sobre a imagem do ícone.
2. No diagrama de mapas mental, quando tiver um tópico ou subtópico com o ícone ( ) e for dado um duplo clique com o mouse.
3. Quando exportadas informações para outros formatos de arquivos, assunto de que trataremos em um capítulo específico.

Vamos continuar a melhorar o nosso mapa mental "Implantação do Processo de Compras". Pedimos que você agora acrescente notas e anotações em alguns tópicos e subtópicos de sua escolha.

Arquivo utilizado para este exemplo:
IMPLANTAÇÃO DO PROCESSO DE COMPRAS – 06 – Notas e Anotações

A seguir, você terá a visão do mapa mental após a inclusão desses recursos.

À medida que novas informações forem sendo acrescentadas ao mapa mental, poderá ser necessário mudar alguns tópicos de localização. Isso é o que ocorreu com o tópico "MAPEAMENTO FLUXO": ele foi mudado de posição no mapa mental para possibilitar uma melhor visualização das informações.

Capítulo 6. Criando mapas mentais com MindManager 103

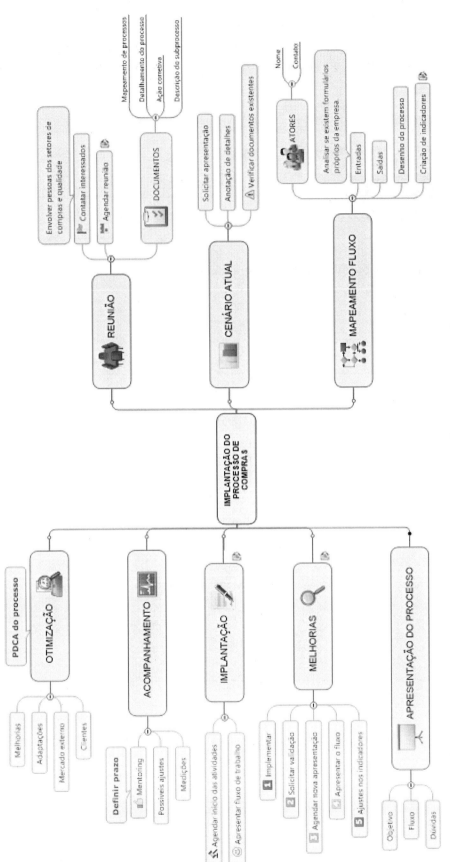

Figura 105 – Mapa mental com notas e anotações

Trabalhando com *boundary*

Boundary é um recurso que melhora de forma significativa a aparência de um mapa mental. Através dele, é possível dar destaque a uma determinada informação e até organizar a quantidade de itens relacionados a um assunto.

Inserindo *boundary*

Para utilizar o recurso, siga os passos:

1. **Selecione** um **tópico,** ou **subtópico,** do **mapa mental.**
2. **Clique** na **guia Insert** e **clique** no menu do botão **Boundary**.

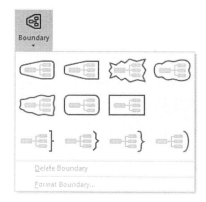

Figura 106 – Botão Boundary

3. **Selecione** uma das **opções** de **Boundary**.

   Em nosso exemplo, escolhemos o tópico **MAPEAMENTO FLUXO**.

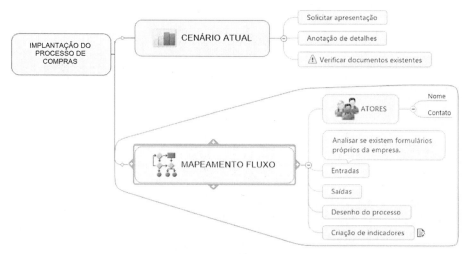

Figura 107 – Tópico do mapa mental com *boundary*

Alterando a cor de fundo do *boundary*

Se você desejar, poderá selecionar uma cor de fundo para o *boundary*, destacando assim ainda mais a informação. Para modificar a cor de fundo, siga os passos:

1. **Selecione** o *boundary*.
2. **Selecione** a guia **Design** e **clique** no botão **Fill Color**.

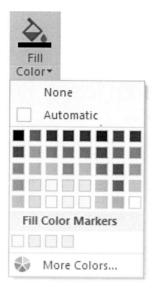

Figura 108 – Botão Fill Color

3. **Escolha** uma **cor**.

O *boundary* de seu mapa mental terá a cor de fundo alterada.

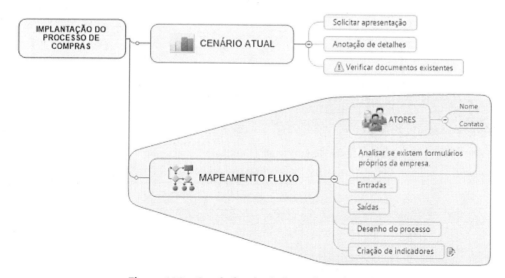

Figura 109 – Cor de fundo do *boundary* alterada

Se preferir, você poderá alterar também a cor de fundo do tópico, dos subtópicos e dos componentes, deixando assim a cor de plano de fundo diferenciada para todos os itens do tópico "MAPEAMENTO FLUXO". Para fazer isso, selecione o tópico ou subtópico e siga as orientações dadas nos passos 2 e 3 explicados anteriormente.

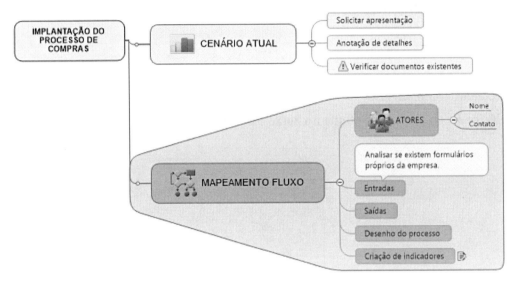

Figura 110 – Cor de fundo padrão para os itens do tópico MAPEAMENTO FLUXO

Excluindo um *boundary*

Se você desejar, poderá excluir o *boundary* anteriormente incluído no mapa mental. Siga os passos:

1. **Selecione** o *boundary*.
2. **Clique** com o **botão direito** do **mouse**.

Figura 111 – Menu com a opção Delete Boundary

3. **Clique** em **Delete Boundary**.

O recurso de *boundary* será retirado de seu mapa mental.

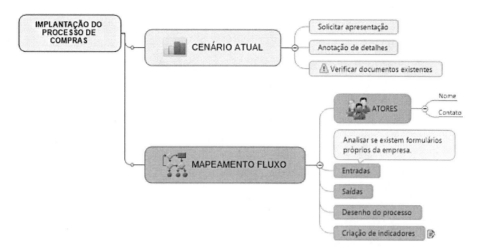

Figura 112 – Mapa mental sem o recurso de *boundary*

Apesar de termos excluído o *boundary* do mapa mental, ele manteve as cores que foram alteradas para os seus componentes. Se você desejar tirar essa cor, bastará selecionar cada um dos itens, acessar a guia **Design**, clicar no botão **Fill Color** e escolher a opção **Automatic**. Seus componentes voltarão à cor original antes dessa operação.

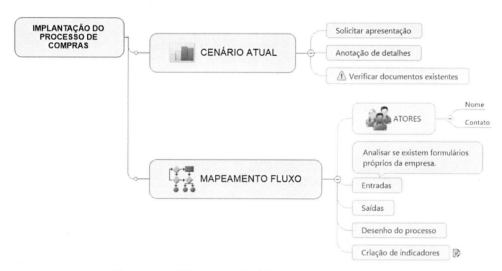

Figura 113 – Tópicos e subtópicos sem cores de fundo

Agora que conhecemos o recurso de *boundary*, vamos agregá-lo ao nosso mapa mental "Implantação do Processo de Compras". O resultado desta mudança é apresentado a seguir.

Arquivo utilizado para este exemplo:
IMPLANTAÇÃO DO PROCESSO DE COMPRAS – 07 – *Boundary*

108 Mapas Mentais

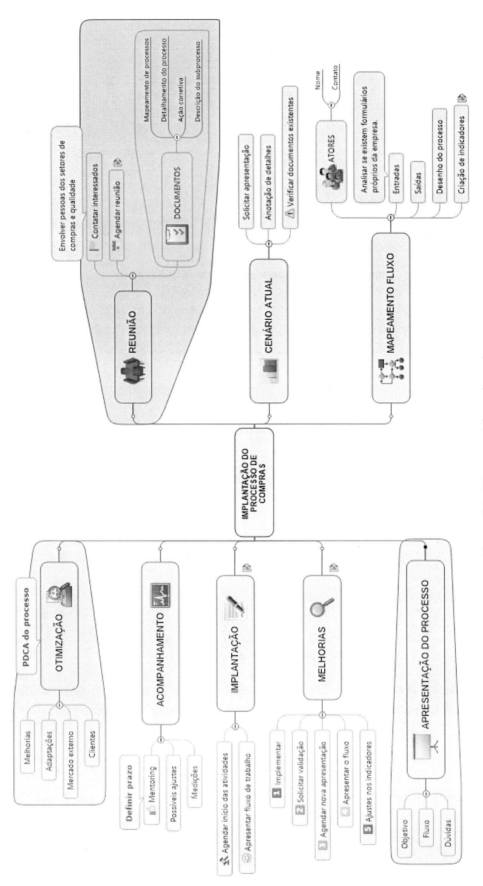

Figura 114 – Mapa mental com *boundary*

Estabelecendo relacionamentos

Existem situações onde haverá relacionamentos entre os tópicos e subtópicos do mapa mental e você precisará destacar isso.

O recurso *relationship* é uma linha onde representamos que existe um vínculo, um relacionamento, entre os assuntos do mapa mental. Você poderá especificar que o relatório depende da pesquisa, que o levantamento de informações está relacionado com entrevistas e assim por diante.

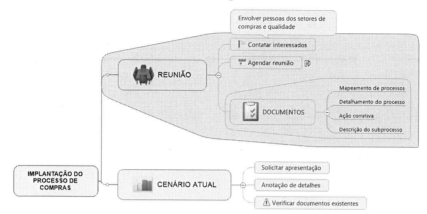

Figura 115 – Mapa mental antes de estabelecer o relacionamento

Analisando o mapa mental que estamos mostrando, desejamos estabelecer um relacionamento entre os subtópicos "Mapeamento de processos" e "Verificar documentos existentes". A ideia é enfatizar que na reunião, quando for tratado o assunto referente ao "Mapeamento de processos", deve-se "Verificar documentos existentes" que estejam relacionados com o processo.

Criando relacionamentos

Para você estabelecer o relacionamento entre os tópicos do mapa mental, siga os passos:

1. **Selecione** a guia **Insert** e **clique** no botão **Relationship.**

Figura 116 – Botão Relationship

2. **Clique** no subtópico **"Mapeamento de processos"** e **arraste** até o subtópico **"Verificar documentos existentes"**.

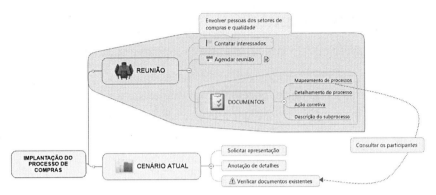

Figura 117 – Mapa mental após estabelecer o relacionamento

 Se você preferir, poderá clicar com o mouse em ◇ e arrastar para melhor ajustar a linha do relacionamento.

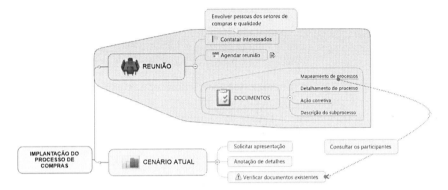

Figura 118 – Mapa mental após ajustada a linha do relacionamento

Você poderá mudar o estilo da linha de relacionamento clicando no botão **Relationship** e escolhendo uma das opções.

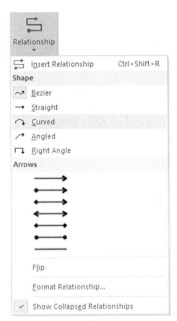

Figura 119 – Opções de linha do botão Relationship

Nós selecionamos a opção **Curved**. Veja na próxima figura como ficou o relacionamento entre os tópicos do mapa mental.

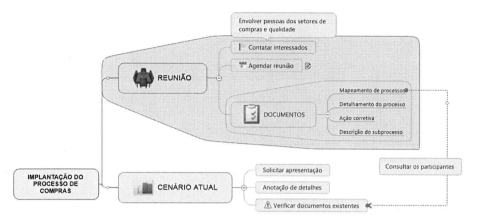

Figura 120 – Mapa mental após alterar o estilo da linha do relacionamento

 Para excluir o relacionamento basta selecionar a linha de vínculo entre os assuntos e pressionar a tecla **Delete**. Lembre que o MindManager não solicita a confirmação de exclusão.

É possível alterar cor, estilo e espessura da linha de relacionamento entre os itens do mapa mental. Ao dar um duplo clique na linha, será exibida a caixa de diálogo **Format Relationship**, que permite a alteração das propriedades da linha de relacionamento.

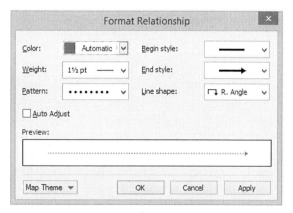

Figura 121 – Format Relationship

Agora que conhecemos mais esse recurso, vamos criar relacionamentos entre alguns assuntos do nosso mapa mental "Implantação do Processo de Compras".

 Arquivo utilizado para este exemplo:
IMPLANTAÇÃO DO PROCESSO DE COMPRAS – 08 – Relacionamentos

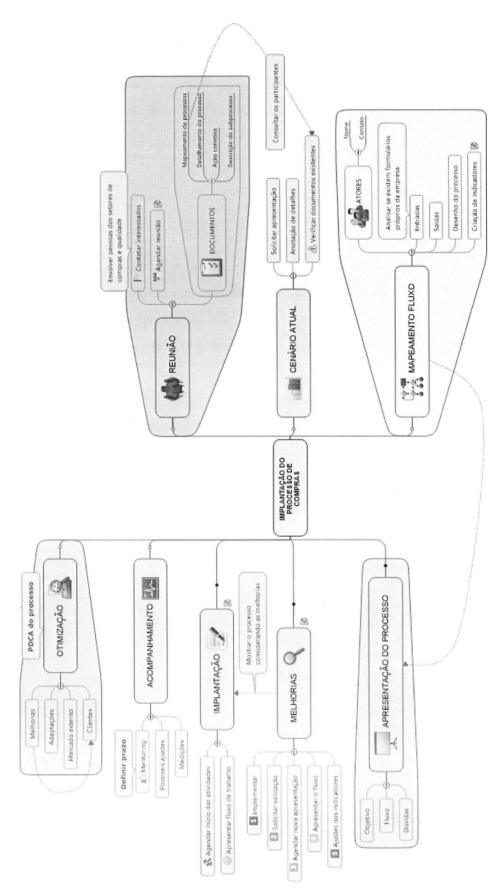

Figura 122 – Mapa mental com relacionamento entre os assuntos

Vinculando arquivos ao mapa mental

Com o que já estudamos até agora, você já deve ter percebido a quantidade de recursos que o MindManager disponibiliza para a criação e o desenvolvimento dos mapas mentais.

Agora, veremos outro recurso que será fundamental na organização e no acesso a documentos. Você poderá, através do mapa mental, chamar arquivos do Microsoft Office, arquivos no formato PDF, vídeos, som e imagens. Isso ajudará muito quando um mapa mental se referir a um determinado assunto e você poderá visualizar uma imagem, artigo, apostila, etc.

Você poderá criar uma biblioteca, um local com os arquivos que você mais utiliza no seu dia a dia. Poderão ser apostilas, planilhas de cálculo, arquivos de textos em geral, fotografias, vídeos, etc.

Antes de seguirmos adiante com os nossos estudos, acesse o site do autor e faça *download* do arquivo **Biblioteca de Arquivos**, que contém uma coleção de documentos nos formatos do Word, Excel, PowerPoint, PDF e uma figura. Esses exemplos de documentos serão necessários para ajudá-lo nos próximos passos.

Acesse o endereço <www.germanofenner.com.br/mapa-mental/> e, na seção **Trabalhando com o MindManager**, clique no *link* Biblioteca de Arquivos para fazer *download* do arquivo com a coleção de documentos.

No site, existe um arquivo compactado no formato .ZIP, com tamanho de 56 KB, intitulado Biblioteca_de_Arquivos. Após a conclusão do *download* e a descompactação do arquivo zipado, serão gerados todos os documentos utilizados nos exemplos passo a passo e exercícios referentes ao desenvolvimento de mapas mentais com a ferramenta MindManager, conforme mostra a figura.

Figura 123 – Descompactação do arquivo Biblioteca_de_Arquivos

Orientamos você a criar uma subpasta intitulada Biblioteca de Arquivos para armazenar os documentos relacionados aos exemplos passo a passo desenvolvidos com o MindManager.

Observe o próximo mapa mental. Nós vincularemos nele um arquivo do Word. Para isso, siga os passos:

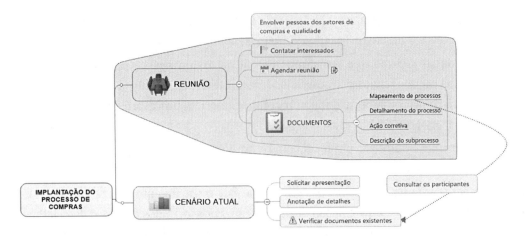

Figura 124 – Mapa mental antes de vincular arquivo

Criando vínculos de arquivos

Para vincular arquivos ao mapa mental, siga os passos:

1. **Selecione** um Tópico ou **Subtópico**.

     Nós selecionamos o subtópico "Detalhamento do processo".

2. **Selecione** a guia **Insert**.

     Nós selecionamos o subtópico "Exemplo – Microsoft Word".

3. **Clique** no botão **Attach Files**.

Figura 125 – Botão Attach Files

Será exibida a seguinte tela:

Capítulo 6. Criando mapas mentais com MindManager 115

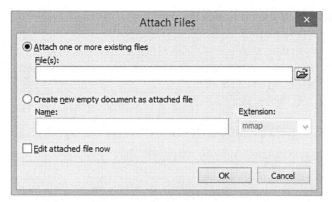

Figura 126 – Tela Attach Files

4. **Clique** em [ícone] e **informe** o **local** onde está o **documento** a ser **anexado**.

Será exibida a seguinte tela:

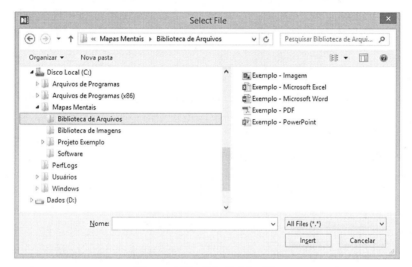

Figura 127 – Tela Select File

5. **Informe** o **local** onde se encontra o **arquivo** a ser **vinculado**.

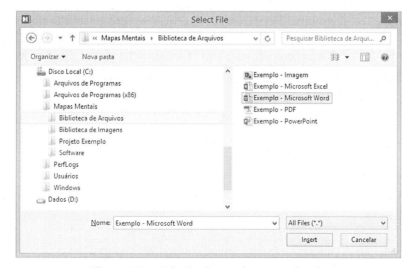

Figura 128 – Seleção de arquivo para vínculo

6. **Selecione** o **arquivo** e **clique** no botão **Insert**.

 Caso nenhum arquivo seja listado, você deve selecionar a opção **All Files (*.*)** que está no menu suspenso, acima dos botões **Insert** e **Cancelar**.

Você será direcionado para a tela **Attach Files**. Observe que agora, no campo **File(s)**, será exibido o local do arquivo que está sendo vinculado ao mapa mental.

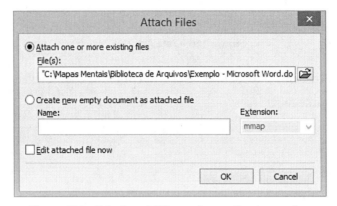

Figura 129 – Tela Attach Files após escolha do arquivo

7. **Clique** no botão **OK**.

Na figura a seguir, podemos visualizar o subtópico do mapa mental, "Detalhamento do processo", após a operação de vincular arquivo.

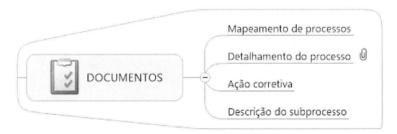

Figura 130 – Subtópico "Detalhamento do processo" após vínculo de arquivo

Para abrir o arquivo Word diretamente do mapa mental basta dar um duplo clique no ícone (📎). O documento será exibido em um modo combinado, conforme mostra a figura:

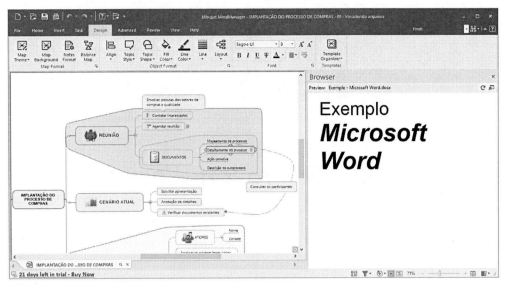

Figura 131 – Mapa mental combinado com arquivo do Word

Observe que estamos falando de um modo combinado, onde você visualiza em uma mesma área de trabalho as informações do mapa mental e do Word. Isso pode ser um pouco complicado quando você desejar navegar rapidamente, seja pelo mapa mental, seja pelo documento do Word. Se você quiser ver o arquivo Word em seu próprio ambiente de editor de texto, deve clicar com o botão direito do mouse em 📎 e na sequência escolher a opção **Open Outside MindManager**, conforme mostrado na próxima figura.

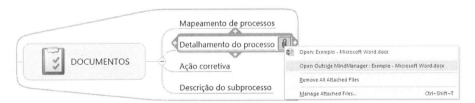

Figura 132 – Opção Open Outside MindManager

O documento do Word será exibido dentro do seu próprio ambiente de editor de texto, conforme mostrado na próxima figura.

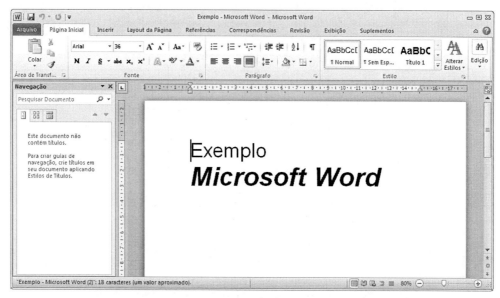

Figura 133 – Visualização do documento Word em seu próprio ambiente

As regras que acabamos de apresentar para vínculo e acesso a um documento do Word também se aplicam a qualquer outro formato de arquivo.

 Os arquivos vinculados devem de preferência ser disponibilizados em um servidor, para que todos tenham acesso.

Um cuidado que você deve ter quando vincular arquivos em um mapa mental é de que estes arquivos estejam em um servidor ao qual todos tenham acesso. Caso eles sejam disponibilizados na máquina de um determinado usuário, este, ao desligar o seu computador, impedirá que as pessoas abram os arquivos vinculados no mapa mental que estejam armazenados nesse local.

Dando continuidade ao desenvolvimento de nosso exemplo, vincularemos documentos ao nosso mapa mental "Implantação do Processo de Compras".

 Arquivo utilizado para este exemplo:
IMPLANTAÇÃO DO PROCESSO DE COMPRAS – 09 – Vinculando Arquivos

Na figura a seguir, temos o mapa mental com arquivos vinculados.

Capítulo 6. Criando mapas mentais com MindManager 119

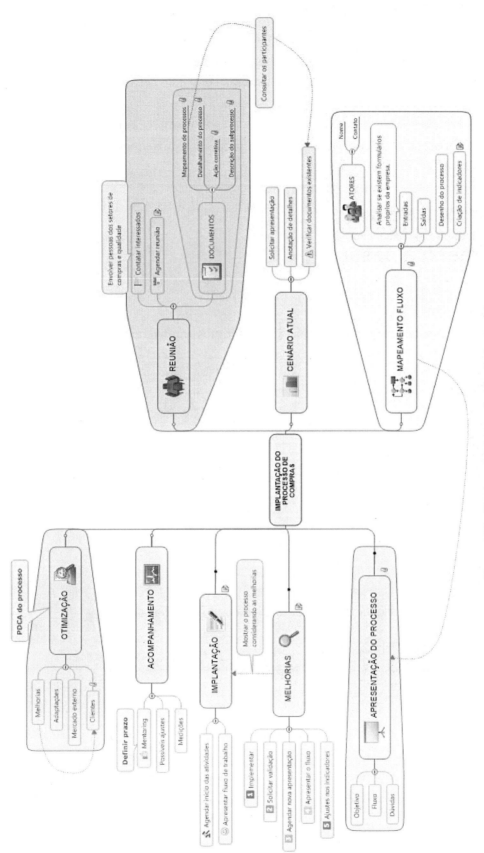

Figura 134 – Mapa mental com vínculo de documentos

Imprimindo um mapa mental

Seu mapa mental contém um considerável conjunto de informações. Precisamos agora imprimi-lo.

Ao ministrar uma palestra, participar de uma reunião, conduzir uma entrevista etc., você poderá utilizar um mapa mental, impresso numa única folha, para lembrar, comentar, destacar, explicar uma ideia ou assunto, dar um exemplo ou mostrar um cenário.

É comum vermos palestrantes, apresentadores de TV e comentaristas recorrerem a diversas folhas, pequenos lembretes em papel, bloco com anotações etc. A proposta aqui é simplificar o trabalho consultando um mapa mental impresso em uma única folha de papel.

Para imprimir um mapa mental, siga os passos.

1. **Clique** na guia **File.**

O MindManager exibe uma tela com a relação dos últimos arquivos em que você trabalhou.

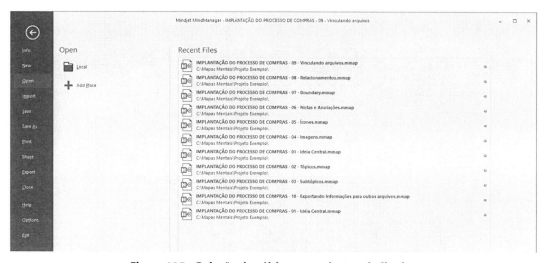

Figura 135 – Relação dos últimos arquivos trabalhados

2. **Selecione** a opção **Print**.

O MindManager exibe as opções de impressão.

Capítulo 6. Criando mapas mentais com MindManager 121

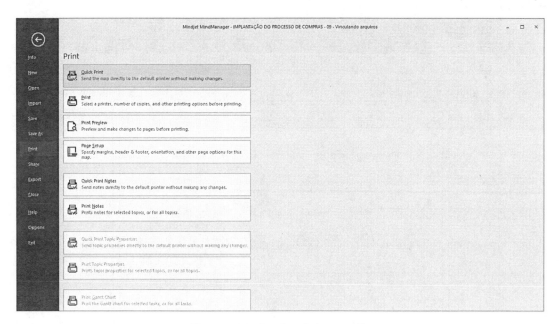

Figura 136 – Opções de impressão

Observe que serão habilitadas apenas as opções de impressão disponíveis no seu computador, ou seja, opções de configuração de página, visualização de impressão e impressoras que estiverem configuradas.

Figura 137 – Opções de impressão com destaque para impresoras

 Você poderá visualizar o seu mapa mental antes de imprimir clicando na opção **Print Preview**.

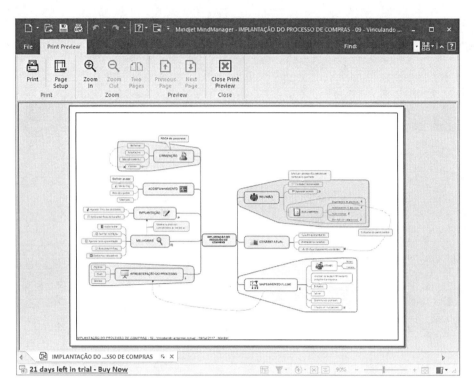

Figura 138 – Visualização da impressão

☞ Você poderá configurar as margens de impressão e o tamanho do papel clicando na opção **Page Setup**.

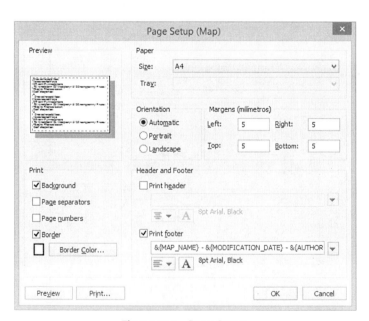

Figura 139 – Page Setup

3. **Clique** na **impressora** em que deseja **imprimir** o **mapa mental**.

Em nosso exemplo, selecionamos a opção **Print**.

Figura 140 – Opção Print

Será exibida uma caixa de diálogo, mostrando a impressora onde o mapa mental será impresso.

Figura 141 – Caixa de diálogo para impressão

4. **Clique** no botão **OK**.

Uma tela mostrando o progresso da impressão será exibida.

Figura 142 – Tela de progresso da impressão

Se a impressora de destino fosse para impressão em papel, é para lá que os dados seriam enviados, mas, em nosso exemplo, direcionamos para um programa que gera PDF. Neste caso, é solicitada a confirmação de nome do arquivo e local a ser salvo.

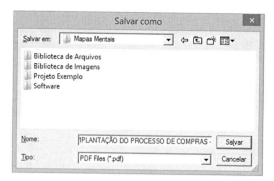

Figura 143 – Conformação de nome e local a ser salva a impressão em formato PDF

Após clicar no botão **Salvar**, o mapa mental será transformado em arquivo PDF, conforme o exemplo mostrado a seguir.

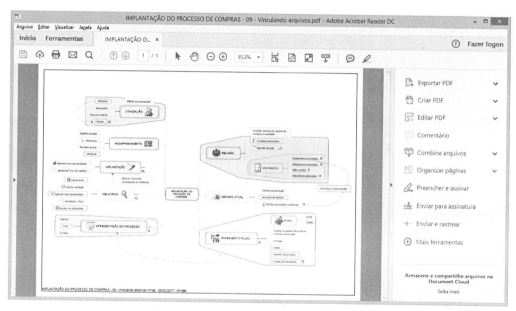

Figura 144 – Mapa mental no formato PDF

Caso o destino de impressão fosse em papel, o resultado seria semelhante ao modelo em arquivo PDF.

 Se você escolher a opção **Print Notes**, isso irá mudar consideravelmente o resultado da impressão. Neste caso, será exibida uma tela informando a seleção dos tópicos, conforme mostrado a seguir.

O MindManager exibirá uma tela de aviso informando que serão impressos todos os tópicos. Isso quer dizer que serão impressos todos os subtópicos do seu mapa mental.

Capítulo 6. Criando mapas mentais com MindManager 125

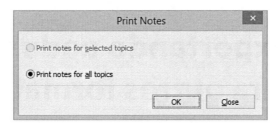

Figura 145 – Aviso do Print Notes

Esta opção imprime apenas as notas que registramos nos tópicos e subtópicos do mapa mental. O resultado será semelhante ao mostrado a seguir.

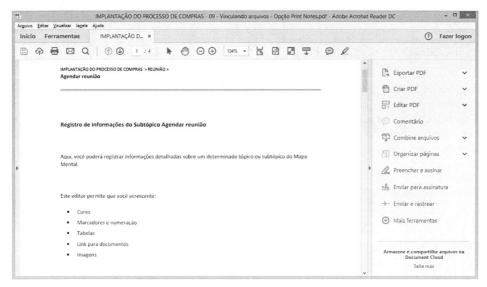

Figura 146 – Opção de impressão Print Notes

Portando, quando for imprimir, certifique-se de que a opção será **Print**, para imprimir o mapa mental, ou **Print Notes**, para imprimir as notas e comentários.

Muito bem, concluímos aqui o desenvolvimento de um exemplo passo a passo com a ferramenta MindManager.

Aqui, buscamos explorar os principais recursos que a ferramenta oferece para o desenvolvimento de mapas mentais. Existem outros que você poderá descobrir na medida em que for praticando. Caso queira compartilhar as suas sugestões, ou tenha dúvidas específicas sobre a utilização da ferramenta, elas poderão ser enviadas diretamente para o e-mail do autor: <leitor@germanofenner.com.br>.

No próximo capítulo, iremos explorar funcionalidades extras que o programa MindManager oferece e que podem fazer uma diferença considerável no nosso dia a dia.

Capítulo 7. Exportando dados de mapas mentais para outros formatos de arquivos

Neste capítulo iremos estudar:
- Exportação de dados para um documento HTML5.
- Exportação de dados para um documento Word.
- Criação de uma apresentação.
- Exportação de dados para um cronograma de projeto.
- Criação de um site.
- Múltiplos mapas mentais.

Um mapa, quando desenvolvido utilizando uma ferramenta computacional, não se limita a apenas um diagrama visual. Existem várias funcionalidades que podem ser exploradas.
Estudaremos aqui outras funcionalidades disponíveis no MindManager que farão uma diferença considerável em nossas atividades.

No capítulo anterior, desenvolvemos um mapa mental utilizando os diversos recursos disponibilizados pelo MindManager e você conseguiu ver na prática uma série de informações que podemos incluir no mapa.

Além da ideia central, dos tópicos e subtópicos, utilizamos recursos como imagens, ícones, notas, anotações, *boundary*, relacionamentos e vínculo de arquivos.

Aqui neste capítulo continuaremos a explorar outros recursos oferecidos pelo MindManager que ajudam imensamente nas nossas atividades, sejam elas pessoais ou profissionais.

Os arquivos feitos no MindManager têm um formato próprio, mas podem ser exportados para diversos outros formatos.

Arquivo utilizado para este exemplo:
IMPLANTAÇÃO DO PROCESSO DE COMPRAS – 10 – Exportando Informações

Na sequência, estudaremos exemplos de como exportar informações do MindManager para outros formatos de arquivos, tais como HTML5, DOCX, PPTX e MPP.

Exportando informações do mapa mental para um arquivo HTML5

Para você exportar os dados do MindManager para o formato PDF (*Portable Document Format*), siga os passos:

1. **Selecione** a guia **File** e **clique** na opção **Export**.

    Será exibida uma lista de opções, conforme a imagem:

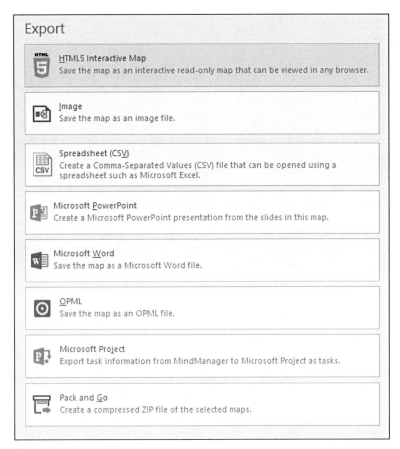

Figura 147 – Opções de exportação para outros formatos de arquivo

As opções de exportação de arquivo irão variar de computador para computador. Se você, por exemplo, não possuir em sua máquina os programas Project e PowerPoint, serão duas opções a menos.

2. Na categoria **Export, escolha** a opção **HTML5 Interactive Map**.
3. **Informe** um **nome** para o **arquivo** que será **exportado**.

Será solicitado um nome para o arquivo a ser exportado. Por padrão, é sugerido o mesmo nome do arquivo do mapa mental. Caso opte por outro, basta informá-lo no campo **Nome**.

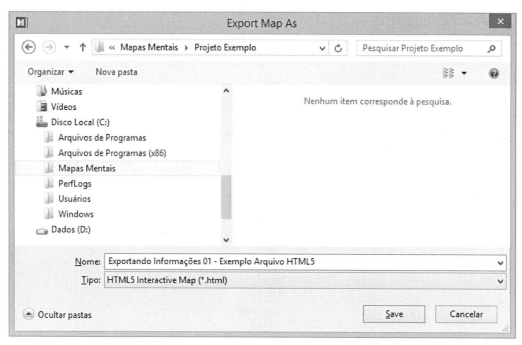

Figura 148 – Nome do arquivo HTML5 para onde os dados serão exportados

☞ Nós optamos pelo nome:
Exportando Informações 01 – Exemplo Arquivo HTML5.

4. **Clique** no botão **Save**.

Será exibida a tela de evolução durante o processo de exportação das informações.

Figura 149 – Tela de exportação das informações

Essa operação poderá levar alguns minutos, a depender da quantidade de informações do mapa mental. Depois de finalizada a operação de exportação das informações para o arquivo HTML5, será exibida uma tela conforme a próxima figura.

Figura 150 – Operação de exportação de dados para arquivo HTML5

5. **Clique** no botão **Open**.

Clique no botão **Open File** para visualizar as informações do documento HTML5. Será aberto um documento semelhante ao mostrado na figura a seguir.

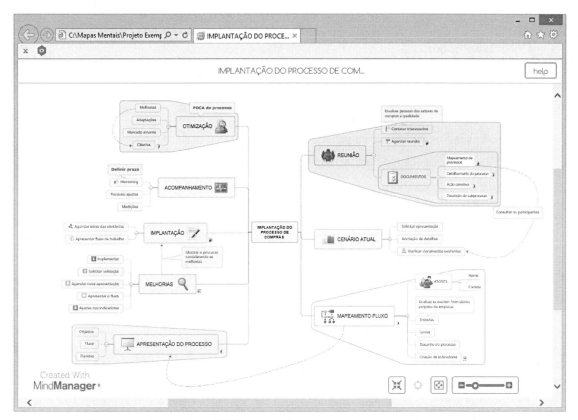

Figura 151 – Documento HTML5 com informações exportadas do mapa mental

Ao abrir o arquivo do mapa mental em formato HTML5, pode acontecer de você visualizar apenas os principais tópicos do mapa, pois as demais informações estarão ocultas. Neste caso, bastará clicar no ícone ⊕ para expandir os subtópicos e visualizar todas as informações do mapa.

 Dica:

Nem todas as pessoas que trabalham com você terão o MindManager instalado em seus computadores; logo, com um mapa mental no formato HTML5, as informações poderão ser facilmente visualizadas por todos.

Nesse formato, os usuários poderão reduzir ou ampliar as informações que estão nos tópicos e subtópicos do mapa mental e visualizar anotações.

Arquivo utilizado para este exemplo:
Exportando Informações 01 – Exemplo Arquivo HTML5

Na versão 2017, o recurso de exportações do MindManager para o formato de arquivo PDF e Flash foi substituído pela nova opção de exportação para o formato HTML5.

Exportando informações do mapa mental para um arquivo Word

Para exportar os dados do MindManager para o Word, siga os passos:

1. **Selecione** a guia **File** e **clique** na opção **Export**.
2. Na seção **Export**, escolha a opção **Microsoft Word**.
3. **Informe** um **nome** para o **arquivo** que será **exportado**.

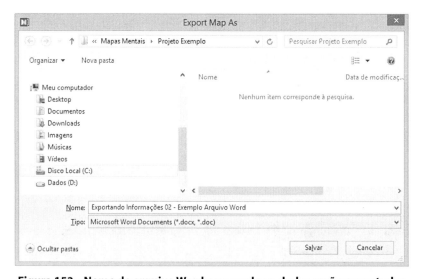

Figura 152 – Nome do arquivo Word para onde os dados serão exportados

Nós optamos pelo nome:
Exportando Informações 02 – Exemplo Arquivo Word.

4. **Clique** no botão **Salvar**.

Será exibida a tela **Microsoft Word Export Settings**, onde você poderá escolher quais informações deseja exportar. Nós escolhemos habilitar todas as opções.

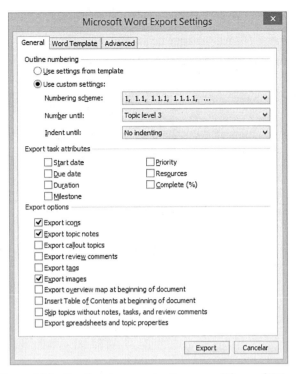

Figura 153 – Opções de exportação para o Microsoft Word

Em nosso exemplo, optamos por habilitar todas as opções da caixa de **diálogo Microsoft Word Export Settings**, conforme apresentado na figura a seguir.

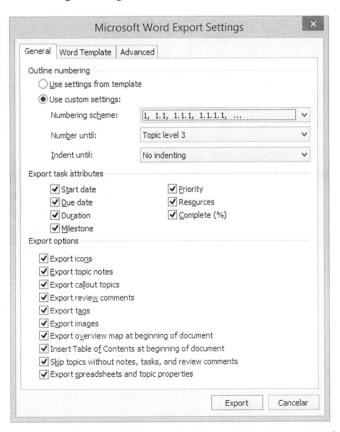

Figura 154 – Opções de habilitação do Microsoft Word Export Settings

5. **Escolha** as opções de exportação e **clique** no botão **Export**.

Após clicar no botão **Export**, o MindManager fará o processo de exportação das informações. Essa operação poderá levar alguns minutos, a depender da quantidade de informações do mapa mental.

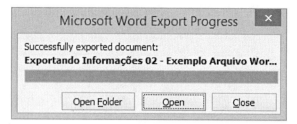

Figura 155 – Operação de exportação de dados para o Word

Após o término da operação, você poderá clicar no botão **Open** para visualizar as informações. Será aberto o documento Word com informações semelhantes à imagem a seguir.

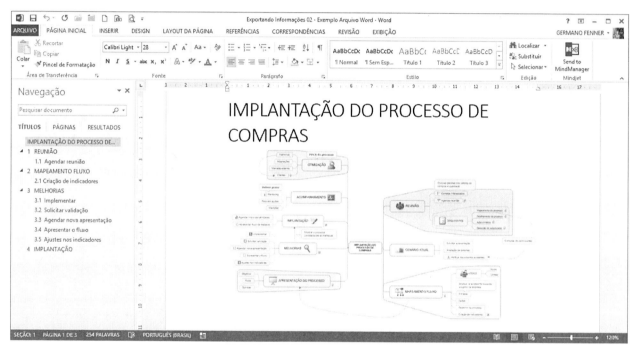

Figura 156 – Documento Word com informações exportadas do mapa mental

A depender do formato de exportação, uma subpasta será criada. É o caso da exportação para o formato do Word que acabamos de executar – o MindManager criou uma subpasta com o mesmo nome do arquivo, conforme pode ser viasualizado na próxima figura.

Capítulo 7. Exportando dados de mapas mentais para outros formatos de arquivos 133

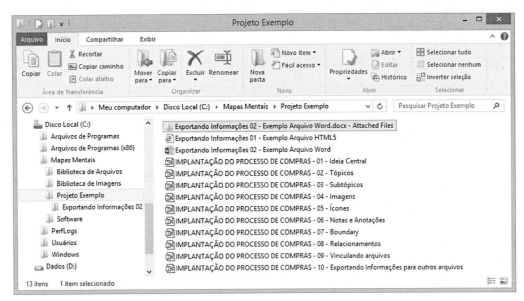

Figura 157 – Subpasta criada após o processo de exportação para o Word

Nessa pasta ficarão os arquivos que foram anteriormente vinculados ao mapa mental. Sempre que um mapa mental tiver arquivos vinculados e for gerado para um outro formato, o MindManager criará uma pasta para armazenar esses documentos.

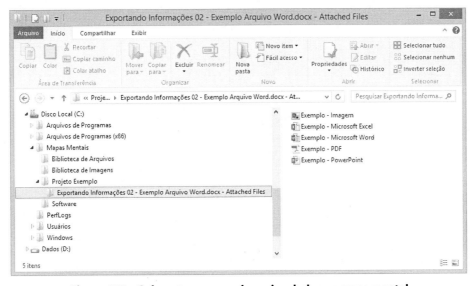

Figura 158 – Subpasta com arquivos vinculados ao mapa mental

 Dica:

Quando as ideias não fluírem na hora de redigir um documento, experimente começar desenvolvendo suas ideias em um mapa mental. Elas surgirão com mais facilidade.

Como os mapas mentais estão estruturados de uma forma muito semelhante às criações da natureza e aos nossos neurônios em nosso cérebro, é muito mais fácil organizar as ideias e os pensamentos. Após isso, você conseguirá gerar um relatório formal com todo o seu trabalho.

Ao exportar as informações para outro formato de arquivo, as anotações poderão ser visualizadas. Portanto, para situações onde você precisa elaborar um documento, um relatório, você poderá colocar informações mais detalhadas nos recursos de anotações e estas, apesar de não serem visualizadas no diagrama do mapa, aparecerão no relatório gerado na exportação de dados.

Lembre que as anotações são visualizadas em três situações:
1. No diagrama de mapas mental, quando tiver um tópico ou subtópico com o ícone (📝) e o ponteiro do mouse passar sobre a imagem do ícone.
2. No diagrama de mapas mental, quando tiver um tópico ou subtópico com o ícone (📝) e for dado um duplo clique com o mouse.
3. Quando informações são exportadas para outros formatos de arquivos.

Na próxima figura, podemos ver o mapa mental com destaque para os tópicos IMPLANTAÇÃO e MELHORIAS.

Observe que ambos os tópicos possuem o ícone anotações (📝) e, abaixo deste, podemos visualizar as informações registradas.

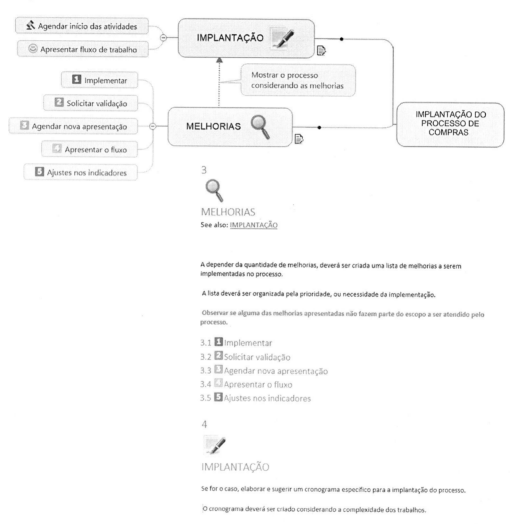

Figura 159 – Mapa mental com destaque para os tópicos MELHORIAS e IMPLANTAÇÃO

Arquivo utilizado para este exemplo:
Exportando Informações 02 – Exemplo Arquivo Word

Exportando informações do mapa mental para um arquivo Power-Point

Você pode criar automaticamente uma apresentação do conteúdo desenvolvido no seu mapa mental. Isso mesmo, o MindManager gera as informações automaticamente para apresentações do PowerPoint. Uma boa economia de trabalho, não acha?

Antes de você gerar a apresentação no PowerPoint, precisamos antes informar o que desejamos que seja exibido, ou seja, a definição dos tópicos da apresentação. Se isso não for definido, no momento em que você escolher a opção **Export Slides to Microsoft PowerPoint**, o MindManager exibirá a seguinte tela de aviso:

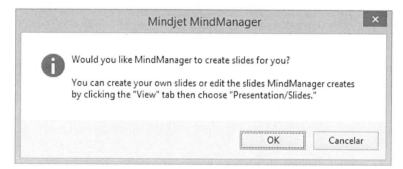

Figura 160 – Tela de aviso da ausência de tópicos para *slides*

Em versões anteriores do MindManager, para cada tópico do mapa mental eram gerados alguns *slides*, mas aqui, com a versão que estamos utilizando, você pode definir quais tópicos e subtópicos terão *slides* gerados.

Para você exportar os dados do MindManager para o PowerPoint, siga os passos:

Passo a passo

1. **Selecione** com o mouse a informação que você deseja que esteja em um ***slide***.
Incialmente faça isso para a ideia, o assunto, central de seu mapa mental.
2. **Clique** com o **botão direito** e **escolha** a opção **Create Slide from Topic**.

Figura 161 – Menu flutuante com destaque para a opção Create Slide from Topic

Ao realizar essa operação, do lado esquerdo da tela do mapa mental será exibida uma visualização prévia do *slide* gerado.

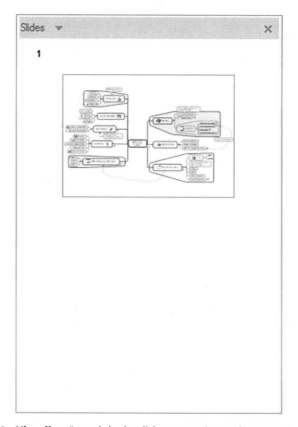

Figura 162 – Visualização prévia do *slide* que será gerado para o PowerPoint

Capítulo 7. Exportando dados de mapas mentais para outros formatos de arquivos   137

3. **Repita** os **passos 1** e **2** para as **demais informações** que você deseja **exportar** para o **PowerPoint**. Faça isso para os próximos tópicos e subtópicos do seu mapa mental.

 Em nosso exemplo, escolhemos os tópicos reunião, cenário atual, mapeamento fluxo, melhorias, implantação, acompanhamento e otimização. Selecionamos também os subtópicos: implementar, solicitar validação, agendar nova apresentação, apresentar o fluxo e ajustes nos indicadores, todos pertencentes ao tópico melhorias.

Na próxima figura, apresentamos a visualização prévia dos *slides* que serão gerados para o PowerPoint.

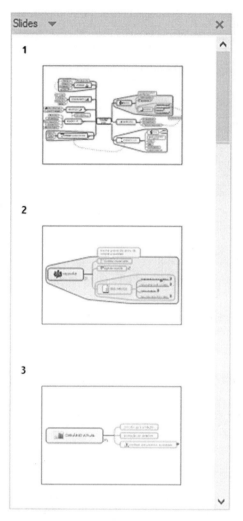

Figura 163 – Visualização prévia dos *slides* que serão gerados para o PowerPoint

 Caso você queria excluir um dos tópicos ou subtópicos que virarão *slides*, clique com o botão direito do mouse no *slide* onde está o tópico ou subtópico que será excluído e escolha a opção **Delete**.

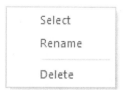

Figura 164 – Menu flutuante para exclusão de *slides*

4. **Selecione** a guia **File** e **clique** na opção **Export**.
5. **Escolha** a opção **Export Slides to Microsoft PowerPoint**.
6. **Informe** um **nome** para o **arquivo** que será **exportado**.

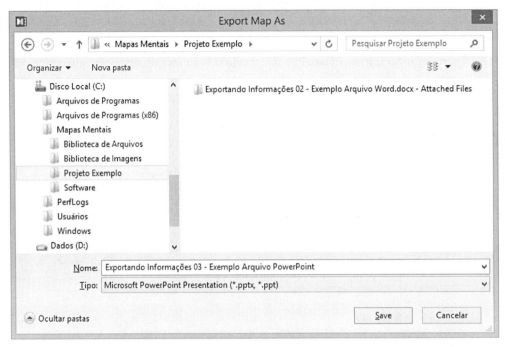

Figura 165 – Nome do arquivo PowerPoint para onde os dados serão exportados

 Nós optamos pelo nome:
Exportando Informações 03 – Exemplo Arquivo PowerPoint.

7. **Clique** no botão **Save**.

O MindManager exibirá a tela do **Microsoft PowerPoint Export Format Settings**:

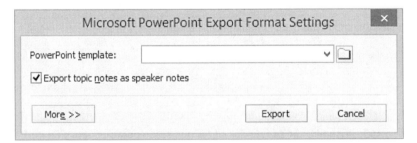

Figura 166 – Tela do Microsoft PowerPoint Export Format Settings

Clique no botão **More** >> para ver mais opções de exportação.

Capítulo 7. Exportando dados de mapas mentais para outros formatos de arquivos   139

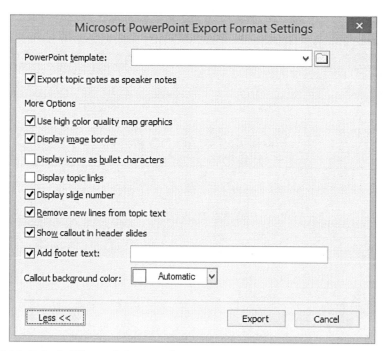

Figura 167 – Tela do Microsoft PowerPoint Export Format Settings com diversas opções

Na seção **More Options**, você poderá escolher quais informações serão exportadas para os *slides*.

☞ Em nosso exemplo, optamos por habilitar todas as opções.

8. **Escolha** as opções de exportação e **clique** no botão **Export**.

Em seguida o MindManager fará o processo de exportação das informações para o PowerPoint. Essa operação poderá levar alguns minutos, a depender da quantidade de informações do mapa mental.

Figura 168 – Operação de exportação de dados para o Microsoft PowerPoint

Após o término da operação, você poderá clicar no botão **Open** para visualizar as informações. Será aberto o documento no PowerPoint com os *slides* gerados, conforme se vê na próxima figura.

140 Mapas Mentais

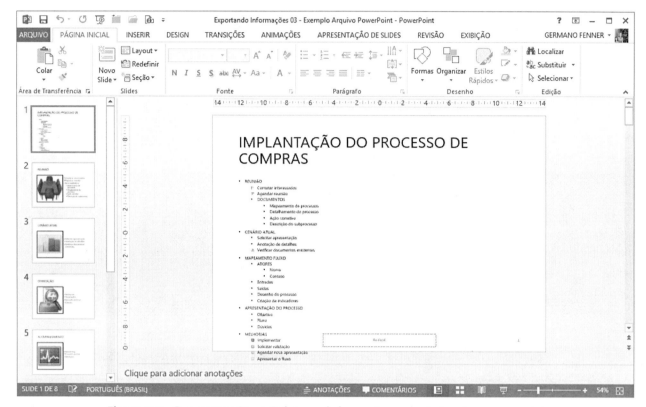

Figura 169 – Documento PowerPoint com informações exportadas do mapa mental

 Dica:

Caso você precise dar uma palestra, ministrar uma aula ou conduzir a pauta de uma reunião, você poderá fazer o desenvolvimento do conteúdo que será apresentado incialmente em um mapa mental.

Tenha certeza de que as ideias fluirão com muito mais facilidade!

Depois de concluída a elaboração do assunto, seja palestra, aula, reunião, etc., ficará fácil você gerar o conteúdo, seja um relatório, um documento ou, como acabamos de ver, uma apresentação.

Obviamente, você terá que fazer alguns ajustes e personalizações, mas concorda que grande parte do seu trabalho já terá sito executado?

Arquivo utilizado para este exemplo:
Exportando Informações 03 – Exemplo Arquivo PowerPoint

Exportando informações do mapa mental para um cronograma de projeto

Você também pode exportar informações para um cronograma de projeto no formato do Microsoft Project.

Para exportar os dados do MindManager para o Project, siga os passos:

Capítulo 7. Exportando dados de mapas mentais para outros formatos de arquivos 141

1. **Selecione** a guia **File** e **clique** na opção **Export**.
2. Na seção **Export, escolha** a opção **Microsoft Project**.
3. **Informe** um **nome** para o **arquivo** que será **exportado**.

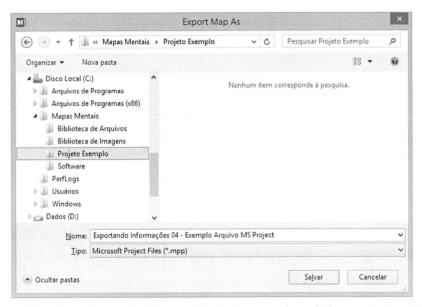

Figura 170 – Nome do arquivo Microsoft Project para onde os dados serão exportados

 Nós optamos pelo nome:
Exportando Informações 04 – Exemplo Arquivo MS Project.

4. **Clique** no botão **Salvar**.

O MindManager exibirá a tela **Microsoft Project Export Settings**:

Figura 171 – Tela do Microsoft Project Export Settings

Observe que a tela do **Microsoft Project Export Settings** possui outras opções de exportação. Para exibi-las, clique no botão **Priorities...**:

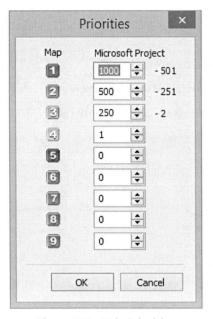

Figura 172 – Tela Priorities

Você será direcionado para a tela **Priorities**, que ajuda você a definir a prioridade das atividades do projeto, o que poderá ser muito útil para ações do tipo balanceamento da carga de recursos e importância de atividades do projeto.

Você poderá definir a prioridade ou aceitar a sugestão do MindManager.

5. **Clique** no botão **OK** para **continuar**.

Você será direcionado novamente para a tela **Microsoft Project Export Settings**.

Figura 173 – Redirecionamento para a tela do Microsoft Project Export Settings

☞ Em nosso exemplo, selecionamos a opção "Include Central Topics".

6. **Clique** no botão **Export**.

Em seguida o MindManager fará o processo de exportação das informações para o Project. Essa operação poderá levar alguns minutos, a depender da quantidade de informações que do mapa mental.

Figura 174 – Operação de exportação de dados para o Microsoft Project

Após o término da operação, você poderá clicar no botão **Open** para visualizar as informações. Será aberto um documento no Microsoft Project semelhante ao mostrado na próxima figura.

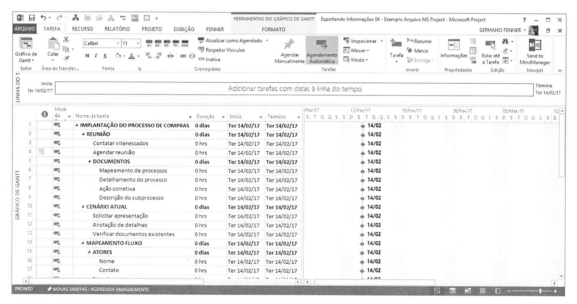

Figura 175 – Documento Microsoft Project com informações exportadas do mapa mental

Tanto as fases quanto os pacotes e as atividades estão com duração 0, o que gera os marcos. Isso acontece porque durante o desenvolvimento do mapa mental não foi estimada a duração para as atividades, ação que deverá ser feita no cronograma do projeto, após a exportação das atividades do MindManager.

 Dica:

Antes de você iniciar o planejamento de um projeto, experimente discutir com a equipe do projeto o trabalho a ser feito. Durante a discussão, registre as informações em um mapa mental.
As ideias fluirão de forma mais organizada e a discussão com a equipe ficará mais objetiva!
Após o recebimento do Termo de Abertura do Projeto, documento que autoriza formalmente o início dos trabalhos, você poderá utilizar os mapas mentais para ajudá-lo no levantamento de requisitos, na definição do escopo, na elaboração do cronograma e nos demais planos de apoio, tais como custos, qualidade, recursos humanos, comunicação, partes interessadas, riscos, aquisições, etc.
A documentação do projeto poderá ser muito mais objetiva se antes for elaborado um mapa mental.

144 Mapas Mentais

Arquivo utilizado para este exemplo:
Exportando Informações 04 – Exemplo Arquivo MS Project

Criando um arquivo de imagem

É possível criar meios mais simples de compartilhar um arquivo de mapa mental, como, por exemplo, um arquivo imagem.

Vale lembrar que, apesar da maioria dos computadores disponibilizar programas que aceitam os formatos DOCX, PDF e PPTX, existe a chance de encontrarmos um equipamento que não possui esses recursos. Além disso, devemos considerar as pessoas que desejam visualizar o mapa mental em seus telefones celulares e *tablets*. Um mapa mental no formato imagem poderá ser a solução para evitar esse tipo de problema.

Para exportar os dados do MindManager para um formato imagem, siga os passos:

1. **Selecione** a guia **File** e **clique** na opção **Export**.
2. Na seção **Export escolha** a opção **Export as Image**.
3. **Informe** um **nome** para o **arquivo** que será **exportado**.

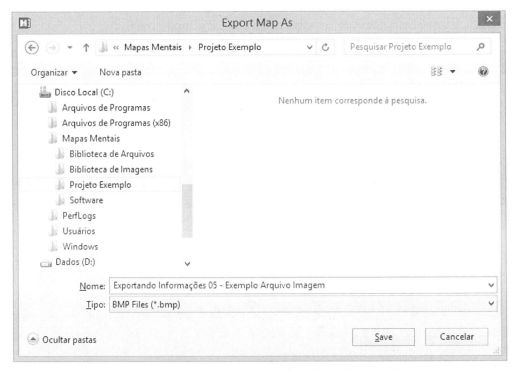

Figura 176 – Nome do arquivo de imagem para onde os dados serão exportados

Capítulo 7. Exportando dados de mapas mentais para outros formatos de arquivos 145

   Nós optamos pelo nome:
Exportando Informações 05 - Exemplo Arquivo Imagem.

4. **Clique** no botão **Save**.

O MindManager exibirá a tela do **Image Export Settings**.

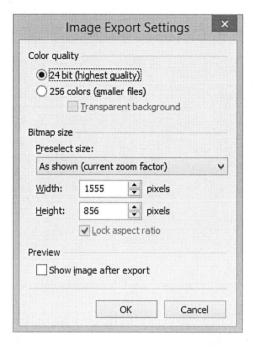

Figura 177 – Tela do Image Export Settings

Nesta tela é possível alterar parâmetros como qualidade, tamanho, visualização após exportação, etc.

5. **Clique** no botão **OK**.

Ao contrário das outras operações de exportação que estudamos anteriormente, aqui não é exibida a tela de progresso do processo de exportação das informações. O MindManager irá gerar informações do mapa mental para uma imagem, que estará disponível no lugar indicado por você.

   Em qualquer situação de exportação, quando o local não for informado, os arquivos serão gerados dentro da pasta **My Maps**, que é criada durante o processo de instalação do MindManager.

Após o término da operação, será gerado um arquivo imagem no formato .BMP semelhante ao mostrado na próxima figura.

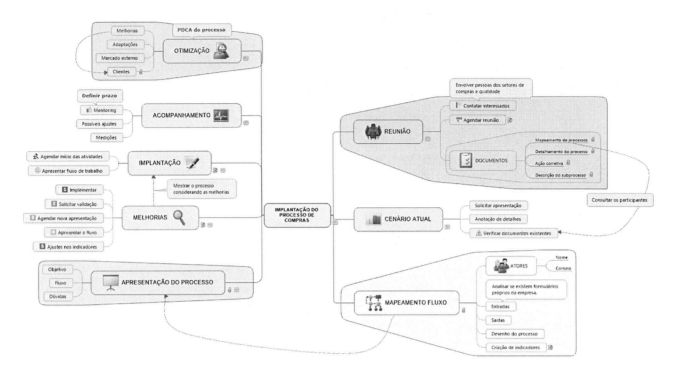

Figura 178 – Documento de imagem com informações exportadas do mapa mental

Com um mapa mental no formato imagem, as informações poderão ser visualizadas em qualquer tipo de dispositivo, facilitando assim o compartilhamento das informações com as pessoas.

Arquivo utilizado para este exemplo:
Exportando Informações 05 – Exemplo Arquivo Imagem

Criando um arquivo compactado

O MindManager permite que você envie o mapa mental para um arquivo compactado no formato ZIP.

A depender da quantidade de informações que houver em um mapa mental, ele poderá ter um grande tamanho, o que compromete o seu compartilhamento quando, por exemplo, precisamos enviá-lo por e-mail.

Para exportar os dados do MindManager para um arquivo compactado, siga os passos:

1. **Selecione** a guia **File** e **clique** na opção **Export**.
2. Na seção **Export escolha** a opção **Pack and Go**.

O MindManager apresenta a tela do **Pack and Go Wizard**.

Figura 179 – Tela do Pack and Go Wizard

A exportação para o arquivo compactado não garante que os documentos que foram vinculados ao mapa mental serão incluídos no processo. Por isso, certifique-se sempre de deixar qualquer documento vinculado na mesma pasta do arquivo de mapa mental. Caso precise enviar algum anexo, será fácil de encontrar os documentos que possuem vínculos.

3. **Clique** no botão **Avançar**.
4. **Informe** um **nome** para o **arquivo** que será **compactado**.

Figura 180 - Nome do arquivo compactado para onde os dados serão exportados

Nós optamos pelo nome:
Exportando Informações 06 - Exemplo Arquivo Compactado.

5. **Clique** no botão **Concluir**.

O MindManager exibirá a tela do **Packaging Files**.

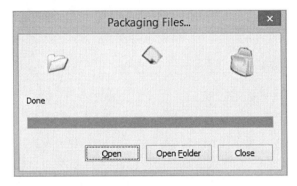

Figura 181 - Tela do Packaging Files

Após o término da operação, você poderá clicar no botão **Open** para visualizar o conteúdo que foi compactado. Será aberto o arquivo compactado semelhante ao mostrado na próxima figura.

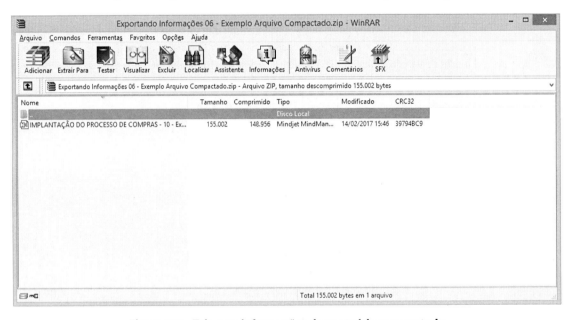

Figura 182 - Tela com informações do conteúdo compactado

 Arquivo utilizado para este exemplo:
Exportando Informações 06 - Exemplo Arquivo Compactado

Criando a página *web* do mapa mental

A comunicação é um dos fatores mais críticos hoje para a maioria dos trabalhos executados. Ela pode ser decisiva para o fracasso ou sucesso.

De nada adianta você ter um mapa mental e as pessoas não terem acesso a ele!

Por isso que aqui iremos criar o site do nosso mapa mental – isso mesmo, teremos um site onde as pessoas poderão acessar as informações, fazer o *download* dos arquivos que tiverem sido vinculados e navegar pelos tópicos e subtópicos.

Desde o início deste livro estamos comentando a importância da utilização dos mapas mentais para a comunicação e o trabalho em grupo. Aqui, veremos como fazer para que as informações do mapa mental sejam acessadas por todos.

Na versão 2017, o recurso de exportações do MindManager para página *web*, assim como para o formato de arquivo PDF e Flash, foi substituído pela nova opção de exportação para o formato HTML5.

Por ser um recurso de fundamental importância, principalmente quando estamos utilizando mapas mentais para trabalho em equipe, mostraremos como gerar a página *web* de um mapa mental, mas lembrando que esse recurso está disponível para versões anteriores ao MindManager 2017.

Para você gerar o site do seu mapa mental, siga os seguintes passos:

1. **Selecione** a guia **File** e **clique** na opção **Share**.
2. Na seção **Export escolha** a opção **Export as Web Pages**.

O MindManager exibirá a tela **Save as Web Pages**, conforme mostra a figura a seguir:

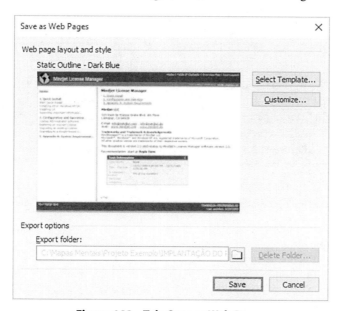

Figura 183 – Tela Save as Web Pages

3. **Clique** em 🗁 para **informar** a **pasta** onde os **arquivos da página** serão **criados**.

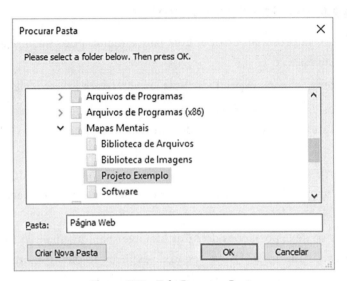

Figura 184 – Tela Procurar Pasta

 Como serão gerados muitos arquivos, imagens, *scripts*, arquivos no formato ".html", etc. para a página *web*, crie uma pasta específica para os arquivos serem armazenados. Isso será muito útil para não confundir os documentos do mapa com os arquivos necessários ao site.

Para criar uma nova pasta, você terá de clicar no botão **Criar Nova Pasta** e informar o nome.

Figura 185 – Criação da pasta para armazenar o site

 Em nosso exemplo, criamos a pasta **Página Web** para armazenar os arquivos criados para esse fim.

4. **Clique** no botão **OK**.

Você voltará à página **Save as Web Pages**.

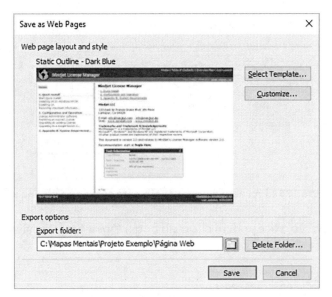

Figura 186 – Tela Save as Web Pages com a nova pasta criada

Certifique-se de que a nova pasta criada esteja sendo exibida no campo **Export folder**.

5. **Clique** no botão **Select Template** para escolher **opções de página**.

Você poderá escolher modelos de sites, cores e layout de telas que melhor se adequem a sua necessidade. Cada pasta (**Dynamic Outline**, **One Page**, **Presentation**, **Static Outline**) oferece sugestões de modelo.

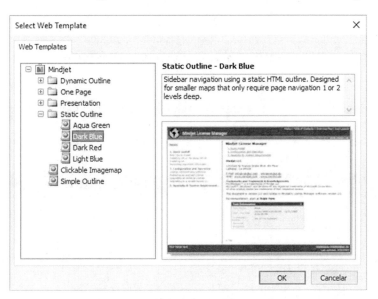

Figura 187 – Tela Select Web Template

6. **Selecione** um dos modelos e **clique** no botão **OK**.
7. **Clique** no botão **Save**.

O MindManager fará o processo de exportação das informações para criação da página *web* do mapa mental. Essa operação poderá levar alguns minutos, a depender da quantidade de informações do mapa mental.

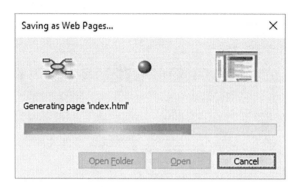

Figura 188 – Processo de exportação para criação da página *web*

Após o término da operação, você poderá clicar no botão **Open** para visualizar a página *web* do seu mapa mental.

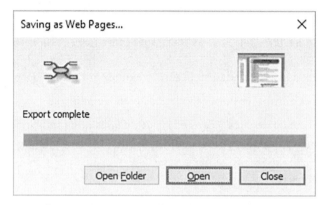

Figura 189 – Processo de exportação finalizado

Será aberta uma página *web* com o conteúdo do mapa mental, semelhante à mostrada na próxima figura.

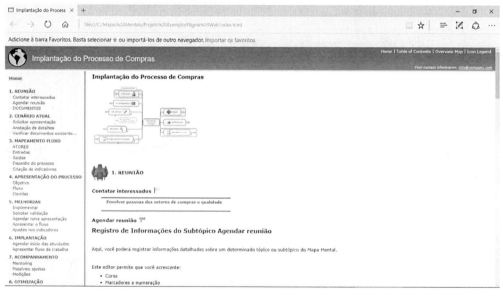

Figura 190 – Página *web* do mapa mental

Dica:

Com o recurso de criação de site, você poderá disponibilizar informações para que todas as pessoas que trabalham com você tenham acesso.

O roteiro de uma apresentação, o plano de um projeto, a pauta de uma reunião, a explicação de um processo, tudo isso pode ser disponibilizado em mapas mentais que poderão ser acessados pela internet.

Se sua empresa dispõe de uma rede interna, uma intranet ou um site corporativo, poderá ser disponibilizado um *link* para uma seção somente com mapas mentais abordando diferentes assuntos. Perceba que as informações poderão ser compartilhadas com todos!

As pessoas não precisarão ter um programa instalado em suas máquinas para visualizar o diagrama do mapa mental.

Outro ponto importante é o recurso de vincular arquivos ao mapa, lembra? Você pode vincular manuais, apostilas, textos explicativos, apresentações, vídeos, imagens, etc. nos tópicos e subtópicos.

Digamos que você tenha criado um mapa mental para utilização de uma impressora. No mapa, poderão ser vinculados documentos tipo manual do usuário, arquivo de apresentação, vídeo com dicas de utilização do equipamento, etc.

Tomara que você nunca experimente a desagradável situação que é procurar por informações que estão espalhadas por toda a empresa, seja em arquivos físicos, pastas lógicas na rede, *backup* de arquivos, pastas em computador de usuário, etc. O tempo que se perde nisso, o desgaste ocasionado até conseguir todas as informações...! Gerar o site do mapa mental e vincular arquivos nele é uma boa maneira de centralizar todos os dados e informações em um mesmo local.

Arquivo utilizado para este exemplo:
Pasta: C:\mapas mentais\Exemplos\Página Web\
Arquivo: index.html.

Compartilhar mapas mentais por e-mail

O MindManager oferece recursos para que você compartilhe os seus mapas mentais através de e-mail.

É possível, de forma muito simples, enviar um mapa mental para um ou mais destinatários de e-mails.

Para que este recurso funcione, é necessário que você tenha instalado no seu computador o programa **Microsoft Outlook** versão 2010 ou superior.

Para enviar um mapa mental por e-mail, siga os passos:

1. **Selecione** a guia **File** e **clique** na opção **Share**.
2. Clique em **Send Using Email**.

O MindManager mostrará as opções desta seção.

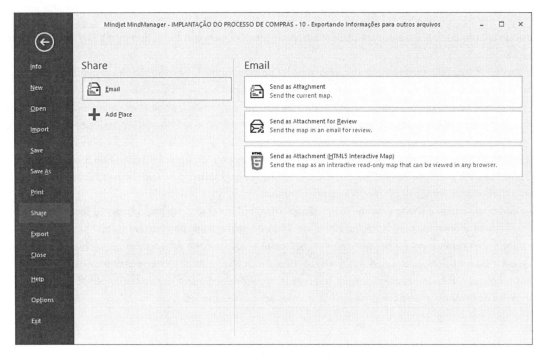

Figura 191 – Opções da seção Send Using Email

Opção **Send as Attachment**:

Esta opção é muito semelhante à opção de envio para arquivo compactado, pois ela compacta o mapa mental em um arquivo no formato ZIP e o envia por e-mail.

Ao clicar nesta opção, será exibida a tela **Send To Wizard** informando que será adicionado apenas um único mapa mental.

Figura 192 – Tela Send To Wizard

Ao clicar no botão **Avançar >**, no campo **File name** será mostrado o nome do arquivo do mapa mental que será enviado. Você poderá inserir comentários sobre o mapa no campo **Optional welcome text that is shown as ZIP comment**.

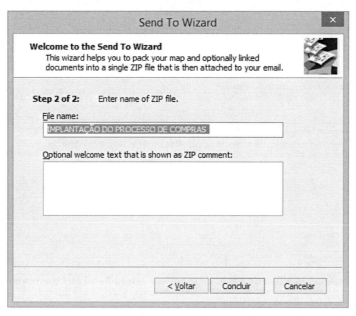

Figura 193 – Nome do arquivo do mapa mental que será enviado

Ao clicar no botão **Concluir**, será exibida a tela **Packaging Files...**, que mostra o progresso de envio dos dados para um arquivo compactado.

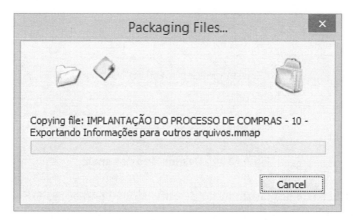

Figura 194 – Tela de progresso do Packaging Files

Quando a compactação for concluída, você será direcionado para uma tela de envio de e-mail, conforme mostrado na figura a seguir.

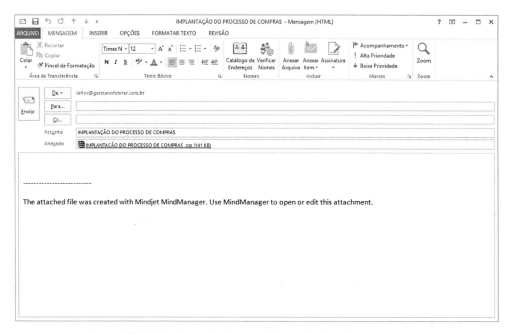

Figura 195 – Tela de envio de e-mail da opção Send as Attachment

Opção **Send as Attachment for Review:**

Esta opção inicialmente solicitará o endereço para um destinatário de e-mail.

Figura 196 – Destinatário de e-mail

Após informar o endereço de um destinatário de e-mail, clique no botão **OK**.

Figura 197 – Nome do destinatário de e-mail

A partir daí o processo é idêntico ao da opção **Send as Attachment**: será exibida a tela **Send To Wizard**, na sequência a tela para o preenchimento do campo **File name**, onde aparecerá o nome do arquivo do mapa mental que será enviado, e, por fim, a tela **Packaging Files...**, que mostra o progresso de envio dos dados para um arquivo compactado. Quando a compactação for concluída, você será direcionado para uma tela de envio de e-mail.

Opção **Send as Attachment (HTML5 Interactive Map)**

Esta opção envia o mapa como um arquivo interativo somente leitura que pode ser visto em qualquer navegador. Quando selecionada, inicialmente apresenta uma tela de exportação de dados, conforme mostrado a seguir.

Figura 198 – Tela de exportação de dados para envio de e-mail

Ao término do processo, você será direcionado para uma tela de envio de e-mail conforme mostrado na figura a seguir.

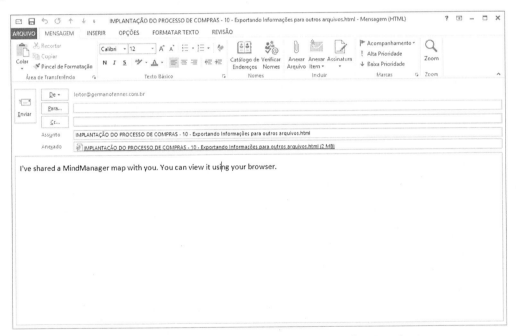

Figura 199 – Tela de envio de e-mail da opção Send as Attachment

Perceba que foi gerado um arquivo no formato ".html", que permite que informações referentes ao mapa mental corrente sejam visualizadas em qualquer tipo de navegador *web*.

Dica:

As opções de **E-mail** são de grande ajuda para compartilhar as informações de um mapa mental de forma rápida e objetiva. Em vez de você ter que exportar as informações de um mapa mental para um formato de arquivo compactado, ou PDF, e ter que acessar uma ferramenta de e-mail e anexar um arquivo, o trabalho poderá ser otimizado com poucos cliques do mouse.

Trabalhando com múltiplos mapas mentais

Talvez você, leitor, até aqui, tivesse a percepção de que mapas mentais eram apenas diagramas com uma ideia central, tópicos e subtópicos.

Isso é verdade quando o mapa mental é desenvolvido manualmente numa folha de papel, com poucos recursos a não ser cores, símbolos e desenhos. Mas quando utilizamos uma ferramenta como o MindManager é que percebemos as várias funcionalidades que podem ser agregadas no desenvolvimento dos mapas.

Nós aqui vimos como gerar informações para diversos formatos de arquivos e o quanto isso pode otimizar o nosso trabalho. De um mapa mental, podemos gerar um documento, uma apresentação, um cronograma, uma página *web*.

Mas existem situações onde são tantos os dados a serem controlados que um único mapa mental não será suficiente para conseguir gerenciar o volume de informações. O melhor seria organizá-las em dois ou mais mapas mentais.

Você, por exemplo, quer um mapa mental para organizar a sua agenda, as suas metas pessoais, resumir um esquema de estudo, uma apresentação para o seu departamento e um projeto para a sua empresa.

Não seria conveniente misturar todas essas informações em um único mapa, você concorda? O ideal seria um mapa mental para cada assunto.

Além de separar cada assunto em um mapa mental exclusivo, seria interessante termos um mapa para organizar e controlar esses assuntos, ou seja, um mapa que chamasse outros mapas mentais. Isso facilitaria muito o trabalho, não acha?

É sobre essa funcionalidade que falaremos a seguir: gerenciar múltiplos mapas mentais e como um mapa faz referência a outro. Esse recurso poderá facilitar a organização e otimizar o seu trabalho de forma considerável, sem contar que você terá acesso rápido às informações.

Mas antes de continuarmos, vamos entender um exemplo onde existe a necessidade de trabalhar com diversos mapas mentais. Imagine um profissional que está utilizando os mapas mentais para ajudar na sua vida pessoal, profissional, social e familiar. Recentemente ele recebeu o desafio de colaborar com o planejamento estratégico da empresa e uma de suas responsabilidades é apresentar, com base em reuniões, discussões de planejamento e estudo de mercado, o mapa estratégico (*Balanced Scorecard*). Pensando nisso, ele criou um mapa mental que é apresentado na próxima figura.

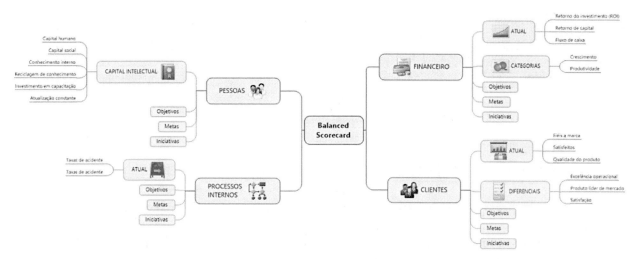

Figura 200 – *Balanced Scorecard* **na forma de um mapa mental**

Nosso amigo também está à frente de um projeto bastante complexo para o seu departamento, que trata da aquisição de um computador servidor que irá melhorar de forma considerável os trabalhos e as operações do dia a dia. O trabalho de aquisição do servidor envolve riscos, tem um tempo limite para ser colocado em produção e existe uma preocupação quanto aos custos do projeto e expectativas quanto a critérios de qualidade que deverão ser atendidos. Além disso, o escopo contempla a migração de dados do antigo para o novo servidor, o que não poderá ser realizado em horário de expediente e envolverá equipes com conhecimentos diferentes nas diversas fases do projeto. Dá para perceber que não é um trabalho simples de ser realizado. Nosso amigo, notando isso, também criou um mapa mental para ajudá-lo a organizar os trabalhos, conforme mostrado na figura a seguir.

Figura 201 – Planejamento de um projeto na forma de um mapa mental

Mapas mentais não se limitam apenas aos aspectos profissionais, eles podem e devem ser utilizados para o benefício pessoal. Nosso amigo soube aproveitar isso e colocou em um mapa mental o seu planejamento de metas e de ações para o convívio familiar e social. O resultado é mostrado na próxima figura.

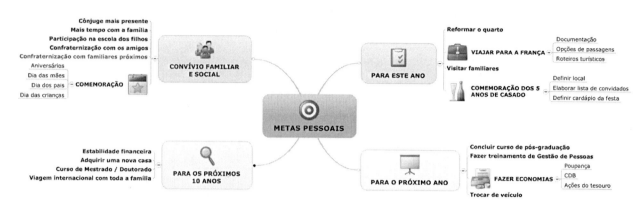

Figura 202 – Planejamento de metas pessoais na forma de um mapa mental

Além dos mapas mentais para *Balanced Scorecard*, projeto do departamento e metas pessoais, nosso amigo tem algumas atividades tais como o controle de sua agenda, os contatos a serem feitos, os compromissos do dia, da semana, do próximo mês, registros de controles que são feitos em arquivos e alguns controles diários como saldo bancário e e-mails que ele também deseja monitorar com o auxílio de mapas mentais.

Na próxima tabela podemos ver um resumo dos mapas mentais e das atividades diárias de nosso amigo.

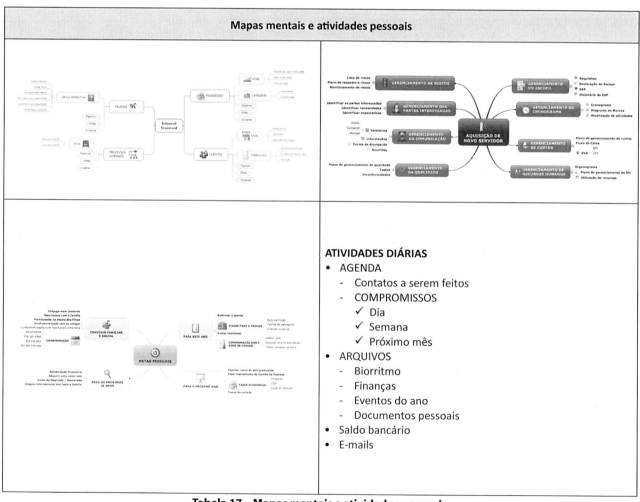

Tabela 17 – Mapas mentais e atividades pessoais

Capítulo 7. Exportando dados de mapas mentais para outros formatos de arquivos 161

Isso pode ser melhorado? Sim!

Podemos criar um mapa mental para gerenciar os outros mapas mentais e as atividades diárias, e é isso que aprenderemos agora.

 Para o desenvolvimento do exemplo a seguir, como forma de facilitar o exercício, apesar de não ser obrigatório, sugerimos que todos os mapas mentais a serem vinculados ao mapa central estejam na mesma pasta.

Antes de seguirmos adiante com os nossos estudos, acesse o site do autor e faça *download* do arquivo **Múltiplos Mapas Metais com MindManager**.

 Acesse o endereço <www.germanofenner.com.br/mapa-mental/> e, na seção **Trabalhando com o MindManager**, clique no *link* Múltiplos Mapas Metais com MindManager para fazer *download* do arquivo com as respostas dos mapas.

No site, existe um arquivo compactado no formato .ZIP, com tamanho de 457 KB, intitulado **Multiplos_Mapas_Mentais_com_MindManager**. Após a conclusão do *download* e a descompactação do arquivo zipado, serão geradas todas as respostas utilizadas nos exemplos, conforme mostra a figura a seguir.

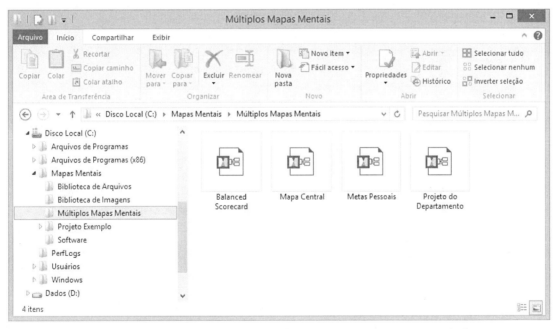

Figura 203 – Descompactação do arquivo Multiplos_Mapas_Mentais_com_MindManager

 Orientamos você a criar uma subpasta intitulada **Múltiplos Mapas Mentais** para armazenar as respostas relacionadas aos exemplos passo a passo desenvolvidos com o MindManager.

 Em nosso exemplo, criamos na unidade "C:\" do computador, dentro da já criada pasta mapas mentais, a subpasta **Múltiplos Mapas Mentais**.

Para trabalhar com múltiplos mapas mentais, siga os passos:

1. **Crie** o **mapa mental** que será o **mapa central** de **controle** dos demais **mapas**.

Para o nosso exemplo, criamos um mapa que irá controlar os demais mapas mentais, conforme mostrado na próxima figura.

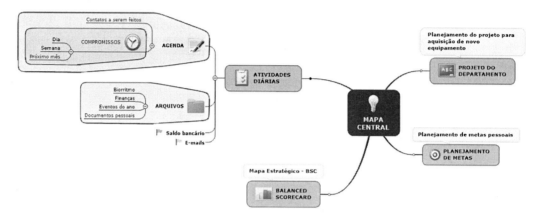

Figura 204 – Mapa mental central

Observe que criamos um item para os mapas referente ao "Projeto do departamento", "*Balanced Scorecard*" e "Planejamento de Metas". As atividades diárias poderão ser organizadas em subtópicos, dispensando assim a criação de mais um mapa mental.

2. **Escolha** um dos **tópicos** do mapa mental **central**.

☞ Em nosso exemplo, selecionaremos o tópico **PROJETO DO DEPARTAMENTO**.

3. **Clique** na guia **Insert**, no menu **Attach Files** e escolha a opção **Attach Files...**.

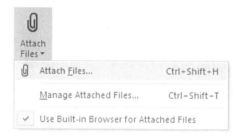

Figura 205 – Opção Attach Files

☞ Esta funcionalidade também poderá ser acessada pelo botão direito do mouse ou pressionando simultaneamente as teclas **Ctrl + Shift + H**.

O MindManager exibirá a seguinte tela de diálogo:

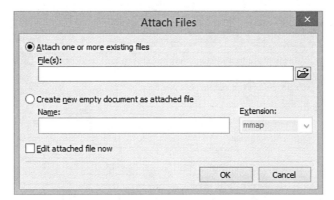

Figura 206 – Tela de diálogo do Attach Files

4. **Clique** em ⌷.

O MindManager exibirá a tela **Select File**, onde você deve informar o mapa mental que será vinculado ao item selecionado.

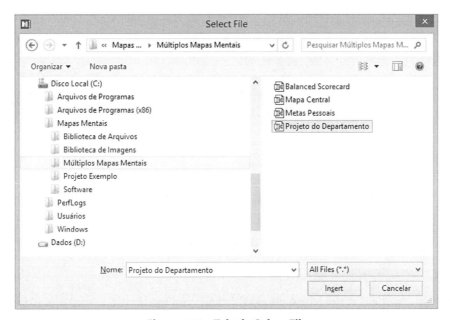

Figura 207 – Tela do Select File

 Em nosso exemplo, todos os mapas mentais encontram-se na pasta C:\Mapas Mentais\Múltiplos Mapas Metais\.

5. **Dê** um **duplo clique** no **mapa mental** que será **vinculado** ao **item selecionado**.

Você também poderá selecionar o mapa mental e clicar no botão **Insert**.

Observe que, após esta operação, o campo **File(s)** ficará preenchido com o caminho onde se encontra o mapa mental que você acabou de selecionar.

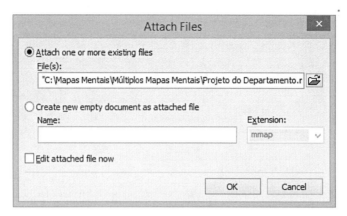

Figura 208 – Tela de diálogo do Attach Files com o campo File(s) preenchido

6. **Clique** no botão **OK**.

Observe que no tópico onde o mapa mental foi associado aparecerá o desenho do (📎), indicando o vínculo de um documento. Na próxima figura, apresentamos um comparativo antes e depois de associar o mapa mental ao tópico.

Figura 209 – Comparativo antes e depois de associar um mapa mental ao tópico

7. **Repita** os passos de 2 até 6 para os próximos tópicos.

Na próxima figura, podemos ver o nosso mapa mental com os demais mapas vinculados aos tópicos.

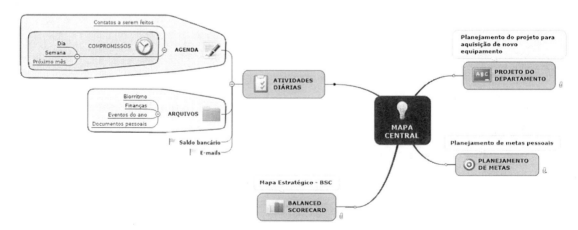

Figura 210 – Mapa mental com os demais mapas vinculados aos tópicos

Capítulo 7. Exportando dados de mapas mentais para outros formatos de arquivos 165

Para ver cada mapa mental vinculado aos tópicos, basta clicar em (◉).

Na próxima figura, podemos visualizar o ambiente de trabalho do MindManager com vários mapas mentais abertos. Observe, na parte inferior da figura, que para cada mapa aberto é criada uma aba com o nome do mapa.

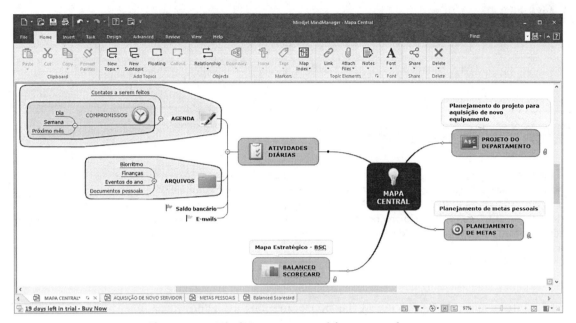

Figura 211 – MindManager com vários mapas abertos

Esse recurso facilita de forma considerável o gerenciamento e a organização do volume de informações.

Assim, poderemos ter mapas para gerenciar diversos assuntos e acessá-los de forma rápida e eficaz através de um mapa mental central. Com diversos mapas interligados, teremos algo semelhante a uma rede de neurônios cerebrais interligados e se comunicando.

 Dica:

Se você é um gerente de projetos, poderá utilizar um mapa mental para cada projeto e criar um mapa central com o nome de **Portfólio de Projetos**.

Caso você seja esteja se preparando para um determinado concurso, poderá criar um mapa mental com o nome do concurso e um mapa para cada disciplina.

Posteriormente, considerando a grande quantidade de informações que um programa de estudo para concurso abrange, daremos uma série de dicas para a criação de mapas mentais especificamente para este fim.

Arquivos utilizados para este exemplo:
Pasta: C:\Mapas Mentais\ Múltiplos Mapas Metais\
- Aquisição de Novo Servidor
- Balanced Scorecard
- Mapa Central
- Metas Pessoais

Capítulo 8. Criando mapas mentais com XMind

Neste capítulo iremos estudar:
- Informações sobre o programa e seus recursos.
- Passo a passo da instalação do programa XMind.
- Principais recursos oferecidos pelo programa.
- Exemplo passo a passo para criação de um mapa mental.
- Funcionalidades do XMind.

XMind possibilita a criação de mapas mentais de forma simples e prática.
Desenvolvido pela empresa XMind Ltda., o programa possibilita a organização de informações, contribuindo para o aumento da produtividade do trabalho, seja ele individual ou em equipe.
Com ele, é possível visualizar ideias e informações, organizar o planejamento, melhorar a comunicação, além de colaborar para a sintetização de ideias.

Neste capítulo, aprenderemos como criar mapas mentais utilizando uma ferramenta computacional desenvolvida especificamente para esse propósito, o XMind. Para o desenvolvimento dos nossos exemplos, será utilizada a versão XMind 7 (v3.6.1).

O XMind é um *freeware* fabricado pela XMind Ltda. Para maiores informações, acesse o link <http://www.XMind.net>.

Se você é um usuário do programa MindManager e pretende continuar a utilizar este programa, este capítulo não precisará ser estudado, a não ser que você deseje conhecer outro modelo de ferramenta para criação e desenvolvimento de mapas mentais.

Sobre o XMind

O XMind possibilita organizar as informações de forma simples e objetiva. Essa ferramenta foi concebida especificamente para criação e desenvolvimento de mapas mentais. Este programa se destina a ajudar os usuários a organizar suas ideias e compartilhá-las com outras pessoas, permitindo assim um ambiente de colaboração. Além de mapas mentais, o programa suporta a criação de diagramas de Ishikawa (também chamados de diagramas de espinha de peixe ou diagramas de causa e efeito), diagramas de árvore, organogramas e planilhas. Ele pode ser usado para gestão do conhecimento, atas de reunião, gerenciamento de tarefas e GTD (*Getting Things Done*). Ele também exporta as informações dos mapas mentais para programas como Microsoft Word, Microsoft PowerPoint e MindManager, além de formatos como PDF.

A seguir, elencamos alguns dos recursos que o XMind disponibiliza para seus usuários:

- Visualização de todas as informações ou a possibilidade de selecionar/filtrar apenas as informações de que você precisa.
- Gerenciamento das informações de forma mais eficiente.

- Acesso, atualização e compartilhamento do conhecimento de forma imediata.
- Mapas mentais desenvolvidos com o XMind podem conter imagens, listas, notas, dados, gráficos e arquivos de qualquer tipo, seja Word, Excel, PowerPoint, Project, vídeos, bem como arquivos em formato PDF (*Portable Document Format*), conteúdo da *web* e muito mais.
- Recursos visuais que melhoram o alinhamento com sua equipe.
- Vincular informações de um projeto em um só arquivo.
- Resultados mais previsíveis, afinal todos compreenderão o quadro geral, incluindo as suas funções, tarefas e prioridades dentro de um projeto.
- Economia de tempo.
- Colaboração, de forma visual, com sua equipe, melhorando resultados.

Requisitos necessários para a instalação

Para instalar o XMind, é necessário que o computador tenha as seguintes configurações:

- Microcomputador com processador 800 MHz ou superior.
- Sistema operacional Microsoft Windows® 8.0 ou superior.
- 2 GB RAM, recomenda-se 4 GB RAM ou superior.
- 400 MB de espaço disponível no disco.

As configurações listadas se referem aos requisitos mínimos para a instalação do software. Todos os testes apresentados neste livro foram realizados em um computador com as seguintes configurações:

Atributo	Capacidade
Processador	Genuine Intel (R) U7300 1.30 GHz
Memória RAM	4 GB
Sistema Operacional	64 *bits*
Versão do Windows	Windows 8.1
Resolução de vídeo	Monitor genérico PnP com resolução de 1366 x 768, orientação paisagem

Tabela 18 – Configurações do computador utilizado para testes

Todos os testes apresentados neste livro foram realizados em um computador com teclado configurado para o padrão ABNT2 e o mouse para usuário destro.

O desempenho do XMind dependerá da configuração do computador onde foi instalado, ou seja, diferente configuração, diferente desempenho do software. A depender da configuração do computador em que o programa foi instalado, poderão ocorrer erros de memória e desempenho de processamento que comprometerão o atingimento dos limites aqui listados.

Na sequência, mostraremos o passo a passo para instalação do programa XMind em seu computador.

Instalando o XMind

As etapas que apresentaremos a seguir neste capítulo são idênticas ao do Capítulo 6. O que muda é a ferramenta que estará sendo abordada, o XMind.

Antes de darmos início ao processo de instalação, certifique-se de que nenhum programa esteja aberto. Isso ajudará a garantir uma instalação mais adequada.

Você poderá fazer obter versões atualizadas da solução XMind diretamente no site do fabricante, pelo endereço <http://www.xmind.net> e também no endereço eletrônico <http://xmind.softonic.com.br/>.

Você poderá desenvolver os exercícios do livro com versões mais atuais do programa, mas se desejar utilizar a mesma versão que o autor, ela poderá ser encontrada no endereço eletrônico <http://www.germanofenner.com.br/mapa-mental/>.

Acesse o endereço <www.germanofenner.com.br/mapa-mental> e, na seção "Exemplos Utilizando o XMind", clique na opção "Versão de Avaliação" para fazer *download* do programa.

No site, existe um arquivo compactado no formato .ZIP, com tamanho de 174 MB, intitulado de XMind_V8. Após a conclusão do *download* e a descompactação do arquivo zipado, será gerado um novo arquivo, identificado pelo nome de *xmind-8-update1-windows*. Este é o arquivo que será instalado em seu computador!

IMPORTANTE: A versão *xmind-8-update1-windows* é uma versão de avaliação do programa disponível no site do autor. Esta versão deve ser utilizada para fins de testes dos exemplos apresentados aqui neste livro.

A instalação do XMind também pode ser feita pela internet acessando o site <http://www.XMind.net/download/win/> e clicando no botão **Download XMind for Windows (exe)**.

Dando sequência ao nosso aprendizado, veremos as etapas necessárias para a instalação do programa XMind em seu computador.

Nesta etapa, para melhor organização de tudo o que será visto daqui para frente, sugerimos que você crie uma pasta intitulada "Mapas Mentais" para armazenar todo o material relacionado ao assunto, inclusive programas na versão *trial* disponibilizados no site do autor.

Em nosso exemplo, criamos na unidade "C:\" do computador a pasta "Mapas Mentais" e a subpasta "Software" para armazenar o XMind.

1. **Acesse** a pasta onde se encontra o **programa** que você acabou de baixar.

Capítulo 8. Criando mapas mentais com XMind   169

     O acesso à pasta poderá ser realizado através do Windows Explorer.

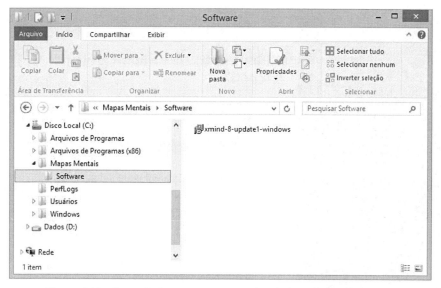

Figura 212 – Pasta Software com o arquivo de instalação do XMind

2. Dê um **duplo clique** no arquivo **xmind-8-update1-windows**.

Pode ser que o Windows exiba uma mensagem de alerta, conforme mostrado a seguir, solicitando sua confirmação para continuar com o processo de instalação do programa.

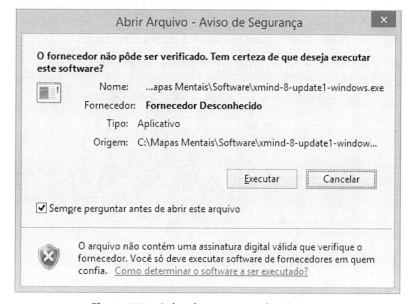

Figura 213 – Aviso de segurança do Windows

Isso acontece porque o sistema operacional pode interpretar essa ação como um programa malicioso, como um vírus, por exemplo, tentando se instalar em seu computador. Essa mensagem costuma aparecer quando tentamos instalar um arquivo com extensão ".exe" em nosso computador, como é o caso do arquivo xmind-7-update1-windows.

Caso o Windows exiba a mensagem, clique no botão **OK** para continuar com o processo de instalação.

O processo de instalação do XMind exibirá a tela de boas-vindas, conforme apresentado na próxima figura:

Figura 214 – Tela de boas-vindas para a instalação do programa XMind

3. **Clique** no botão **Next >** para **continuar** com a **instalação**.
4. **Leia** os **termos de licença** para **instalação** do **software**.

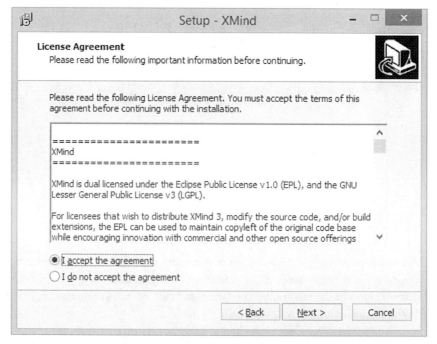

Figura 215 – Termos de licença para instalação do software XMind

5. Se estiver de acordo, **habilite** a opção **I accept the agreement** e **clique** no botão **Next >** para continuar.

O processo de instalação do XMind informará a você o local de seu computador onde o programa será instalado.

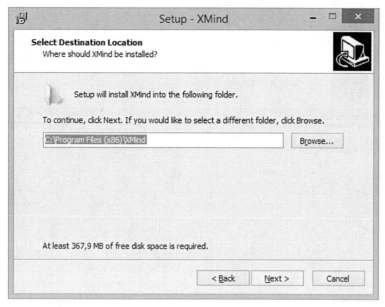

Figura 216 – Local do computador onde o programa XMind será instalado

Se desejar, você poderá definir outro local em seu computador para a instalação do programa XMind.

6. **Clique** no botão **Next >** para **continuar** com a **instalação**.

O processo de instalação do XMind exibirá uma tela com opções de configuração de instalação do programa.

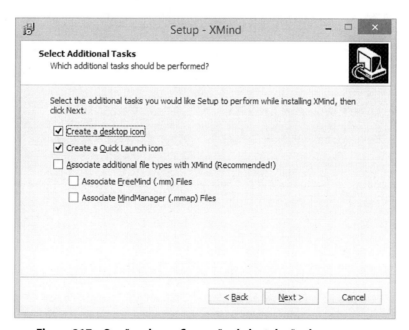

Figura 217 – Opções de configuração de instalação do programa

Se desejar, você poderá optar pelas opções sugeridas de instalação.

7. **Clique** no botão **Next >**.

A próxima tela apresenta as opções selecionadas para a instalação do programa XMind.

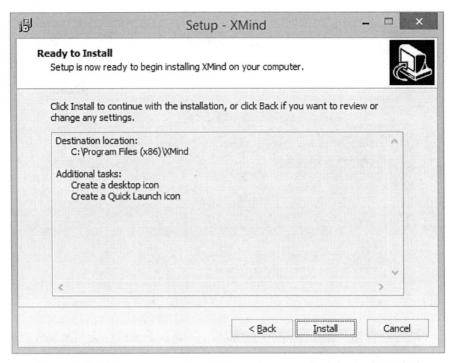

Figura 218 – Tela com as opções selecionadas para a instalação do XMind

8. **Clique** no botão **Install**.

A partir dessa etapa, você visualizará a tela de status do processo de instalação do XMind.

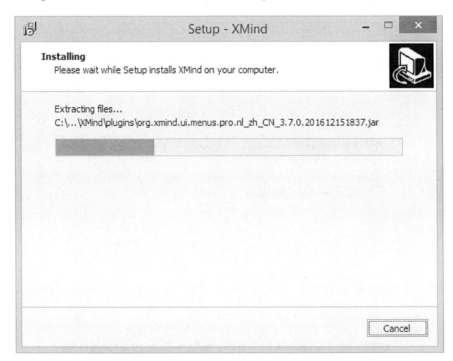

Figura 219 – Tela de status do processo de instalação do XMind

Ao final do processo, será apresentada a tela de conclusão.

Figura 220 – Tela de conclusão do processo de instalação do XMind

9. **Clique** no botão **Finish**.

Muito bem, concluímos aqui a instalação. Caso você tenha habilitado as opções da última tela do processo de instalação, os arquivos "View readme.txt" e "Launch XMind 8 (Update 1)" automaticamente serão exibidos, com informações sobre licença e modelos para criação de mapas mentais no XMind.

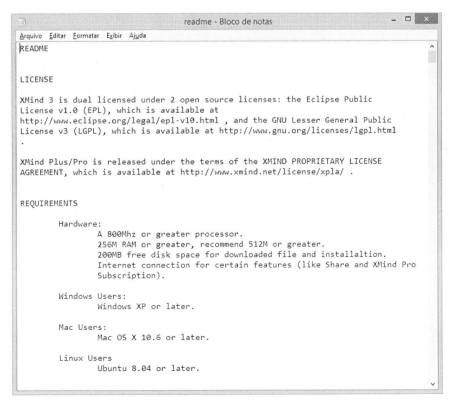

Figura 221 – Informações sobre licença do XMind

Após carregar a tela do "View readme.txt", será exibida a tela de inicialização do programa XMind. Toda vez que você clicar no ícone de abertura do programa, esta tela será exibida.

Figura 222. Tela de inicialização do XMind

Na primeira vez que você carrega o programa, será exibida a tela **Welcome to XMind 8**, que apresenta as novidades dessa versão. Se você for um usuário habitual do XMind, poderá aproveitar a ocasião para descobrir novidades e melhorias que a nova versão oferece.

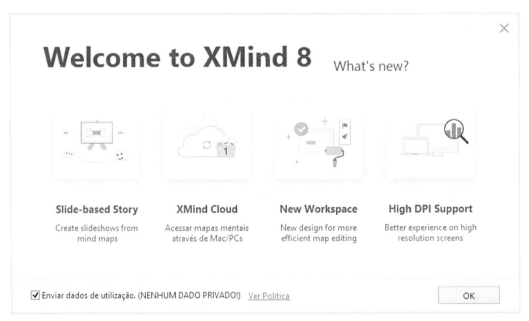

Figura 223 – Tela de abertura Welcome to XMind 8

Para visualizar as novidades, basta clicar em uma das quatro opções exibidas na tela. Serão mostradas informações detalhadas sobre o que foi desenvolvido.

Nas próximas vezes que for acessar ao programa, será exibida a tela de iniciação do XMind, conforme mostrado na figura a seguir.

Figura 224 – Tela inicial do XMind

Na sequência, daremos continuidade e estudaremos os recursos oferecidos pelo XMind para criação e desenvolvimento de mapas mentais.

Iniciando o XMind

Com o XMind instalado em seu computador, vamos agora abrir o programa e conhecer os recursos oferecidos, como operações básicas, modos de exibição e recursos de ajuda.

Ao ser instalado no Windows 10, o XMind ficará disponível na seção "Adicionado recentemente".

Ele também pode ser acessado clicando no botão "Iniciar", "Todos os aplicativos" e pesquisando pela classificação das letras – em nosso caso, em "X" encontraremos o XMind.

A próxima figura mostra o local onde está disponibilizado o programa para acesso.

Figura 225 – Caminho de acesso para o XMind

Ao clicar no ícone do XMind ( ), será aberto o programa, conforme apresentado anteriormente, na Figura 224.

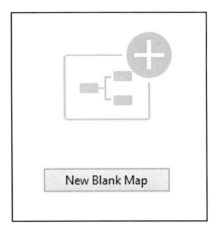

Figura 226 – Botão New Blank Map

Você poderá começar o desenvolvimento do seu mapa mental clicando no botão **New Blank Map**. Isso iniciará um mapa mental a partir de uma ideia central, conforme mostrado na próxima figura.

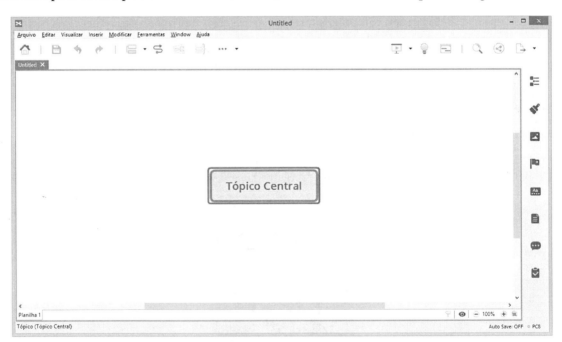

Figura 227 – Tópico Central

O XMind oferece alguns modelos de mapas mentais predefinidos, *templates*, que são sugestões de exemplos de mapas já definidos. Para acessar os modelos, clique no menu **Arquivo** e escolha a opção **New**. Serão apresentadas diversas opções de modelos de mapas.

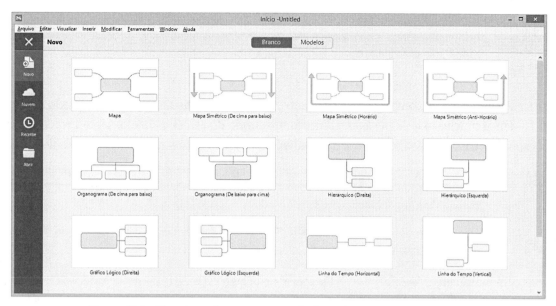

Figura 228 – *Templates* de mapas mentais do XMind da categoria Branco

Esses são modelos da categoria **Branco**, mas você poderá visualizar mais opções clicando no botão **Modelos**, que está no centro do topo da tela. Serão exibidas mais opções, conforme mostrado a seguir.

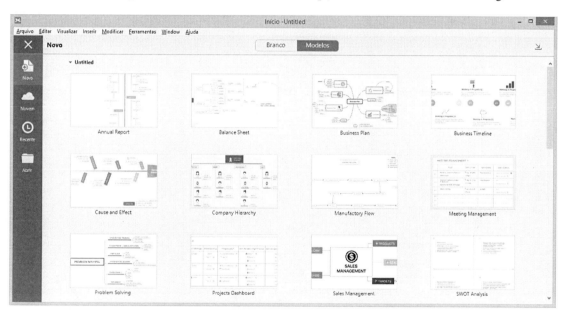

Figura 229 – *Templates* de mapas mentais no XMind

Apesar de o XMind oferecer alguns modelos prontos, nós iremos desenvolver um mapa mental passo a passo para que possamos compreender os recursos que o programa ofecere.

Exemplo passo a passo com o XMind

Todas as respostas dos exercícios aqui desenvolvidos poderão ser baixadas diretamente no site do autor.

178 Mapas Mentais

Acesse o endereço <www.germanofenner.com.br/mapa-mental/> e, na seção "Exemplos Utilizando o XMind", clique no botão **Download** de Respostas de Exemplos para fazer *download* dos exercícios.

No site, existe um arquivo compactado no formato .ZIP, com tamanho de 1,11 MB, intitulado Projeto_Exemplo_XMind. Após a conclusão do *download* e a descompactação do arquivo zipado, serão geradas todas as respostas dos exemplos passo a passo referentes ao desenvolvimento de mapas mentais com a ferramenta XMind.

Dando continuidade à organização do conteúdo a ser estudado, orientamos você a criar uma subpasta intitulada "Exemplos" para armazenar todo o material relacionado aos exemplos passo a passo desenvolvidos com o XMind disponibilizados no site do autor.

Em nosso exemplo, criamos na unidade "C:\" do computador, dentro da já criada pasta "Mapas Mentais", a subpasta "Exemplos".

Na próxima figura, apresentamos um comparativo antes e depois da operação de descompactação do arquivo Projeto_Exemplo_XMind.zip. Perceba que serão gerados diversos arquivos referentes aos exemplos que serão desenvolvidos neste capítulo especificamente com a ferramenta XMind.

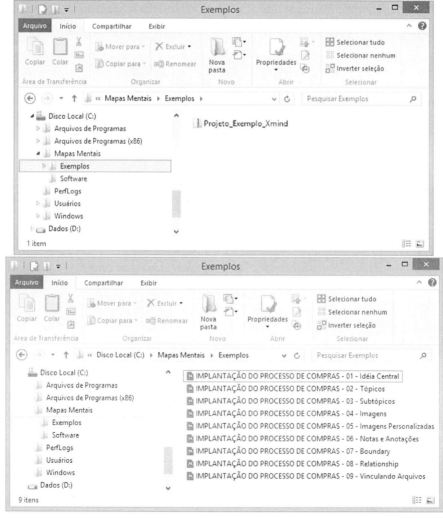

Figura 230 – Comparativo antes e depois da descompactação do arquivo Exemplos_XMind

Nós iremos desenvolver um exemplo passo a passo utilizando mapas mentais para ajudar na implantação de um determinado processo em uma empresa, mais especificamente o processo de compras!

O exemplo apresentado aqui é o mesmo que está no Capítulo 6, a diferença está na ferramenta. No Capítulo 6, utilizamos o programa MindManager, mas aqui todo o nosso trabalho será utilizando a ferramenta XMind.

Suponha que no local onde trabalha você ficou encarregado de aperfeiçoar um determinado procedimento de trabalho em um dos departamentos da organização. Você deverá ajudar a definir e implantar o processo de compras da empresa, que, até então, não era formal, não estava definido.

A partir de agora, a empresa quer formalizar esse processo. As pessoas precisam saber que ele existe, quais são as atividades envolvidas e, principalmente, executá-las de acordo com o que foi mapeado.

Tomando conhecimento do assunto e com base em sua experiência profissional, você define inicialmente as seguintes atividades:

- Análise da situação.
- Conversa com as partes interessadas.
- Verificar documentos existentes.
- Identificar particularidades.
- Mapeamento inicial do fluxo.
- Identificação de atores.
- Identificação de atividades envolvidas.
- Detalhamento do processo.
- Desenho do fluxo do processo.
- Definição de indicadores de desempenho.
- Apresentação de proposta do processo.
- Melhorias e ajustes necessários.
- Implementar proposta de processo.
- Implantação do processo no departamento.
- Acompanhamento.
- Possíveis ajustes.
- Medições e avaliação.
- Otimização.
- Melhoria contínua do processo.

Além disso, você deve agendar reuniões, solicitar acesso a documentos, identificar aqueles que poderão ser úteis, conhecer o cenário atual, identificar possíveis problemas, fazer um diagnóstico da situação e propor um plano (um projeto) para melhorar a situação.

Pela sua experiência, nesse caso, você sabe que precisa identificar responsáveis para a execução as atividades. Sabe também que só desenhar um fluxo de processos não resolve o problema, é preciso criar formas de avaliar o processo. Sua experiência o faz lembrar que, com o tempo, algumas atividades fundamentais ao trabalho podem vir a se perder, descaracterizando assim o processo, e que ajustes e avaliações serão necessários.

Você também sabe que uma documentação deve ser gerada e que servirá de referência na hora da execução do trabalho e da orientação quando houver troca ou mudança das pessoas envolvidas no processo.

Para que o seu trabalho funcione, será necessária uma apresentação dos trabalhos de criação e da implantação do processo, mas, para que a ideia venha a ser aceita, o ideal seria que, além da apresentação, você também mostrasse um cronograma com as estimativas de datas para cada etapa que agora você está imaginando desenvolver.

É bastante coisa para ser feita, não acha?

Então, que tal transformarmos toda essa teoria em algo bem prático e fácil de entender?

É o que iremos fazer agora: um mapa mental para implantação desse processo.

O que desenvolveremos a seguir não é novidade para você, pois já criamos um mapa mental em cinco passos, lembra? A diferença é que aqui faremos o mesmo trabalho, mas com ajuda do computador.

Considerações sobre o exemplo de implantação do processo de compras

Antes de continuarmos, algumas considerações e observações sobre o exemplo que será desenvolvido:

- O modelo que aqui será apresentado é um exemplo para fins especificamente didáticos.
- Nosso objetivo é apresentar um exemplo de desenvolvimento de um mapa mental do início ao fim, visando explorar os recursos que a ferramenta oferece para os seus usuários.
- Não é objetivo deste exemplo mostrar etapas como modelagem, análise, desenho do processo, gerenciamento de desempenho, transformação do processo, pois são assuntos específicos da área de *Business Process Management* (BPM).
- A forma como desenvolveremos o trabalho não representa uma posição oficial da ABPMP (*Association of Business Process Management Professionals*) ou uma correlação exata com o *CBOK® Guide*. Um processo de compras pode ser implantado de diferentes maneiras, inclusive seguindo as boas práticas do *CBOK® Guide*. Aqui, estamos mostrando apenas como os mapas mentais podem ajudar no processo de implantação.
- Qualquer semelhança entre as informações do processo e dados de processos reais terá sido mera coincidência!

Os relatórios, gráficos e textos apresentados são uma sugestão e não uma proposta final. Sugestões de melhorias, alterações e contribuições para o exemplo que visam ajudar no aprendizado de todos poderão ser enviadas diretamente para o e-mail do autor: <leitor@germanofenner.com.br>.

Ideia central

Como você já sabe, a primeira coisa a ser feita em nosso mapa mental é a identificação da ideia central (o assunto) que será desenvolvida. Em nosso caso, desenvolveremos o processo de "Implantação do Processo de Compra" do departamento.

Arquivo utilizado para este exemplo:
IMPLANTAÇÃO DO PROCESSO DE COMPRAS – 01 – Ideia Central

Para registrar a ideia central do mapa mental, siga os passos:

1. **Carregue** o **XMind** e **clique** no botão **New Blank Map**.

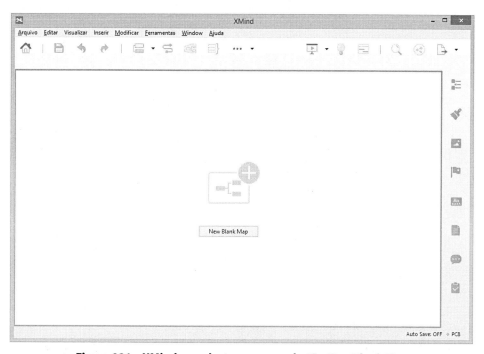

Figura 231 – XMind com destaque para o botão New Blank Map

Após clicar no botão **New Blank Map**, o XMind exibirá a tela com a área de trabalho para desenvolvimento dos mapas mentais, conforme mostra a figura a seguir.

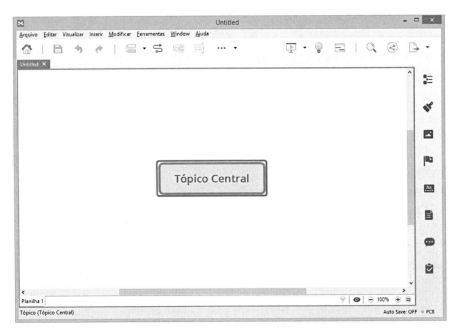

Figura 232 – Área de trabalho do XMind para desenvolvimento dos mapas mentais

2. **Dê** um duplo clique em **Tópico Central** e digite o **nome** da **ideia central** do mapa mental.

 Em nosso exemplo, selecionamos o tema "Implantação do Processo de Compras".

3. **Dê** um **clique** fora da **ideia central** do mapa mental para confirmar o nome.

Se você desejar que o nome de identificação da ideia central seja quebrado em várias linhas, basta deixar o cursor do mouse antes da palavra que deseja mover para a outra linha e pressionar as teclas **Ctrl + Enter**.

Na próxima figura, apresentamos o nosso exemplo com a identificação da ideia central para o mapa mental.

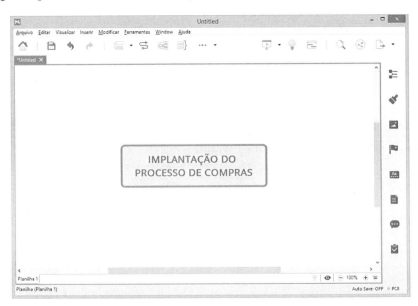

Figura 233 – Identificação da ideia central do mapa mental no XMind

As opções de cor, estilo, posição, tamanho e tipo da fonte estão disponíveis na barra de tarefas **Properties**, no lado direito da área de trabalho do XMind.

Figura 234 – Barra de tarefas Properties

Adicionando tópicos

Agora que temos a ideia central registrada em nosso mapa mental, vamos acrescentar os tópicos.

Anteriormente, quando estávamos expondo o cenário do nosso desafio, nós mostramos um breve levantamento de vários itens como: "análise da situação", "conversa com as partes interessadas", "verificar documentos existentes", "identificar particularidades", "mapeamento inicial do fluxo", "identificação de atores", "identificação de atividades envolvidas", etc.

O desafio aqui é conseguir identificar e organizar essas ações em tópicos!

Se cada atividade for considerada um tópico, o mapa mental ficará confuso, difícil de entender. Ironicamente, um recurso que era para ajudá-lo irá dificultar o seu trabalho.

Como resolver isso?

A ideia é você criar tópicos que tenham um assunto em comum, ou objetivo em comum, que resumam várias ações, atividades e tarefas a serem realizadas. Imagine uma situação onde você terá que conversar com partes interessadas, analisar a situação, identificar possíveis problemas e verificar documentação existente. Você poderia resumir tudo isso em um tópico chamado "diagnóstico".

184 Mapas Mentais

Arquivo utilizado para este exemplo:
IMPLANTAÇÃO DO PROCESSO DE COMPRAS – 02 – Tópicos

Veremos agora como acrescentar tópicos em seu mapa mental. Siga os passos:

1. **Clique** na **ideia central** de seu mapa mental.

 Para acrescentar tópicos ao mapa mental, a ideia central deve estar selecionada.

2. **Clique** no botão **Topic** ( ) e **escolha** a opção **Tópico Após (Padrão)**.

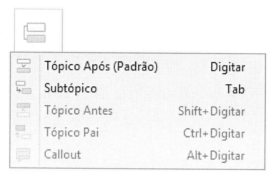

Figura 235 – Menu Topic

O XMind acrescentará um tópico, conforme mostrado a seguir:

Figura 236 – Tópico acrescentado ao mapa mental

3. **Digite** o nome de **identificação** para o **tópico**.

   Em nosso exemplo, digitamos o nome "REUNIÃO".

4. **Clique** novamente no botão **Topic** ( ).
5. **Digite** o **nome de identificação** para este **tópico**.

Em nosso exemplo, digitamos o nome "CENÁRIO ATUAL".

Figura 237 – Tópico CENÁRIO ATUAL

Repita as orientações dadas nos passos 4 e 5 para acrescentar ao mapa mental os tópicos "MAPEAMENTO FLUXO", "APRESENTAÇÃO DO PROCESSO", "MELHORIAS", "IMPLANTAÇÃO", "ACOMPANHAMENTO" e "OTIMIZAÇÃO".

Ao final do exercício você terá um resultado semelhante ao apresentado na próxima figura.

Figura 238 – Mapa mental após a inclusão dos tópicos

Alterando a identificação de tópicos

Você poderá alterar a identificação de um tópico ou renomeá-lo a qualquer momento que desejar.

Em nosso exemplo, iremos alterar o tópico "REUNIÃO" por "ALINHAMENTO".

Para alterar a identificação de tópicos, siga os passos:

1. **Clique** no **tópico** que você deseja **alterar**.

Figura 239 – Seleção de tópico para alteração

2. **Pressione** a tecla **F2**.
3. Digite o novo **nome** de **identificação**.

Figura 240 – Alterando a identificação do tópico

4. **Clique** com o mouse em qualquer lugar **fora** do **tópico selecionado**.

Pronto, o mapa mental agora aparece com o novo tópico de identificação, conforme mostrado na figura a seguir.

Figura 241 – Mapa mental após a alteração do tópico

Excluindo tópicos do mapa mental

Você poderá excluir tópicos de seu mapa mental a qualquer momento que desejar. Agora excluiremos o tópico "ALINHAMENTO".

Para excluir um tópico do mapa mental, siga os passos:

1. **Clique** no **tópico** que você deseja **excluir**.
2. **Pressione** a tecla **Delete**.

O tópico será excluído de seu mapa mental. Observe que, nesse caso, não é solicitada a confirmação de exclusão do tópico. Ele automaticamente deixa de existir em seu mapa mental, conforme se vê a seguir.

Figura 242 – Mapa mental após a exclusão do tópico ALINHAMENTO

 Caso tenha excluído acidentalmente um tópico de seu mapa mental, ele poderá ser recuperado pressionando-do simultaneamente as teclas **Ctrl + Z** ou clicando no botão .

Salvando um mapa mental

Para salvar um mapa mental, siga os passos:

1. **Clique** em .

O XMind exibirá a seguinte tela:

Figura 243 – Tela Save do XMind

O XMind oferece duas opções distintas para salvar um mapa mental:

1. **XMind Cloud** – O mapa poderá ser salvo no XMind Cloud e será possível compartilhar mapas mentais em redes sociais.
2. **My Computer** – O arquivo será salvo exclusivamente no seu computador.

 Em nosso exemplo, optamos por salvar em **My Computer**.

O XMind sugere como opção para o nome do arquivo o mesmo nome utilizado para a ideia central do mapa mental. Se você desejar optar por outro nome, bastará digitar o novo nome para identificação do arquivo.

2. **Clique** no botão **Save**.

Seu mapa mental será salvo de acordo com o nome registrado campo **Nome** da tela **Save**.

Adicionando subtópicos

Com a ideia central definida e os tópicos acrescentados, é chegado o momento de acrescentarmos os subtópicos ao nosso mapa mental.

Os subtópicos servem para desenvolver a ideia que está registrada no tópico. Assim sendo, cada tópico terá subtópicos como forma complementar à ideia. Os subtópicos ajudam no entendimento do mapa mental e no desenvolvimento de ideias.

Em nosso mapa mental "IMPLANTAÇÃO DO PROCESSO DE VENDAS", temos o tópico "REUNIÕES". Para que uma reunião aconteça, ela precisa ser agendada, as pessoas que possam contribuir devem ser convocadas, os documentos a serem apresentados ou utilizados precisam ser organizados, etc. Como fazer essa organização no mapa mental?

 Arquivo utilizado para este exemplo:
IMPLANTAÇÃO DO PROCESSO DE COMPRAS – 03 – Subtópicos

Nós estudaremos agora como acrescentar tópicos em seu mapa mental. Para isso, siga os passos:

Como Fazer
Passo a passo

1. **Selecione** um **tópico** onde **serão** acrescentados os **subtópicos**.

Figura 244 – Seleção do tópico REUNIÃO

2. **Clique** no botão **Topic** ( ).

Ao clicar no botão **Topic**, será exibido um menu com as opções de criação. Isso acontece sempre que um tópico estiver selecionado.

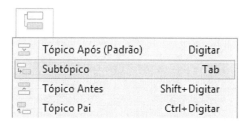

Figura 245. Opções do botão Topic

3. **Escolha** a opção **Subtópico**.

O XMind acrescentará um subtópico, conforme mostrado na figura a seguir:

Figura 246 – Subtópico acrescentado ao mapa mental

4. **Digite** o nome de **identificação** para o **tópico**.

☞ Em nosso exemplo, digitamos o nome "Contatar interessados".

Figura 247 – Mapa mental com o subtópico Contatar interessados

5. **Selecione** novamente o **tópico** "REUNIÃO", clique no botão **Topic** (📋) e escolha a opção **Subtópico**.

6. **Digite** o **nome de Identificação** para este **tópico**.

☞ Em nosso exemplo, digitamos "Agendar reunião".

Figura 248 – Mapa mental com o subtópico Agendar reunião

Repita as orientações dadas nos passos 4 e 5 para acrescentar ao seu mapa mental os outros subtópicos.
Na próxima tabela, mostramos os subtópicos que escolhemos para acrescentar em cada tópico de nosso mapa mental.

*Você poderá acrescentar novos subtópicos pressionando a tecla **Tab**.*

TÓPICO	SUBTÓPICO	SUBTÓPICO
REUNIÃO	• Contatar interessados • Agendar reunião	
	• DOCUMENTOS	– Mapeamento de processos – Detalhamento do processo – Ação corretiva – Descrição do subprocesso
CENÁRIO ATUAL	• Solicitar apresentação • Anotação de detalhes • Verificar documentos existentes	
MAPEAMENTO FLUXO	• ATORES	– Nome – Contato
	• Entradas • Saídas • Desenho do processo • Criação de indicadores	
APRESENTAÇÃO DO PROCESSO	• Objetivo • Fluxo • Dúvidas	
MELHORIAS	• Implementar • Solicitar validação • Agendar nova apresentação • Apresentar o fluxo • Ajustes nos indicadores	
IMPLANTAÇÃO	• Agendar início das atividades • Apresentar fluxo de trabalho	
ACOMPANHAMENTO	• *Mentoring* • Possíveis ajustes • Medições	
OTIMIZAÇÃO	• Melhorias • Adaptações • Mercado externo • Clientes	

Tabela 19 – Tabela com orientação para tópicos e subtópicos

Ao final do exercício, seu mapa mental deverá ficar semelhante ao apresentado na figura a seguir:

192 Mapas Mentais

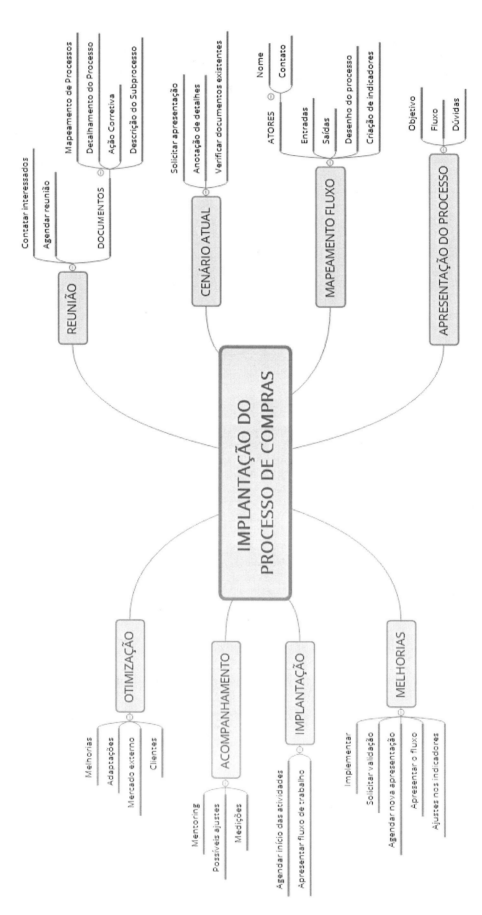

Figura 249 – Mapa mental com tópicos e subtópicos

Chamamos a sua atenção para os subtópicos **DOCUMENTOS** e **ATORES**. Observe que em ambos você tem outros subtópicos dentro. O processo para criação de subtópicos dentro de subtópicos é idêntico à criação de um subtópico dentro de um tópico.

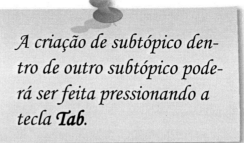

A criação de subtópico dentro de outro subtópico poderá ser feita pressionando a tecla Tab.

Alterando a identificação de subtópicos

Você poderá alterar a identificação de um subtópico ou renomeá-lo a qualquer momento que desejar.

No mapa mental a seguir, iremos alterar o subtópico "Contatar interessados" para "Identificar stakeholders".

Para alterar a identificação de subtópicos no mapa mental, siga os passos:

1. **Clique** no **subtópico** que você deseja **alterar**.

Figura 250 – Selecionando subtópicos para alteração

2. **Pressione** a tecla **F2**.

Figura 251 – Alteração da identificação do subtópico

3. Digite o novo **nome** de **identificação**.
4. **Clique** com o mouse em qualquer lugar **fora** do **subtópico selecionado**.

Pronto, o mapa mental agora aparece com o novo subtópico de identificação, conforme mostrado na figura a seguir.

Figura 252 – Mapa mental após a alteração do subtópico

Excluindo subtópicos do mapa mental

Você poderá excluir subtópicos de seu mapa mental a qualquer momento que desejar.

Nós iremos agora excluir o subtópico "Identificar stakeholders" do nosso mapa mental.

Para excluir um subtópico do mapa mental, siga os passos:

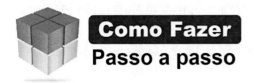

1. **Clique** no **subtópico** que você deseja **excluir**.

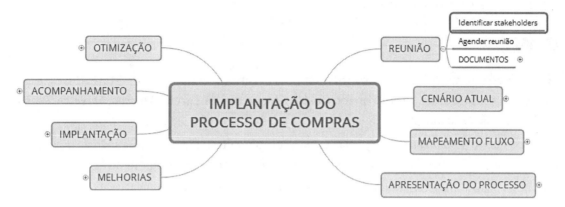

Figura 253 – Seleção de subtópico para exclusão

2. **Pressione** a tecla **Delete**.

O tópico será excluído de seu mapa mental. Observe que, neste caso, não é solicitada a confirmação de exclusão do tópico. Ao pressionar a tecla **Delete**, ele automaticamente deixa de existir em seu mapa mental, conforme se vê a seguir.

Figura 254 – Mapa mental após a exclusão do subtópico Identificar stakeholders

 Caso tenha excluído acidentalmente um subtópico de seu mapa mental, ele poderá ser recuperado pressionando simultaneamente as teclas **Ctrl + Z** ou clicando no botão .

Melhorando a aparência de mapas mentais

Se deixarmos os nossos mapas mentais apenas com textos, além de explorarmos pouco os recursos oferecidos pelo XMind, estaremos abrindo mão de imagens e ícones que poderão torná-los muito mais interessantes de serem lidos.

O XMind oferece vários recursos visuais que poderão ser aplicados ao seu mapa mental. São ícones, imagens e símbolos que, além de contribuírem para melhorar a apresentação, poderão ajudar no processo de aprendizado e assimilação de um determinado conteúdo ou assunto.

Vamos agora melhorar a aparência do nosso mapa mental adicionando imagens aos tópicos e tornando assim a leitura do mapa mais divertida e interessante.

Arquivo utilizado para este exercício:
IMPLANTAÇÃO DO PROCESSO DE COMPRAS – 04 – Imagens

O XMind possui uma coleção de imagens, símbolos e sinais denominada de **Marcadores**. Ela está organizada nas seguintes categorias: **Task Priority**, **Rostos**, **Progresso da Tarefa**, **Marcas**, **Estrelas**, **Pessoas**, **Setas**, **Símbolos**, **Mês** e **Dia da Semana**.

Caso você queira visualizar as categorias e seus componentes, clique no menu **Inserir**, escolha a opção **Marcadores** e passe o mouse sobre cada categoria para visualizar os seus componentes.

Na próxima figura, podemos visualizar a categoria de **Marcadores** do tipo **Estrelas** com os seus componentes.

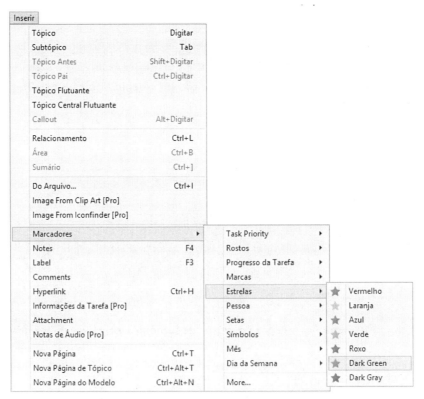

Figura 255 – Categorias de marcadores e seus componentes

Outra forma de acessar os marcadores, ou *markers*, é clicar no ícone que está na barra lateral à direita. Será exibida a seguinte tela:

Capítulo 8. Criando mapas mentais com XMind 197

Figura 256 – Lista de opções de marcadores e seus componentes

Adicionando marcadores ao mapa mental

Para adicionar marcadores a um mapa mental no *XMind*, siga os passos:

1. **Clique** na **ideia central** do mapa mental.
2. **Clique** no ícone ![icon], que está à direita na barra de tarefas.

O XMind exibirá diversas opções de imagens, conforme mostrado na figura a seguir:

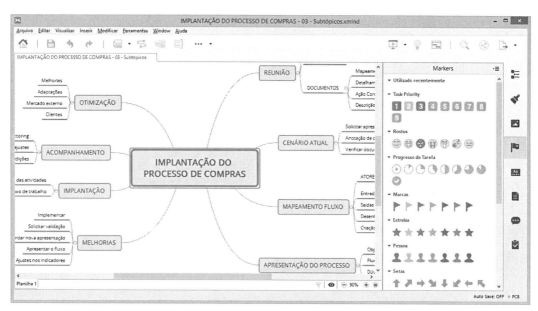

Figura 257 – Guia Markers

3. **Clique** na **imagem** que deseja **inserir** na **ideia central** do mapa mental.

☞ Nós selecionamos a opção de imagem **Pessoas** para a ideia central do mapa mental.

4. **Selecione** um **tópico** para **inserir** uma **imagem**.
5. **Clique** na **imagem** que deseja **inserir** no **tópico** do mapa mental.

☞ Nós selecionamos a opção de imagem **Mês** para o tópico "Reunião" do mapa mental.

6. **Selecione** o **subtópico** para **inserir** uma **imagem**.
7. **Clique** na **imagem** que deseja **inserir** no **subtópico** do mapa mental.

☞ Nós selecionamos a opção de imagem **Progresso da Tarefa** para o subtópico "Contatar interessados" do mapa mental.

8. **Repita** os passos **4** e **5** para **incluir imagens** nos outros **subtópico** do mapa.

☞ Em nosso exemplo, selecionamos as imagens **Marcas** e **Estrelas** para os outros dois subtópicos do mapa mental.

A próxima figura apresenta um comparativo antes e depois de colocarmos as imagens.

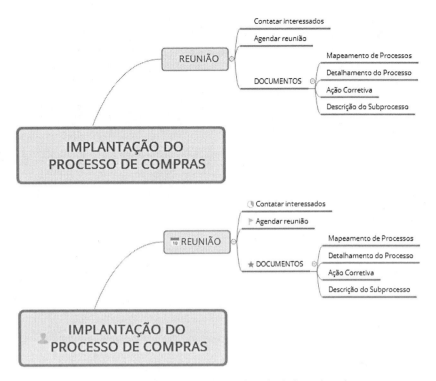

Figura 258 – Comparativo antes e depois de inserir as imagens

Conforme comentamos anteriormente, as imagens ajudam a melhorar a qualidade das informações e as deixam mais interessantes de serem lidas.

Após você inserir as imagens no mapa mental, o XMind, dentro da guia **Marcadores**, cria a seção **Utilizado recentemente**, onde ele armazena as últimas imagens utilizadas. Na próxima figura, temos a guia **Markers** com as imagens **Estrela**, **Marcas**, **Progresso da Tarefa**, **Mês** e **Pessoa** que foram utilizadas em nosso último exemplo.

Figura 259 – Guia Markers com destaque para a seção Utilizado recentemente

Dando continuidade ao nosso aprendizado, agora acrescentaremos imagens ao nosso mapa mental "IMPLANTAÇÃO DO PROCESSO DE COMPRAS".

Utilize as imagens que estão disponíveis na guia **Markers**.

Ao final do exercício, seu mapa mental ficará semelhante ao apresentado a seguir:

200 Mapas Mentais

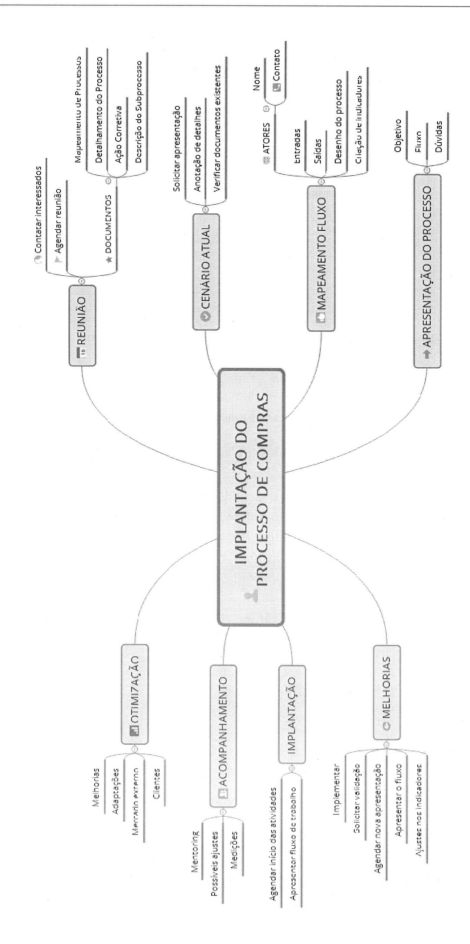

Figura 260 – Mapa mental com imagens

Alterando imagens no mapa mental

As imagens que estão na ideia central, nos tópicos e nos subtópicos do mapa mental poderão ser alteradas a qualquer momento.

Em nosso próximo exemplo, iremos trocar a imagem **Progresso da tarefa** ( ) pela imagem da categoria **Task Priority**, ( ) como forma de mostrar que o subtópico "Contatar interessados" é prioritário. Para alterar imagens em um mapa mental no XMind, siga os passos:

1. **Clique** com o botão direito do mouse na **imagem** que será **alterada**.

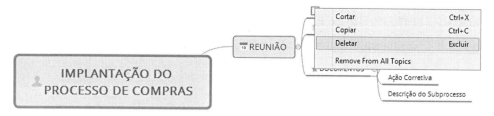

Figura 261 – Seleção da imagem do tópico para alteração

Ao clicar na imagem, será exibido um menu com as outras opções de imagens da mesma categoria e a opção **Deletar**.

2. **Clique** na opção **Deletar**.

Figura 262 – Alterando imagem do mapa mental

Pode parecer estranho, mas você terá que excluir a imagem para poder substituí-la pela desejada.

3. **Selecione** novamente o tópico e **clique** na **imagem** que você deseja **incluir**.

O XMind fará a inclusão das imagens e você terá o mapa mental com a nova imagem.

Na próxima figura, temos o mapa mental com a imagem da categoria **Task Priority** ( ).

Figura 263 – Mapa mental com a nova imagem

O processo é o mesmo caso você deseje alterar as imagens para a ideia central e os subtópicos do mapa mental.

Excluindo imagens do mapa mental

Assim como podemos incluir e alterar imagens, também podemos excluí-las a qualquer momento que desejarmos.

Para excluir uma imagem do mapa mental, siga os passos:

1. **Clique** com o **botão direito** do **mouse** na **imagem** a ser **excluída**.

O XMind exibirá o um menu flutuante tendo no topo as opções de **Cortar, Copiar, Deletar** e **Remove From All Topics**.

Figura 264 – Menu flutuante com destaque para as opções Cortar, Copiar e Deletar

 Perceba que a imagem está selecionada. Se o subtópico estiver selecionado, é este que será excluído. Para quem não possuir muita prática com o XMind, sugerimos que selecione o tópico e depois a imagem.

2. **Clique** na opção **Deletar**.

A imagem será excluída do mapa mental.

 O XMind não solicita confirmação para exclusão de imagem.

Na próxima figura, temos o resultado do mapa mental após a exclusão da imagem.

Figura 265 – Resultado após excluir a imagem

Criando uma biblioteca de imagens personalizadas

Além das imagens sugeridas pelo XMind, você pode adicionar imagens ou figuras suas, como desenhos personalizados, logotipo da empresa, imagens padrões utilizadas em sistemas de TI e fluxos de processos.

Você poderá criar uma biblioteca com suas próprias imagens, aquelas que você mais utiliza no seu dia a dia.

Antes de seguirmos adiante com os nossos estudos, acesse o site do autor e faça *download* do arquivo **Biblioteca de Imagens**, que contém uma coleção de imagens selecionadas aleatoriamente para ajudá-lo a destacar assuntos que julgar importante quando estiver desenvolvendo o seu mapa mental.

Acesse o endereço <www.germanofenner.com.br/mapa-mental/> e, na seção **Exemplos Utilizando o XMind**, clique no *link* **Biblioteca de Imagens** para fazer *download* do arquivo com a coleção das imagens.

No site, existe um arquivo compactado no formato .ZIP, com tamanho de 139 KB, intitulado **Biblioteca_de_Imagens**. Após a conclusão do *download* e a descompactação do arquivo zipado, serão geradas todas as imagens utilizadas nos exemplos passo a passo e exercícios referentes ao desenvolvimento de mapas mentais com a ferramenta XMind, conforme mostra a figura a seguir.

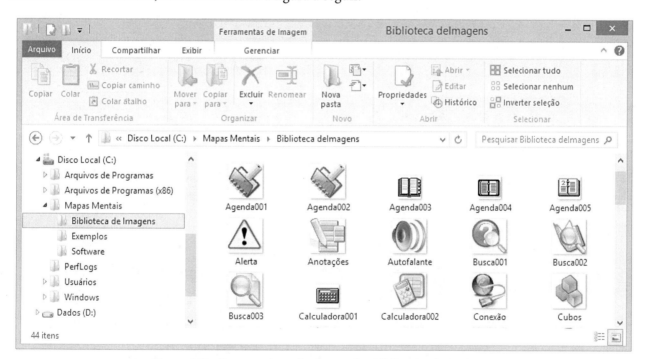

Figura 266 – Descompactação do arquivo Biblioteca_de_Imagens

Orientamos você a criar uma subpasta intitulada **Biblioteca de Imagens** para armazenar as figuras relacionadas aos exemplos passo a passo desenvolvidos com o XMind.

Em nosso exemplo, criamos na unidade "C:\" do computador, dentro da já criada pasta **Mapas Mentais**, a subpasta **Biblioteca de Imagens**.

Você poderá a qualquer momento acrescentar novas imagens ou excluir aquelas que não lhe são úteis. A biblioteca de imagens nada mais é do que uma pasta do Windows com diversas imagens dentro.

 A escolha de uma imagem somente será possível quando um item do mapa mental (ideia central, tópico, subtópico) estiver selecionado.

Adicionando imagens da biblioteca de imagens personalizadas

Para adicionar ao mapa mental uma imagem da **Biblioteca de Imagens**, siga os passos:

1. **Selecione** um **item** do mapa mental.

   Em nosso exemplo, selecionamos o subtópico "Contatar interessados".

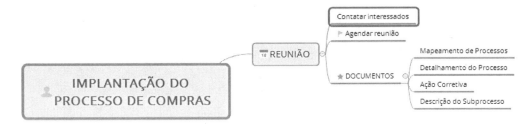

Figura 267 – Seleção de item para inclusão de imagens da Biblioteca de Imagens

2. **Clique** no menu **Inserir** e, na opção **Imagem**, escolha **Do Arquivo...**.

 A opção **Imagem** só estará disponível após a seleção de um item (ideia central, tópico, subtópico) do mapa mental.

Você também pode incluir imagens pressionando as teclas Ctrl + I.

 Você deverá informar o local onde está a sua pasta de imagens personalizadas. Em nosso exemplo, ela foi disponibilizada em "C:\Mapas Mentais\Biblioteca de Imagens\".

Após clicar na opção **Do Arquivo...** e selecionar o local onde estão as imagens, o XMind exibirá a pasta com as opções de imagem conforme mostrado no exemplo a seguir.

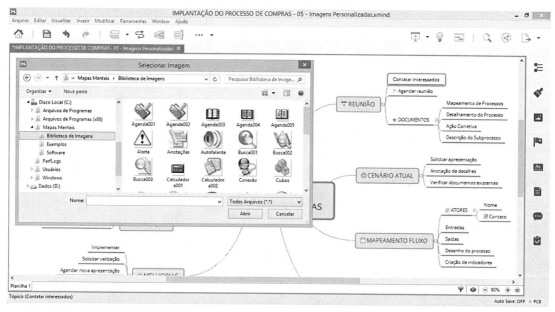

Figura 268 – Pasta com opções de imagens da Biblioteca de Imagens

3. Dê um **duplo clique** na imagem que você deseja **inserir** no tópico do mapa mental.

☞ Nós selecionamos a opção de imagem **Agenda001** para o subtópico **Contatar interessados** do mapa mental.

Figura 269 – Mapa mental com imagem inserida da Biblioteca de Imagens

4. **Repita** os passos **1, 2** e **3** para **incluir** imagens no **tópico** e nos **subtópicos** do mapa mental.
A próxima figura apresenta um comparativo antes e depois de colocarmos as imagens.

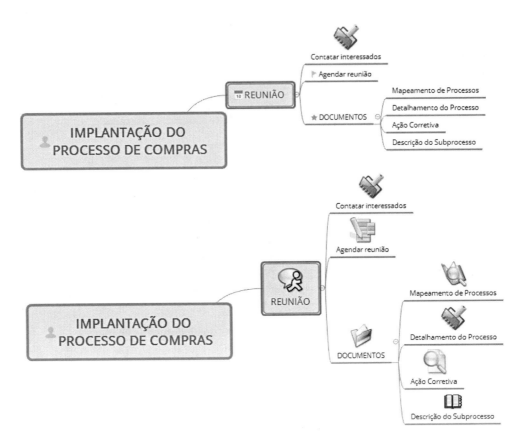

Figura 270 – Comparativo antes e depois de inserir as imagens da Biblioteca de Imagens

 Caso você deseje alterar ou excluir uma imagem personalizada do mapa mental, o processo é o mesmo que aprendemos anteriormente.

Assim como podemos criar bibliotecas, também podemos excluí-las a qualquer momento. A exclusão de imagens que estão na biblioteca é feita da mesma forma que se excluem arquivos através do Windows Explorer.

Agora que você conhece o recurso de inclusão, alteração e exclusão de imagens em um mapa mental, nós iremos continuar o desenvolvimento do nosso exemplo. Nesta etapa, iremos alterar algumas imagens anteriormente selecionadas através do recurso de marcadores por imagens que estão na biblioteca de imagens.

 Arquivo utilizado para este exemplo:
IMPLANTAÇÃO DO PROCESSO DE COMPRAS – 05 – Imagens Personalizadas

A resposta desse exercício pode ser visualizada a seguir. Perceba o quanto ele ficou mais interessante de ser lido.

Capítulo 8. Criando mapas mentais com XMind 207

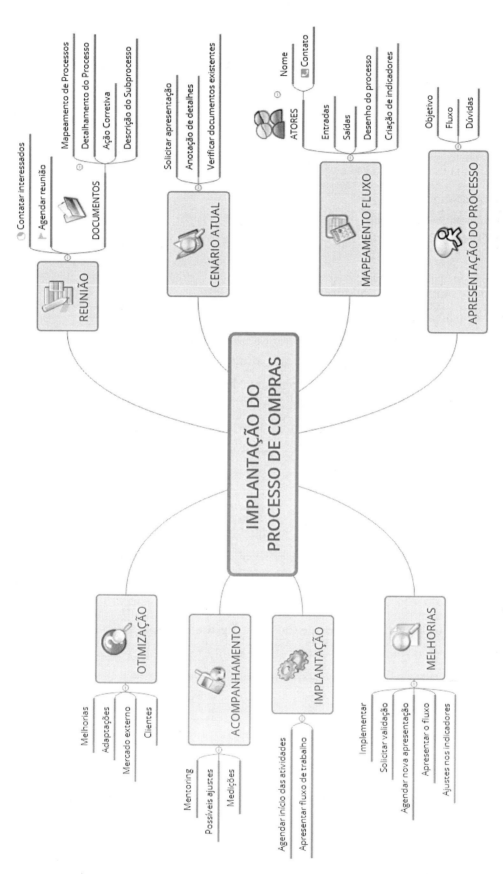

Figura 271 – Mapa mental com imagens da Biblioteca de Imagens

Trabalhando com callout

Outro recurso que podemos utilizar para melhorar a visualização das informações no mapa mental é o **Callout**. Esse recurso pode ser utilizado para registrar informações sobre um tópico ou subtópico. Nós utilizamos quando precisamos destacar algo que é fundamental para o trabalho que estamos realizando.

Inserindo callout

Para inserir uma nota (**callout**) siga os passos:

1. **Selecione** um **tópico**, ou **subtópico**, do mapa mental.
2. **Clique** no menu **Inserir** e escolha **Callout**.

Você também pode clicar com o botão direito do mouse sobre o item selecionado. Quando aparecer o menu flutuante, escolha a opção **Inserir** e clique em **Callout**.

Ao realizar este passo, o XMind adicionará o recurso de **Callout** sobre o item escolhido, conforme mostra a figura a seguir.

Figura 272 – Recurso de Callout sobre a imagem

3. **Dê** um **duplo clique** no componente **Callout** e **digite** a **informação**.

Será exibido um campo onde você poderá registrar as informações referentes ao item selecionado.

Figura 273 – Callout no formato de edição

4. **Clique** fora da área do **Callout** para **salvar a informação**.

Na figura apresentada a seguir, temos o tópico **REUNIÃO** com uma nota de chamada do recurso **callout** lembrando da necessidade de reserva de sala e *datashow*.

Figura 274 – Local de digitação da nota

Se você desejar excluir uma nota de chamada, basta clicar com o botão direito do mouse sobre a nota e, no menu flutuante, clicar na opção **Excluir**. A nota será automaticamente eliminada do item selecionado.

Trabalhando com notas

O recurso de **Callout**, que acabamos de estudar, é muito útil para chamar a atenção de coisas bem pontuais, que não precisam de muitas informações. Os **callouts** podem ser comparados com pequenos pedaços de papéis para lembretes, os *post-its*, que algumas pessoas costumam colar em partes da mesa de trabalho, na tela do computador, num quadro, etc., com o objetivo de lembrar de compromissos ou tarefas. Assim como os *post-its*, os **callouts** são para pouca informação!

Haverá situação em que precisaremos utilizar um recurso que suporte mais informações. O recurso de **notas** permite que textos maiores sejam registrados.

As notas permitem registrar parágrafos e textos mais longos, o que poderá ser útil em situações onde existe a necessidade de detalhar as informações, muito comum em processos onde precisamos descrever o passo a passo daquilo que necessita ser feito.

As anotações poderão ser feitas para um ou mais tópicos ou subtópicos do mapa mental. Não existe limite quanto a sua utilização.

 As notas, quando registradas apenas no diagrama de mapa mental, não são visualizadas.

Ao contrário de todos os recursos que apresentamos até agora, a nota, depois de registrada, não é exibida, ou seja, você não conseguirá visualizá-la em seu mapa mental a não ser que você clique no ícone (📄), localizado na barra de tarefas à direita, que dará acesso a ela. Isso faz sentido, pois a ideia de um mapa mental é sintetizar informações. Mapa mental não é para armazenar informações extensas.

Então, qual a razão desse recurso?

Suponha que você precise apresentar uma determinada ideia para um grupo de pessoas, como esta do mapa mental de Implantação do Processo de Compras que estamos desenvolvendo. Haverá situações em que será necessário fazer referência a uma determinada lei jurídica, norma ou requisito de qualidade. Geralmente situações como essas são embasadas por textos bastante formais e escritos de maneira detalhada para que não haja dúvidas sobre o que precisa ser feito. O recurso de notas será muito útil para registrar essas informações. Você poderá evitar que as informações sobre um determinado assunto fiquem espalhadas em diversos lugares, concentrando-as assim em um único local.

Inserindo notas

Para utilizar o recurso de anotações em seu mapa mental, siga os passos:

1. **Selecione** um **tópico**, ou **subtópico**, do mapa mental.
2. **Clique** com o **botão direito** do **mouse** e **selecione** a opção **Notas** ( ).

Será exibido um editor de texto para registrar a informação, como na figura a seguir.

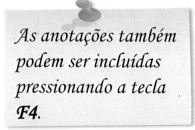

Figura 275 – Texto para digitação de informações da nota

3. **Digite** a **informação**.
4. **Clique** com o **mouse** fora da área do **editor** para **fechar** a tela.

Observe que o texto que acabamos de digitar não aparece no mapa mental, porém, no tópico onde registramos as informações aparece o ícone ( ). É uma forma de alertar que neste local há outras informações referentes ao assunto tratado.

Figura 276 – Exemplo de mapa mental com registro de anotações

As informações registradas no recurso de notas poderão ser visualizadas de duas maneiras:

1. Selecionando o tópico e clicando no ícone ▤ que se encontra na barra de ferramentas, ao lado direito da área de trabalho do XMind.
2. Clicando no ícone 🗎.

A figura a seguir é um exemplo de visualização de informações do recurso de notas que o XMind apresenta ao escolher uma das opções de visualizações especificadas anteriormente.

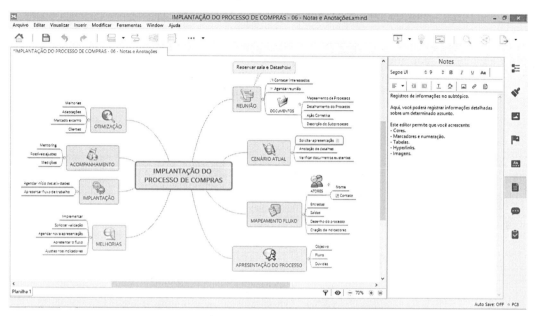

Figura 277 – Visualização de informações do recurso notas

Visualizando as notas de forma rápida

Para visualizar as notas de forma rápida, basta passar o ponteiro do mouse sobre o ícone (🗎) que as informações aparecerão em uma tela flutuante que ficará oculta tão logo o ponteiro do mouse deixe de apontar para o ícone de notas.

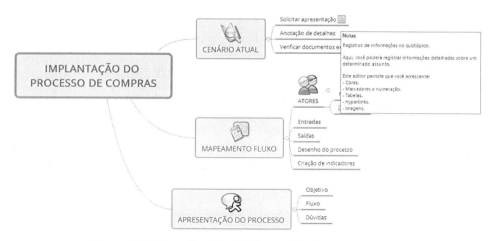

Figura 278 – Visualização de informações do recurso notas

Alterando notas

Para que uma nota tenha seu conteúdo modificado, siga os passos:

1. **Clique** no ícone **Notas** ( ) do **item** que terá a anotação **modificada**.

Será exibido um editor de texto para registrar a informação, conforme figura a seguir.

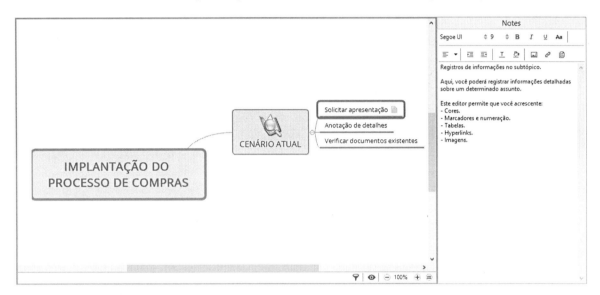

Figura 279 – Alteração de anotações

2. Depois de registrada a modificação, **clique** em para **salvar** as **alterações** e **fechar** o editor.

Se você desejar que o editor fique em alguma posição que não seja a de sobreposto, basta clicar no ícone **Notas** ( ) que o editor será posicionado ao lado direito da tela.

Excluindo notas

Para que uma nota seja excluída de um item do mapa mental, siga os passos:

1. **Clique** com o **botão direito** do **mouse** no ícone **Notas** ( ).

Será exibido um menu flutuante, conforme figura a seguir.

Figura 280 – Menu flutuante do ícone Notas

2. **Clique** na opção **Delete**.

 Não será solicitada a confirmação de exclusão.

O ícone de notas será excluído do item do mapa mental e, consequentemente, o seu conteúdo. Na figura a seguir, temos um comparativo antes e depois da exclusão do recurso de notas.

Figura 281 – Comparativo antes e depois da exclusão do conteúdo de anotações

Vamos continuar a melhorar o nosso mapa mental "Implantação do Processo de Compras". Pedimos que você agora acrescente notas e anotações em alguns tópicos e subtópicos de sua escolha. Agora que você conhece os recursos de inclusão, alteração e exclusão de **callout** e **notas**, vamos continuar a desenvolver o nosso exemplo. Selecionaremos alguns itens (ideia central, tópicos, subtópicos) do nosso mapa mental e registraremos **callouts** e **notas** neles.

 Arquivo utilizado para este exemplo:
IMPLANTAÇÃO DO PROCESSO DE COMPRAS – 06 – Notas e Anotações

Seu mapa mental ficará semelhante ao apresentado na figura a seguir:

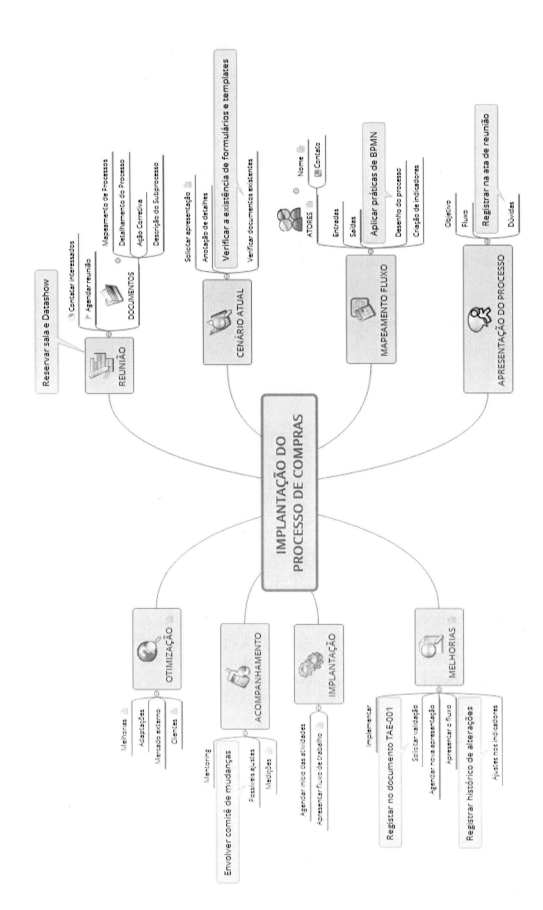

Figura 282 – Mapa mental com notas e anotações

Trabalhando com *boundary*

O *boundary* é um recurso que melhora de forma significativa a aparência de um mapa mental. Através dele, é possível dar destaque a uma determinada informação e até organizar a quantidade de itens relacionados a um assunto.

Inserindo *boundary*

Para utilizar o recurso de *boundary*, siga os passos:

1. **Selecione** um **tópico,** ou **subtópico,** do **mapa mental.**

    ☞ Em nosso exemplo, selecionamos o tópico "REUNIÃO".

2. **Clique** no botão **Boundary** ( ).

O item selecionado ficará com uma espécie de "nuvem" em destaque, conforme mostrado na figura a seguir.

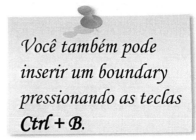

Você também pode inserir um boundary pressionando as teclas Ctrl + B.

Figura 283 – Mapa mental com o recurso de *boundary*

Observe que, além do "REUNIÃO" ficar com o recurso de *boundary*, enquanto este estiver selecionado, a guia **Properties** exibirá os recursos relacionados ao *boundary* que você poderá utilizar, conforme mostra a figura a seguir.

Você poderá alterar propriedades como cor de preenchimento, estilo da linha e formato do *boundary* clicando no botão **Format** ( ), que está na barra de tarefas à direita da área de trabalho do XMind. Ao ativar esse recurso serão apresentadas diversas possibilidades de formatação, conforme mostra a figura a seguir.

Figura 284 – Recursos para formatação do *boundary*

É através desta guia, **Borda Format**, que você poderá alterar as propriedades de um *boundary*, mas lembre-se de que para fazer todas essas modificações o componente *boundary* precisa estar selecionado.

Alterando o formato do *boundary*

Se você desejar, poderá selecionar outro formato para o *boundary*. Para isso, siga os passos:

1. **Selecione** o *boundary*.
2. **Clique** em **Format** ( ) e, na seção **Borda Format**, **clique** na opção **Retângulo Arredondado**.

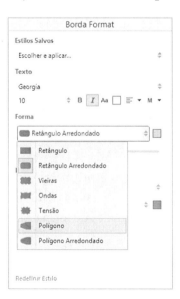

Figura 285 – Guia Borda Format com destaque para a seleção de outros formatos de *boundary*

3. **Escolha** um novo **formato** para o *boundary*.

> Em nosso exemplo, selecionamos a opção **Polygon**.

O *boundary* do seu mapa mental terá o formato alterado, ficando semelhante ao apresentado na próxima figura.

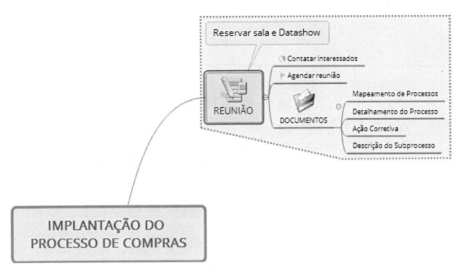

Figura 286 – Mapa mental com o formato do *boundary* alterado

Alterando a cor de fundo do *boundary*

Se você desejar, poderá selecionar uma cor de fundo no *boundary*, destacando assim ainda mais a informação. Para modificar a cor de fundo, siga os passos:

1. **Selecione** o *boundary*.
2. Clique em **Format** ( ) e, na seção **Borda Format**, **clique** no ícone de cor para selecionar a cor de preenchimento.

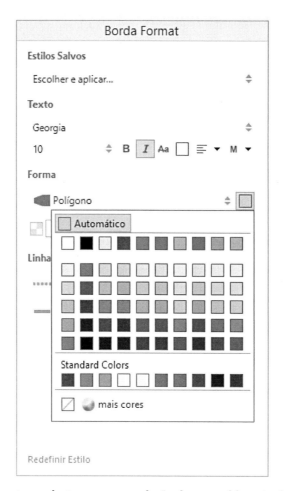

Figura 287 – Guia Borda Format com destaque para a seleção de preenchimento da cor de fundo do *boundary*

3. **Escolha** uma **cor**.

O *boundary* de seu mapa mental terá a cor de fundo alterada.

Figura 288 – Cor de fundo do *boundary* alterada

Se preferir, você poderá alterar também a cor de fundo do tópico e dos subtópicos, deixando assim a cor de plano de fundo padrão para todos os itens do REUNIÃO. Para fazer isso, selecione o tópico ou subtópico e siga as orientações dadas nos passos 2 e 3 explicados anteriormente.

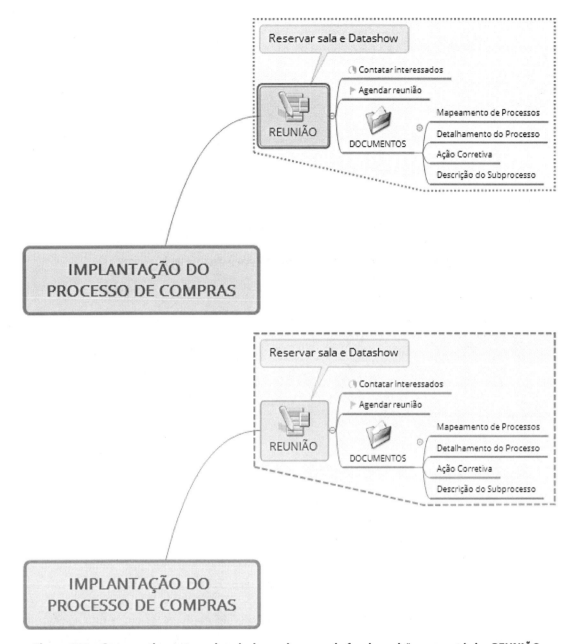

Figura 289 – Comparativo antes e depois de mudar a cor de fundo padrão para o tópico REUNIÃO

Excluindo um *boundary*

Se você desejar, poderá excluir o *boundary* anteriormente incluído no mapa mental. Siga os passos:

1. **Selecione** o *boundary*.
2. **Clique** com o **botão direito** do **mouse**.

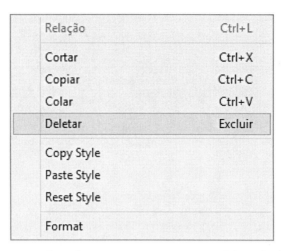

Figura 290 – Menu flutuante com a opção para deletar *boundary*

3. **Clique** em **Deletar**.

O recurso de *boundary* será retirado de seu mapa mental.

Figura 291 – Mapa mental sem o recurso de *boundary*

Apesar de termos excluído o *boundary* do mapa mental, ele manteve as cores que selecionamos anteriormente, quando optamos por deixar todos os itens do tópico REUNIÃO com as mesmas cores de plano de fundo. Se você desejar tirar essa cor, basta selecionar o tópico, acessar a guia **Borda Format** e, na seção **Forma**, clicar no botão **Selecionar cor de preenchimento** e escolher a opção **Automático None** para ficar sem nenhuma cor ou escolher, se for o caso, uma nova cor.

Dando continuidade ao desenvolvimento do nosso mapa mental Implantação do Processo de Compras e conhecendo o recurso de *boundary*, vamos agregá-lo ao nosso trabalho. O resultado dessa mudança é apresentado a seguir.

Arquivo utilizado para este exemplo:
IMPLANTAÇÃO DO PROCESSO DE COMPRAS – 07 – Boundary

Mapa mental com o recurso de *boundary*.

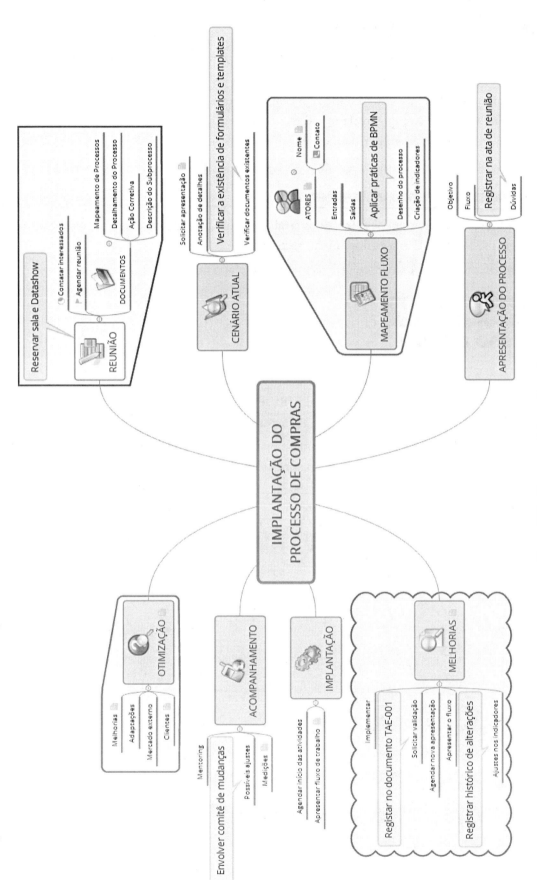

Figura 292 – Mapa mental com *boundary*

Estabelecendo relacionamentos

Existem situações onde haverá relacionamentos entre os tópicos e subtópicos do mapa mental e você precisará destacar isso.

O recurso **relacionamento** é uma linha onde representamos que existe um vínculo entre os assuntos do mapa mental. Você poderá especificar que o relatório depende da pesquisa, que o levantamento de informações está relacionado com entrevistas e assim por diante.

Criando relacionamento entre itens

No exemplo que desenvolveremos a seguir, vamos estabelecer um relacionamento entre o subtópico "Contatar interessados" e o subtópico "Verificar documentos existentes".

Para você estabelecer o relacionamento entre os tópicos do mapa mental, siga os passos:

1. **Selecione** um **tópico**, ou **subtópico**, do **mapa mental.**
2. **Clique** no **menu Inserir** e **escolha** a opção **Relacionamento**.

Ao clicar em **Relacionamento** o XMind irá destacar o subtópico "Contatar interessados" com uma seta que você deverá soltar sobre o subtópico "Verificar documentos existentes" para destacar o relacionamento.

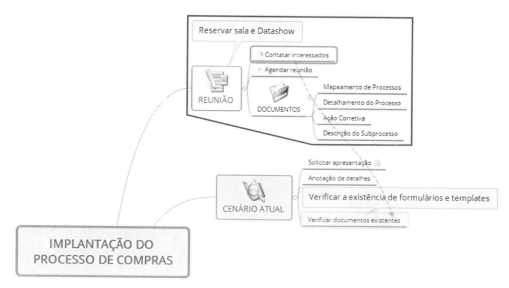

Figura 293 – Mapa mental com destaque para a função relacionamento

3. **Selecione** o item desejado e **clique** com o **botão esquerdo do mouse.**

Será criado um relacionamento entre os dois itens selecionados do mapa mental, subtópico "Contatar interessados" e subtópico "Verificar documentos existentes", conforme mostrado na próxima figura.

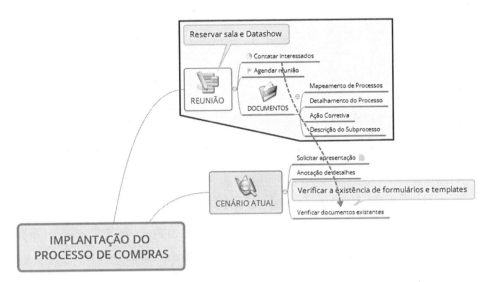

Figura 294 – Mapa mental com destaque para o relacionamento entre itens

Observe que agora existe uma linha entre os subtópicos "Contatar interessados" e "Verificar documentos existentes", destacando o relacionamento entre eles.

Você pode modificar a linha, afastando-a mais dos itens para que fique mais destacada. Para fazer essa modificação, clique no losango amarelo (◇) que se encontra em cada um dos lados da linha e mova até encontrar a melhor posição.

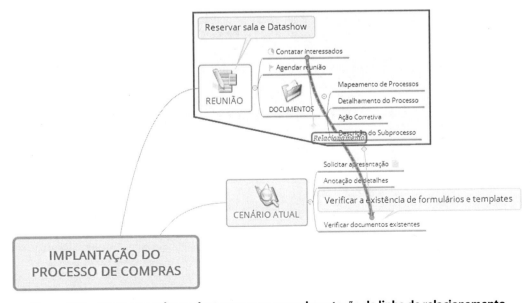

Figura 295 – Mapa mental com destaque para a movimentação da linha de relacionamento

A próxima figura mostra o mapa mental com os relacionamentos entre os itens após a modificação do desenho da linha.

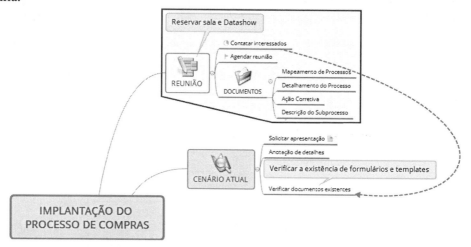

Figura 296 – Mapa mental após modificação de desenho da linha de relacionamento

Alterando o estilo da linha de relacionamento

É possível mudar o estilo da linha de relacionamento. Clique em **Format** ( ) e, na guia **Relacionamento Format**, seção **Linha**, clique no menu **Traço** e escolha uma das opções de estilo de linha.

 O XMind, por padrão, exibe sempre o nome do último estilo selecionado.

Figura 297 – Opções de linha

☞ Em nosso exemplo, selecionamos **Sólido**.

A seguir, é apresentado o mapa mental com o estilo de linha **Sólido** destacando o relacionamento entre os subtópicos "Contatar interessados" e "Verificar documentos existentes".

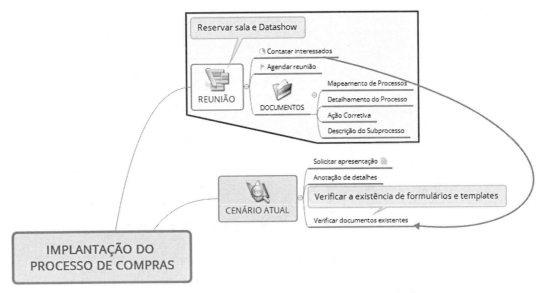

Figura 298 – Mapa mental após alterar o estilo da linha do relacionamento

Excluindo o relacionamento entre itens

Se você desejar, poderá excluir o relacionamento entre os itens do mapa mental. Siga os passos:

1. **Selecione** com o **mouse** a linha de **relacionamento** que será excluída.
2. **Clique** com o **botão direito** do **mouse**.

Figura 299 – Menu com a opção Deletar para Relacionamento

3. **Clique** em **Deletar**.

O recurso de **relacionamento** será retirado de seu mapa mental.

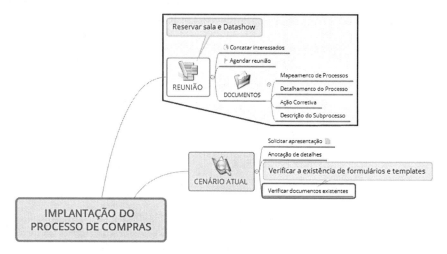

Figura 300 – Mapa mental sem o recurso de *relationship*

Agora que conhecemos mais esse recurso, vamos criar relacionamentos entre alguns assuntos do nosso mapa mental "Implantação do Processo de Compras". O resultado dessa mudança é apresentado a seguir.

 Arquivo utilizado para este exemplo:
IMPLANTAÇÃO DO PROCESSO DE COMPRAS – 08 – Relationship

Mapa mental com relacionamento entre assuntos.

Capítulo 8. Criando mapas mentais com XMind 227

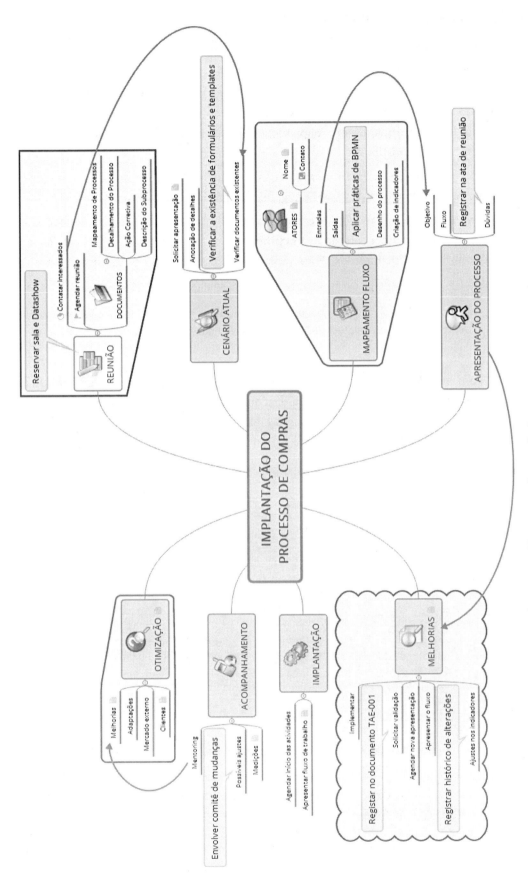

Figura 301 – Mapa mental com relacionamento entre os assuntos

Vinculando arquivos ao mapa mental

Com o que já estudamos até agora, você já deve ter percebido a quantidade de recursos que o XMind disponibiliza para a criação e o desenvolvimento dos mapas mentais.

Agora, veremos outro recurso que será fundamental na organização e no acesso a documentos, ou seja, você poderá, através do mapa mental, chamar arquivos do Microsoft Office, arquivos no formato PDF, vídeos, som e imagens. Isso ajudará muito quando um mapa mental se referir a um determinado assunto e você poderá visualizar uma imagem, artigo, apostila, etc.

Você poderá criar uma biblioteca com os arquivos que você mais utiliza no seu dia a dia. Poderão ser apostilas, planilhas de cálculo, arquivos de textos em geral, fotografias, vídeos, etc.

Antes de seguirmos adiante com os nossos estudos, acesse o site do autor e faça *download* do arquivo **Biblioteca de Arquivos**, que contém uma coleção de documentos nos formatos do Word, Excel, PowerPoint, PDF e uma figura. Esses exemplos de documentos serão necessários para ajudá-lo nos próximos passos.

Acesse o endereço <www.germanofenner.com.br/mapa-mental/> e, na seção **Exemplos Utilizando o XMind**, clique no *link* **Biblioteca de Arquivos** para fazer *download* do arquivo com a coleção de documentos.

No site, existe um arquivo compactado no formato .ZIP, com tamanho de 56 KB, intitulado Biblioteca_de_Arquivos. Após a conclusão do *download* e a descompactação do arquivo zipado, serão gerados todos os documentos utilizados nos exemplos passo a passo e exercícios referentes ao desenvolvimento de mapas mentais com a ferramenta XMind, conforme mostra a figura.

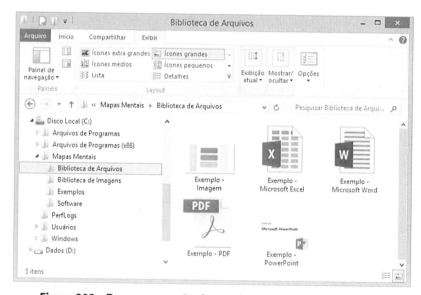

Figura 302 – Descompactação do arquivo Biblioteca_de_Arquivos

Orientamos você a criar uma subpasta intitulada **Biblioteca de Arquivos** para armazenar os documentos relacionados aos exemplos passo a passo desenvolvidos com o XMind.

Em nosso exemplo, criamos na unidade "C:\" do computador, dentro da já criada pasta **Mapas Mentais**, a subpasta **Biblioteca de Arquivos**.

Inserindo vínculo de arquivos

Para vincular um arquivo ao mapa mental, siga os passos:

1. **Selecione** um **item** do mapa mental e **clique** na guia **Inserir**.

   ☞ Nós selecionamos o subtópico "Agendar reunião".

2. **Clique** no menu **Inserir** e escolha a opção **Anexo**.

Será exibida a tela do Windows Explorer.

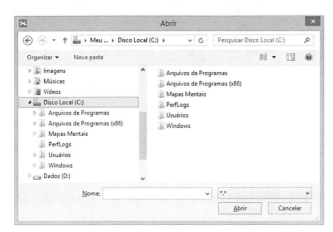

*Também é possível vincular um arquivo clicando com o botão direito do mouse, selecionando a opção **Inserir** e clicando em **Anexo**.*

Figura 303 – Tela do Windows Explorer

3. **Informe** o **local** onde está o **documento** a ser **vinculado**.

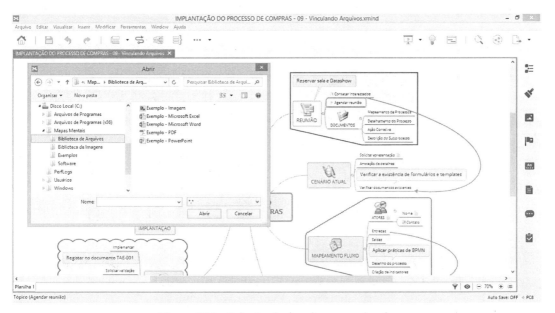

Figura 304 – Seleção de arquivo para vínculo

4. **Selecione** o **arquivo** e **clique** no botão **Abrir**.

 Em nosso exemplo, foi escolhido o arquivo **Exemplo – Microsoft Excel**.

 Caso nenhum arquivo apareça listado, você deve selecionar a opção ***.*** que está no menu suspenso, acima dos botões **Abrir** e **Cancelar**.

Após clicar no botão **Abrir**, o XMind criará um item específico para o arquivo que foi selecionado. Na figura, podemos visualizar que, ao lado do subtópico "Agendar reunião", apareceu o novo item "Exemplo – Microsoft Excel.xlsx".

Figura 305 – Subtópico Agendar reunião após vínculo de arquivo

Para abrir o arquivo que acabamos de vincular diretamente do mapa mental, basta dar um duplo clique no ícone do documento (🗎). O documento será exibido o conforme mostrado na próxima figura:

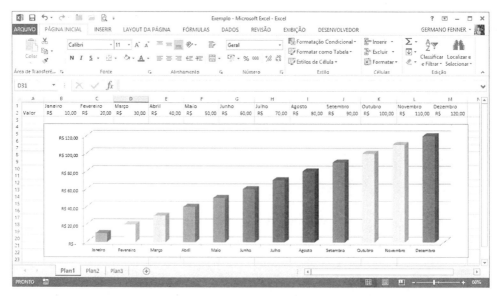

Figura 306 – Arquivo do Microsoft Excel aberto através do mapa mental

Observe que estamos falando de abrir o documento dentro do próprio aplicativo Microsoft Excel, não é um modo combinado onde você visualiza em uma mesma área de trabalho as informações do mapa mental e do arquivo Excel.

Observe que o ícone para chamar o arquivo vai mudar conforme o tipo do aplicativo. Na próxima figura, foram vinculados documentos nos formatos PDF, PNG, PPTX e DOCX. Para cada um dos documentos, existe um ícone correspondente ao tipo do aplicativo.

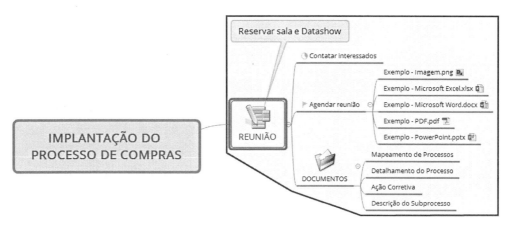

Figura 307 – Mapa mental com diferentes tipos de arquivos vinculados

As regras que acabamos de apresentar se aplicam a qualquer outro formato de arquivo.

 Os arquivos vinculados devem de preferência ser disponibilizados em um servidor para que todos tenham acesso.

Um cuidado que você deve ter quando vincular arquivos em um mapa mental é de que estes arquivos estejam em um servidor ao qual todos tenham acesso. Caso eles sejam disponibilizados na máquina de um determinado usuário, este, ao desligar o seu computador, impedirá que as pessoas abram os arquivos vinculados no mapa mental que estejam armazenados nesse local.

Excluindo vínculo de arquivos

Para excluir o vínculo criado no mapa mental, siga os passos:

1. **Selecione** o **item** do mapa mental com o **vínculo**.
2. **Clique** com o **botão direito** do **mouse** e escolha a opção **Delete**.

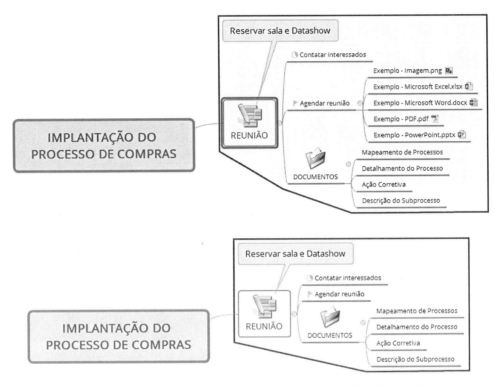

Figura 308 – Opção excluir vínculos

Na figura a seguir, podemos observar um comparativo antes e depois da exclusão do vínculo de arquivos nos subtópicos do mapa mental.

Figura 309 – Comparativo antes e depois da exclusão do vínculo de arquivos

Os vínculos também podem ser excluídos selecionando o item onde está o arquivo, clicando com o botão direito do mouse e escolhendo a opção **Delete**.

 A exclusão de um vínculo não apaga o arquivo do local onde ele está armazenado. Apenas remove o item do mapa mental. Caso um arquivo tenha de ser excluído fisicamente, isso deverá ser feito por outro meio, como, por exemplo, no Windows Explorer.

Dando continuidade ao desenvolvimento de nosso exemplo, vincularemos documentos ao nosso mapa mental "Implantação do Processo de Compras". O resultado é apresentado na próxima figura.

 Arquivo utilizado para este exemplo:
IMPLANTAÇÃO DO PROCESSO DE COMPRAS – 09 – Vinculando Arquivos

Mapa mental com arquivos vinculados.

Capítulo 8. Criando mapas mentais com XMind 233

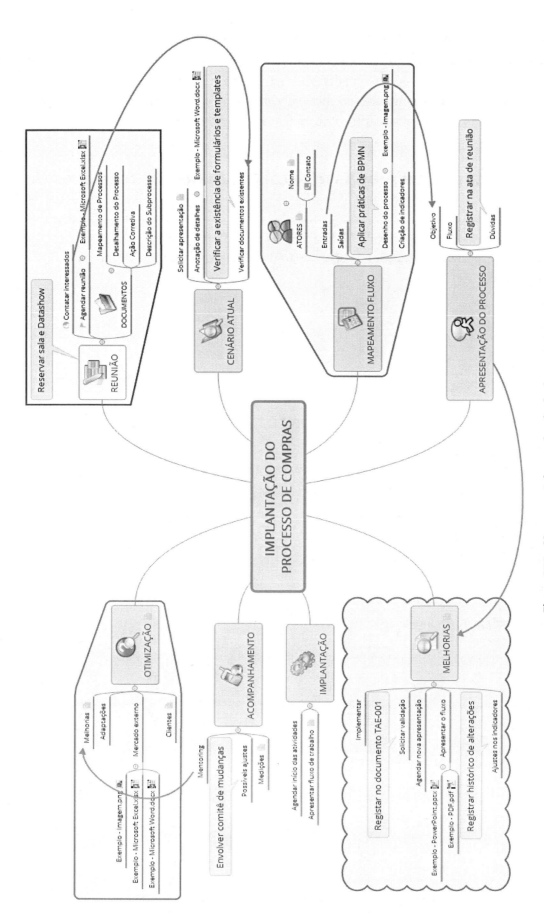

Figura 310 – Mapa mental com vínculo de documentos

Muito bem, concluímos aqui o desenvolvimento de um exemplo passo a passo com a ferramenta XMind.

Aqui, buscamos explorar os principais recursos que a ferramenta oferece para o desenvolvimento de mapas mentais. Existem outros que você poderá descobrir na medida em que for praticando. Caso queira compartilhar as suas sugestões, ou tenha dúvidas específicas sobre a utilização da ferramenta, elas poderão ser enviadas diretamente para o e-mail do autor: <leitor@germanofenner.com.br>.

Exportando dados de mapas mentais para outros formatos de arquivos

Os arquivos feitos no XMind podem ser exportados para diversos formatos.

Você poderá exportar informações de seu mapa mental desenvolvido no XMind para arquivos com os seguintes formatos:

- HTML.
- BPM.
- PDF.
- PPTX.
- DOCX.
- RTF (*Rich Text Format*, compatível com Word).
- TXT.

Na sequência, apresentaremos os passos necessários para exportar as informações do XMind.

Com o arquivo do mapa mental aberto, siga os passos:

1. **Clique** no menu **Arquivo** e **escolha** a opção **Exportar**.

O XMind exibirá a seguinte tela:

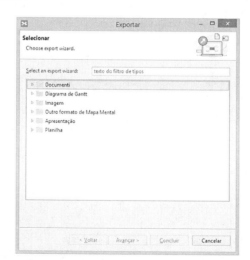

Figura 311 – Tela de exportação para outros formatos de arquivos

Se você clicar na opção de expansão (▷) de cada uma das pastas, o XMind mostrará as opções de exportação de acordo com a categoria, conforme podemos ver na figura a seguir.

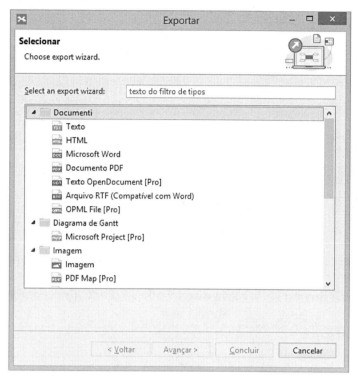

Figura 312 – Tela de exportação com os tipos de arquivos

2. **Selecione** um **formato** para **exportação** de **arquivo**.

 Em nosso exemplo, na categoria **Apresentação**, selecionamos a opção **Microsoft PowerPoint**.

3. **Clique** no botão **Avançar >**.

AVISO — A exportação de dados não está disponível para a versão gratuita.

Se você desejar exportar o mapa mental, terá que adquirir este recurso. Ao escolher um dos formatos, o XMind exibe a tela de compra para habilitar a função de exportação de dados.

236 Mapas Mentais

Figura 313 – Tela com opções de aquisição do recurso de exportação de dados para outros formatos de arquivos

Se você clicar na opção **Buy now**, você será direcionado ao site XMind, conforme mostrado na próxima figura.

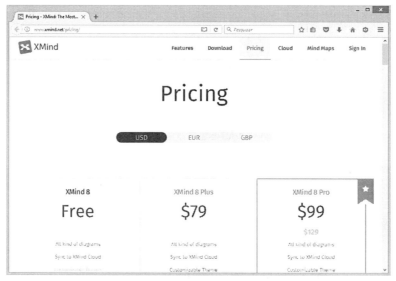

Figura 314 – Site do XMind em fevereiro de 2017

Por se tratar de um recurso que é pago e neste capítulo estamos utilizando recursos especificamente gratuitos, o processo de exportar dados do XMind para outros formatos de arquivo não será apresentado.

A única opção que está disponível para exportação do conteúdo com o XMind é para HTML. Para exportar os dados do seu mapa mental para o formato HTML, siga os passos:

1. **Clique** no menu **Arquivo** e **escolha** a opção **Export**.
2. **Selecione** o **formato Documenti**.
3. **Escolha** a opção **HTML** e clique no botão **Avançar**.

O XMind exibirá a tela **Exportação HTML**, conforme mostrado na figura a seguir.

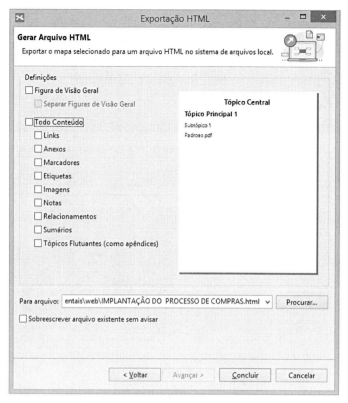

Figura 315 – Exportação HTML

4. **Clique** na opção **Figura de Visão Geral** e **Separar Figuras de Visão Geral** para **selecionar** as **opções** de **exibição** de **imagens**.

5. **Clique** na opção **Todo Conteúdo** para **selecionar** todas as **opções** de **exportação**.

Na próxima figura, é visualizada a proposta de exportação após habilitadas as funções nos passos 4 e 5.

Figura 316 – Exportação com destaque para as funções de figura e conteúdo

6. **Clique** no botão **Procurar...** para **informar** a **pasta** onde o **arquivo** será **gerado**.

> Esta opção irá gerar diversos arquivos que serão necessários para exibir o conteúdo no formato HTML. Assim sendo, o ideal é criar uma pasta para guardar o conteúdo.

7. **Clique** no botão **Concluir**.

O XMind dará início ao processo de exportação dos dados do mapa mental para o formato HTML. A depender da quantidade de informações, essa operação poderá levar alguns minutos.

Figura 317 – Exportação dos dados do mapa mental para o formato HTML

Ao final do processo, será exibida a tela de conclusão, conforme a figura a aseguir.

Figura 318 – Tela de conclusão do processo de exportação para HTML

Clique no botão **Open** para visualizar o resultado, conforme mostrado na próxima figura.

Figura 319 – Mapa mental no formato de arquivo HTML

Todo o conteúdo que estava no mapa mental do XMind é exibido agora no formato de arquivo HTML.

Inicialmente, é mostrado o mapa mental com os tópicos.

Essa visualização só é possível quando as opções "Figura de Visão Geral" e "Separar Figuras de Visão Geral" são habilitadas.

Após exibir o mapa mental com os tópicos, são apresentados os itens e subitens, conforme mostra a próxima figura.

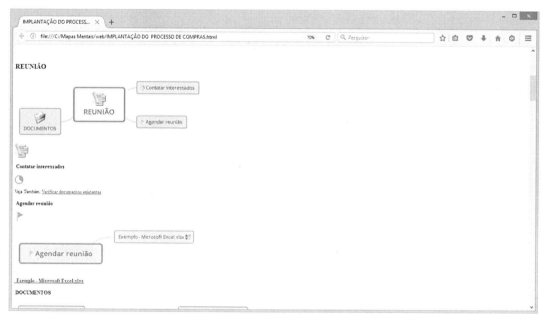

Figura 320 – Tópicos e subtópicos do mapa mental

Perceba que são mostrados os tópicos, subtópicos, textos e *links* para os arquivos que foram vinculados.

Trabalhando com múltiplos mapas mentais

Assim como explicado no capítulo anterior, podemos criar um mapa mental para gerenciar os outros mapas mentais e as atividades diárias, e é isso que aprenderemos agora.

Para o desenvolvimento de o exemplo a seguir, como forma de facilitar o exercício, porém não obrigatório, sugerimos que todos os mapas mentais que serão vinculados ao mapa central estejam na mesma pasta.

Antes de seguirmos adiante com os nossos estudos, acesse o site do autor e faça *download* do arquivo **Múltiplos Mapas Mentais com XMind**.

Acesse o endereço <www.germanofenner.com.br/mapa-mental/> e, na seção **Exemplos Utilizando o XMind**, clique no *link* **Múltiplos Mapas Mentais com XMind** para fazer *download* do arquivo.

No site, existe um arquivo compactado no formato .ZIP, com tamanho de 453 KB, intitulado **Multiplos_Mapas_Mentais_com_XMind**. Após a conclusão do *download* e a descompactação do arquivo zipado, serão geradas todas as respostas utilizadas nos exemplos, conforme mostra a figura a seguir.

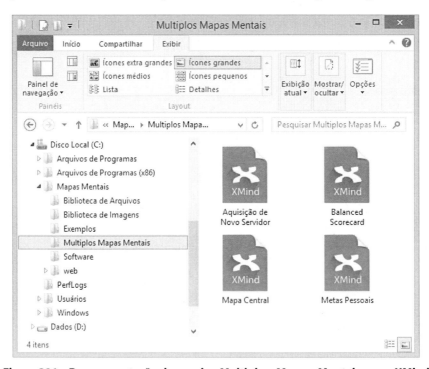

Figura 321 – Descompactação do arquivo Multiplos_Mapas_Mentais_com_XMind

Orientamos você a criar uma subpasta intitulada **Múltiplos Mapas Mentais** para armazenar as respostas relacionadas aos exemplos passo a passo desenvolvidos com o XMind.

Em nosso exemplo, criamos na unidade "C:\" do computador, dentro da já criada pasta **Mapas Mentais**, a subpasta **Múltiplos Mapas Mentais**.

Arquivos utilizados para este exemplo:
Pasta: C:\Mapas Mentais\Múltiplos Mapas Metais\

Para você trabalhar com múltiplos mapas mentais, siga os passos:

1. **Crie** o **mapa mental** que será o **mapa central** de **controle** dos demais **mapas**.

Para o nosso exemplo, criamos um mapa que irá controlar os demais mapas mentais, conforme mostrado na próxima figura.

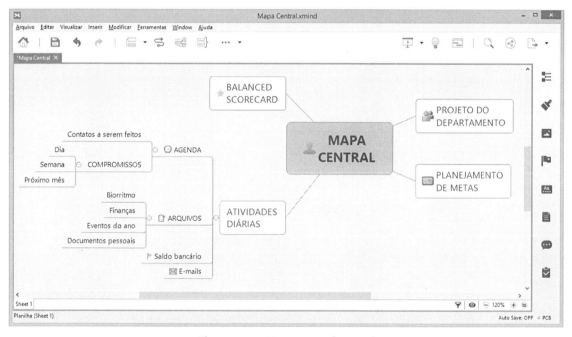

Figura 322 – Mapa mental central

Observe que criamos um item para os mapas referente ao "Projeto do Departamento", "*Balanced Scorecard*" e "Planejamento de Metas". As atividades diárias poderão ser organizadas em subtópicos, dispensando assim a criação de mais um mapa mental.

2. **Escolha** um dos **tópicos** do mapa mental **central**.

 Em nosso exemplo, selecionamos o tópico PROJETO DO DEPARTAMENTO.

3. **Clique** na guia **Inserir** e escolha a opção **Anexo**.

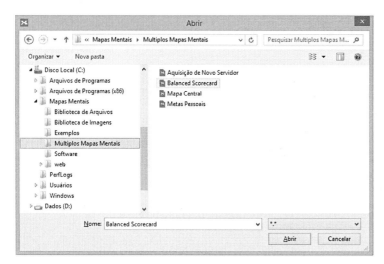

*Também é possível vincular um arquivo clicando com o botão direito do mouse, selecionando a opção **Inserir** e clicando em **Anexo**.*

Figura 323 – Tela do Windows Explorer

4. **Informe** o **local** onde está o mapa mental a ser **vinculado**.

 Em nosso exemplo, todos os mapas mentais encontram-se na pasta **Múltiplos Mapas Mentais**, conforme figura anterior.

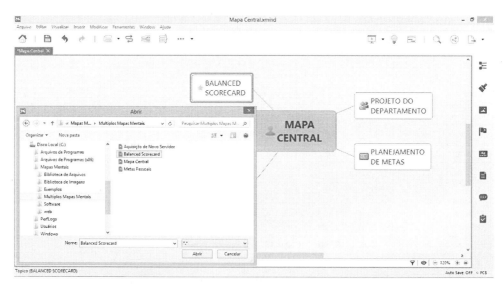

Figura 324 – Seleção de mapa mental para vínculo

5. **Selecione** o **mapa mental** e **clique** no botão **Abrir**.

Em nosso exemplo, foi escolhido o arquivo **Aquisição de Novo Servidor**.

Você também poderá selecionar o mapa mental com um duplo clique.

O XMind criará um item específico para o arquivo que foi selecionado. Na figura a seguir, podemos visualizar que, ao lado do tópico "BALANCED SCORECARD", temos o item "Balanced Scorecard.xmind".

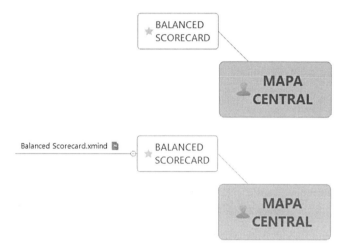

Figura 325 – Comparativo antes e depois de vincular um mapa mental ao tópico

6. **Repita** os passos de 2 até 6 para inclusão dos próximos **mapas**.

Na próxima figura, podemos ver o nosso mapa mental com os demais mapas vinculados.

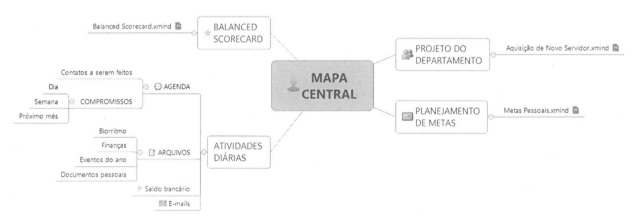

Figura 326 – Mapa mental com os demais mapas vinculados aos tópicos

Caso você queira visualizar cada um dos mapas mentais que estão vinculados aos tópicos, bastará dar um duplo clique no ícone (🗋) que o arquivo referente ao mapa mental será aberto.

Na próxima figura, podemos visualizar o ambiente de trabalho do XMind com vários mapas mentais abertos. Observe, na parte superior da figura, que, para cada mapa aberto, é criada uma guia com o nome do mapa.

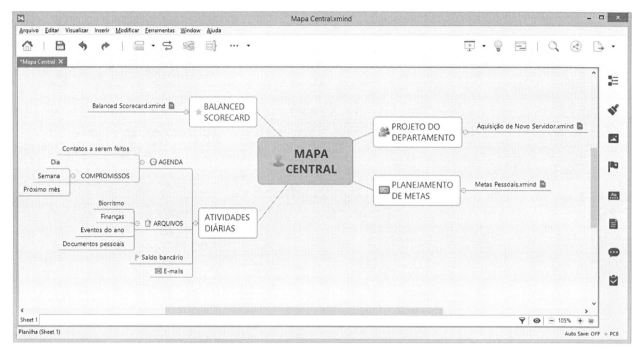

Figura 327 – XMind com vários mapas abertos

O recurso de podermos vincular diversos mapas mentais facilita de forma considerável o gerenciamento e a organização das informações.

Assim, poderemos ter mapas para gerenciar diversos assuntos e acessá-los de forma rápida e eficaz através de um mapa mental central. Com diversos mapas, teremos algo semelhante a uma rede de neurônios cerebrais interligados e se comunicando.

 Dica:

Se você é um gerente de projetos, poderá utilizar um mapa mental para cada projeto e criar um mapa central com o nome de Portfólio de Projetos ou, se gerenciar um programa de projetos, poderá chamar o mapa central de Programa do Projeto.

Caso você seja esteja se preparando para um determinado concurso, poderá criar um mapa mental com o nome do concurso e um mapa para cada disciplina. Posteriormente, considerando a grande quantidade de informações que um programa de estudo para concurso abrange, daremos uma série de dicas para a criação de mapas mentais especificamente para este fim.

Na sua vida profissional, você pode criar um mapa mental para determinado projeto que esteja conduzindo ou assunto que esteja sendo tratado e que demande um mínimo de organização.

Capítulo 9. Boas práticas para o desenvolvimento de mapas mentais

Neste capítulo iremos estudar:
- A aplicação de boas práticas para o desenvolvimento de mapas mentais.
- A escolha adequada em relação à quantidade de informações a serem registradas no mapa.
- O número de tópicos e subtópicos a serem criados.
- Utilização de imagens.
- Seleção adequada de cores.

Um mapa mental pode ser desenvolvido de várias formas. Podemos utilizar diferentes tipos de letras, formatos, tamanhos e cores. Temos a possibilidade de colocar imagens, ícones e anexar arquivos em qualquer lugar do mapa mental.
Podemos ainda distribuir diversos tópicos, subtópicos e, se for o caso, colocar outros itens dentro destes.
Sim, existe uma diversidade de recursos que podemos aplicar a um mapa mental, mas se não houver um cuidado com relação a esses recursos, eles poderão dificultar o nosso trabalho.

Desde o início deste livro, estamos informando como os mapas mentais podem nos ajudar, mas, sem bom-senso, eles podem não alcançar os benefícios esperados.

Se um mapa mental for elaborado sem um certo cuidado, torna-se poluído, carregado de informação, fazendo com que a sua interpretação seja difícil, demorada e, por assim dizer, cansativa.

Foi pensando em evitar situações como essas que escrevemos este capítulo, para que você tenha uma série de dicas e sugestões que tornarão o seu mapa mental fácil e divertido de utilizar.

Excesso de informações

Qual a quantidade de informações que deve ser registrada em um mapa mental?

Existe alguma norma ou técnica para isso?

Observe a próxima figura.

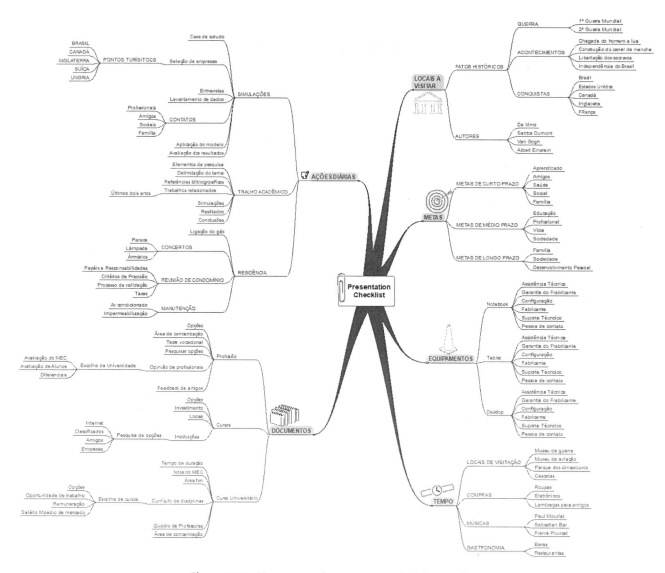

Figura 328 – Mapa mental com excesso de informações

O que você acha?

Podemos considerar que este mapa mental está poluído pela quantidade de informações nele existentes?

Este é o tipo de resposta que poderá variar de pessoa para pessoa, pois o que pode ser muita informação para uma poderá ser pouca para outra. Conhecimento sobre determinado assunto, disposição de aprender, nível de interesse em um determinado contexto, tudo isso poderá influenciar na avaliação sobre a quantidade de informações que um mapa mental pode conter!

Agora observe a próxima figura, que neste caso está apresentando a lei de Murphy.

Capítulo 9. Boas práticas para o desenvolvimento de mapas mentais 247

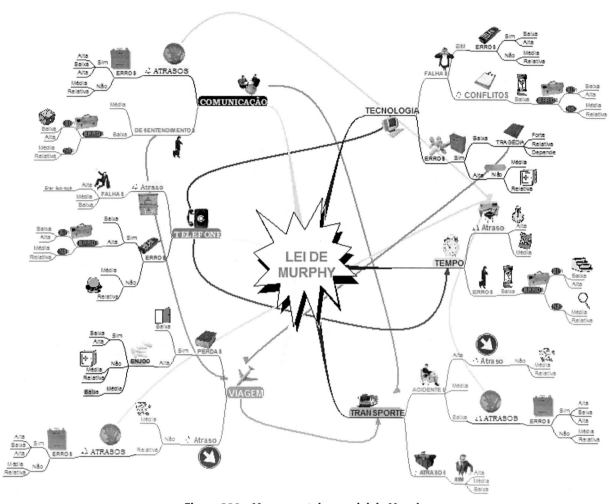

Figura 329 – Mapa mental com a lei de Murphy

Sem dúvida, o mapa mental mostrado é muito criativo, soube explorar muito bem as figuras e registrar diversas ocasiões onde esta "lei" pode acontecer!

Mas, ao primeiro contato, qual a sua impressão?

É possível ler, ou entender, todas as situações que o mapa tenta demonstrar? Parece confuso? Impressiona devido à quantidade de registros? Está num nível ideal de registros? É muita informação para este mapa? Poderia ter menos informações?

Provavelmente este deve ter sido um dos vários desafios para quem construiu este mapa mental, devido à grande quantidade de informações que nele foi registrada!

Por outro lado, não teria sentido criar dois ou mais mapas mentais para demonstrar a lei de Murphy; aqui o desafio foi conseguir colocar o maior número possível de exemplos e situações em que esta famosa "lei" pode acontecer.

O próximo mapa mental também é bastante interessante e útil, pois ele apresenta as teclas de atalho do editor de textos Microsoft Word, um belo trabalho!

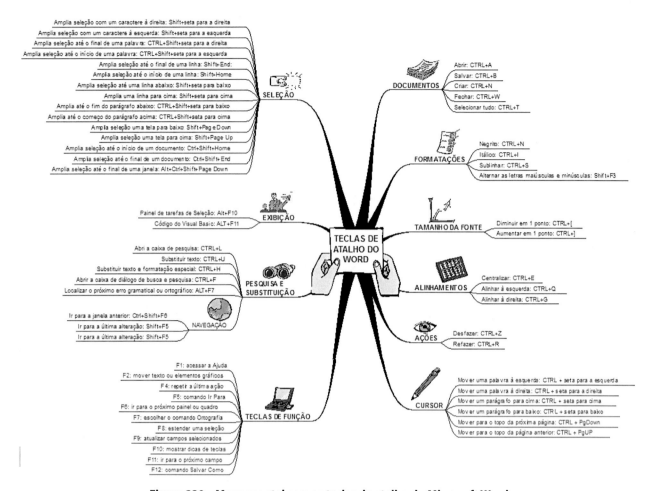

Figura 330 – Mapa mental com as teclas de atalho do Microsoft Word

É um mapa com bastante informação, mas, neste caso, não teria sentido utilizar dois ou mais mapas para melhorar o visual. Aqui o mapa tem a função de ser uma referência rápida para as pessoas que utilizam a ferramenta.

Se este mapa mental fosse dividido em dois ou mais mapas, o usuário do programa teria trabalho e levaria tempo para saber em qual dos mapas está a combinação das teclas de atalho que executa a função que ele quer, e deixaria de ser algo prático.

Aqui, apesar de ser um mapa com muita informação, ele tem a função de tornar o trabalho prático!

Observe o mapa mental apresentado a seguir, referente ao assunto sustentabilidade. Ele está com uma quantidade razoável de informações? É muita informação? Poderia haver mais registros?

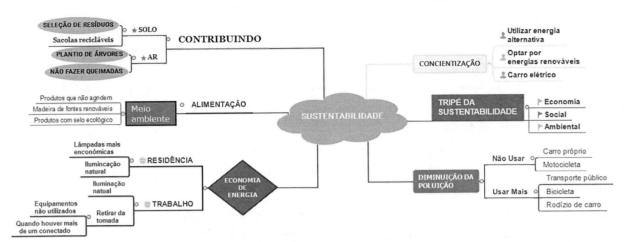

Figura 331 – Mapa mental sobre sustentabilidade

Mais uma vez, a resposta poderá variar de acordo com a percepção de cada pessoa, por isso voltamos a lembrar que o conhecimento sobre determinado assunto, a disposição para aprender e o nível de interesse sobre um determinado contexto poderão influenciar na avaliação sobre a quantidade de informações que um mapa mental pode conter.

Mas vamos continuar debatendo sobre a quantidade de informações que devem ser registradas num mapa mental!

Imagine que você necessite registrar em um mapa mental os compromissos que terá de fazer no dia de hoje. Eles envolvem compras em uma determinada loja e no mercado local de seu bairro; a seguir, você terá aulas de inglês e natação; terá que discutir com um amigo seu sobre a reforma da garagem e do portão de sua casa; você também marcou para o dia de hoje um exame médico preventivo que você faz a cada seis meses; e, por fim, ir à academia praticar exercícios.

São muitos os compromissos para serem colocados em um mapa mental?

Talvez não, veja como ficou o nosso mapa.

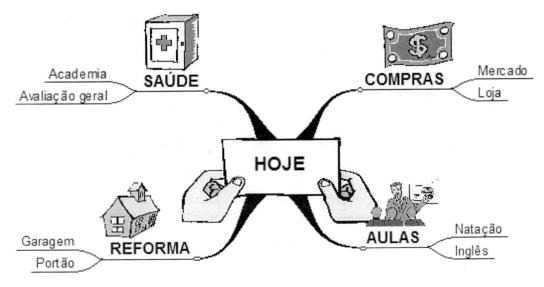

Figura 332 – Mapa mental com ações para o dia de hoje

Fazendo uma comparação entre este mapa mental os quatro últimos apresentados, ele seria o ideal para uma apresentação, ou deixar visível em um local onde todos possam ver, pois ele está simples e de fácil leitura.

Já os mapas anteriores seriam ideais para que uma pessoa pudesse ter diversas informações visíveis em um único local, numa única página ou folha de papel. Lembre-se que mapas mentais têm muito da impressão pessoal de cada um e é justamente isso que deve ser levado em conta. O que ajudará a definir o volume de informações ideal para um mapa é a sua percepção e compreensão também sobre como as pessoas reagem em relação à quantidade de informações colocada nos mapas.

Nem sempre será possível dividir as informações em dois ou mais mapas. Haverá situações em que se tem um considerável número de registros que precisam aparecer em um mesmo lugar para que sejam mais bem compreendidos.

Mostraremos mais dois exemplos, referentes à decoração de um apartamento. Quem já passou por essa situação sabe do desafio que é prever tudo o que se precisa para tornar o lar confortável.

O exemplo a seguir refere-se à decoração de um apartamento que acabou de ser entregue por uma construtora. Nessa situação, deve-se antes prever a disponibilização de serviços como ligação do gás e da energia elétrica. Veja o exemplo.

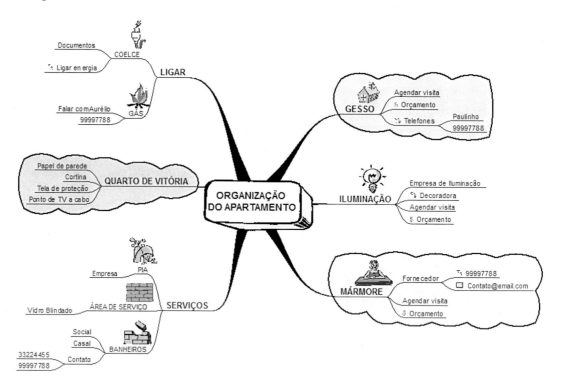

Figura 333 – Mapa mental para organização de apartamento – versão 1

Acontece que, em situações como a de uma reforma, em razão da quantidade de detalhes, sempre existe algo a mais para fazer. Na medida em que o assunto é discutido, mais e mais necessidades vão surgindo. O desafio está em conseguir prever o máximo possível essas necessidades!

Continuando o nosso raciocínio, o próximo exemplo de mapa mental é uma segunda versão do anterior, onde o casal, após algumas discussões, previu novas necessidades e as acrescentou ao mapa mental. Veja a seguir como ficou a nova versão!

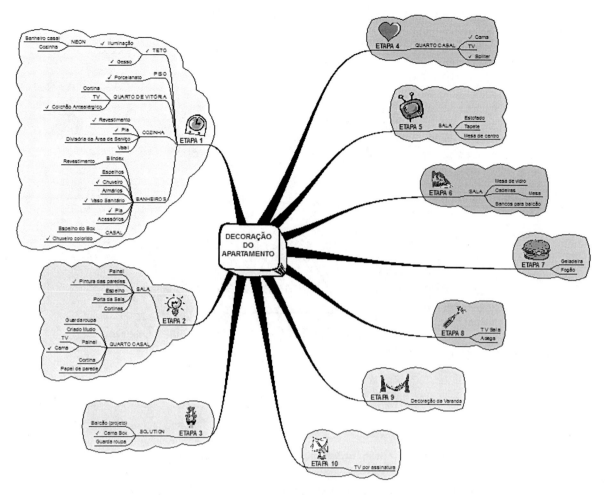

Figura 334 – Mapa mental para organização de apartamento – versão 2

Você concorda que a primeira versão está mais simples? É claro, ele não prevê todas as necessidades, como o mapa mental da versão 2. A solução aqui, para não deixar o mapa confuso com tal quantidade de informação, seria dividir os trabalhos em etapas e um mapa mental para tratar especificamente de cada uma delas, pois, assim, o volume de informação, além de ser menor, geraria mapas menos complexos, como o da primeira versão.

Sempre que for construir um mapa mental, leve em consideração a quantidade de informações que nele será registrada. Tente evitar que o mapa fique confuso e difícil de se ler devido ao volume de dados ali contidos.

Ordem de leitura das informações

Assim como devemos ter bom-senso sobre a quantidade de informações registradas em um mapa mental, também devemos observar a ordem em que as informações estão sendo registradas.

Nossa sugestão é que as informações sejam registradas no sentido horário, da esquerda para a direita.

O próximo mapa mental refere-se a uma palestra que aborda o tema Ecossistema. Observe que, neste caso, além das informações serem escritas conforme a sugestão dada anteriormente, o autor deixou claro, através da utilização de números, a ordem na qual as informações deverão ser apresentadas. Observe também que o mesmo autor estabeleceu um relacionamento entre os itens "Descobrir" e "Adaptação" e entre "4 – Terra" e "1 – Sistema".

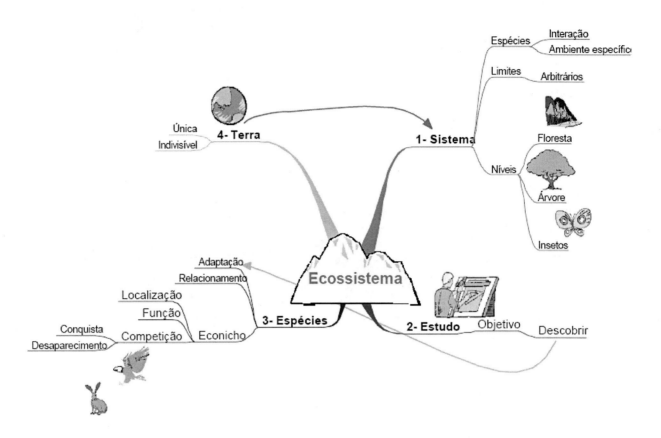

Figura 335 – Mapa mental com ordem das informações organizadas por números[4]

Quantas folhas de papel seriam necessárias para organizar essa palestra? Quantos rascunhos, anotações, lembretes seriam necessários para mostrar o roteiro da apresentação? Com uma única folha, foi possível organizar todo o assunto de forma simples e agradável.

Considere também a ordem cronológica em que elas podem acontecer. Por exemplo: no mês de maio será realizado um curso abordando o tema "Projetos na Área de Engenharia Civil", no mês junho será realizado um treinamento que irá tratar sobre o tema "Planejamento Estratégico" e para o mês de agosto, uma palestra sobre "Governança de TI".

Os temas discutidos foram organizados em um mapa, em ordem cronológica.

Figura 336 – Mapa mental da reunião com a professora Mariana

---

4 Autor desconhecido.

As perguntas a serem feitas aqui são as mesmas apresentadas anteriormente: quantas folhas de papel seriam necessárias para organizar a ordem dos assuntos para essa reunião? Quantos rascunhos, anotações, lembretes seriam necessários? Com uma única folha, foi possível organizar os assuntos a serem discutidos.

Letras

Aqui entra em questão uma boa prática para a visualização das informações nos mapas mentais.

Sempre que houver um item com outros itens que originem deste, um item "pai" com itens "filhos", ou um tópico com outros subtópicos, coloque este, o tópico, em letra maiúscula e os subtópicos em letra minúscula. Isso irá ajudar consideravelmente a organizar de forma visual as informações contidas no seu mapa mental.

O próximo mapa mental apresentado é um exemplo da aplicação dessa boa prática.

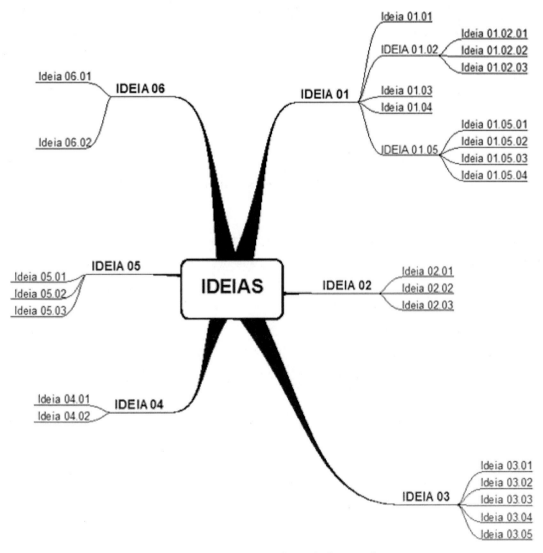

Figura 337 – Mapa mental com ênfase nas letras

O mapa mental mostrado a seguir refere-se à utilização da solução corporativa Microsoft Project Server. Veja a aplicação da boa prática que estamos apresentando agora.

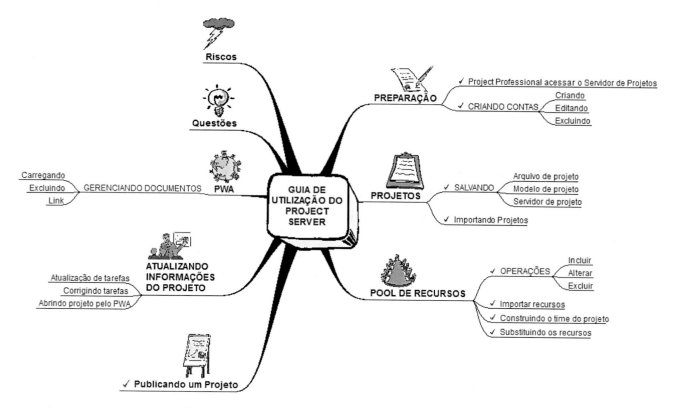

Figura 338 – Guia de utilização do Microsoft Project Server

Perceba que os tópicos "PREPARAÇÃO", "PROJETOS", "POOL DE RECURSOS", "ATUALIZANDO INFORMAÇÕES DO PROJETO" e "PWA" estão em letra maiúscula por terem subtópicos.

O mesmo não acontece com os tópicos "Publicando um Projeto", "Questões" e "Riscos" porque estes são tópicos que não possuem nenhum subtópico.

Observe também que os subtópicos "CRIANDO CONTAS", "SALVANDO" e "OPERAÇÕES", assim como os tópicos, estão em letra maiúscula, isso porque eles possuem itens, outros subtópicos, dentro deles.

O próximo mapa mental apresenta um exemplo de *Balanced Scorecard* (BSC).

Capítulo 9. Boas práticas para o desenvolvimento de mapas mentais 255

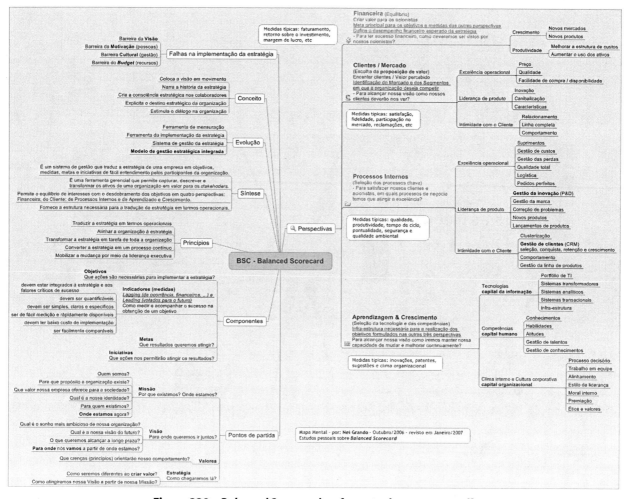

Figura 339 – *Balanced Scorecard* no formato de mapa mental[5]

Perceba que, neste exemplo, não existe o destaque da letra maiúscula para os itens principais do mapa mental. Podemos observar que os subtópicos, assim como os tópicos, estão escritos em letra minúscula, porém foram destacados com cores e negrito – o que ajuda muito na visualização das informações.

Figuras

As figuras têm um papel importante no desenvolvimento dos mapas mentais, pois, além de deixarem os mapas mais interessantes de serem lidos, elas ajudam a transmitir ideias e a destacar um determinado item, facilitando a compreensão dos assuntos a serem estudados.

Por outro lado, se não houver um bom-senso quanto ao tipo e à quantidade de figuras a serem utilizadas, o mapa mental poderá ficar "poluído" devido ao excesso de imagens e símbolos.

O próximo mapa apresenta um exemplo onde existe um excesso de imagens e símbolos que acaba por dificultar a leitura do mapa mental.

---

5 Autor: Nei Grando.

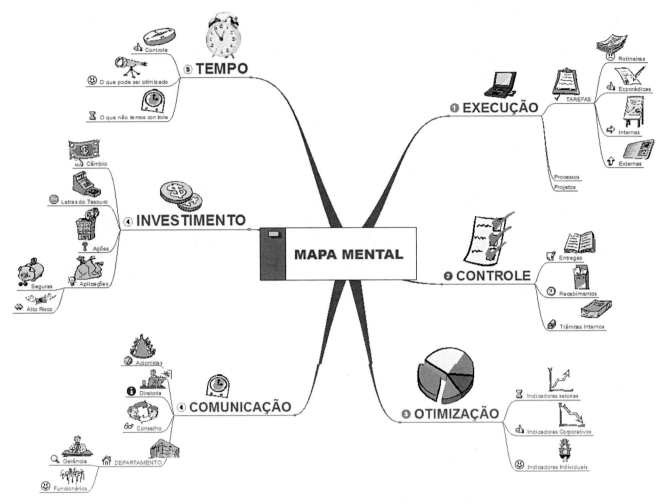

Figura 340 – Mapa mental com excesso de figuras e símbolos

A regra é simples: quem destaca muito na verdade não destaca nada!

O que realmente precisa ser evidenciado no mapa mental? Qual é o desenho, ou símbolo, que melhor transmitirá a ideia?

Perguntas como essas devem estar em mente quando formos elaborar o mapa mental e utilizar os recursos de imagens, figuras e símbolos. Caso contrário, poderemos gerar uma "poluição" visual.

Nossa dica é aplicar as figuras quando os itens tiverem outros itens dentro (tópicos e subtópicos).

O próximo mapa mental apresentado é um exemplo de uma boa aplicação de figuras.

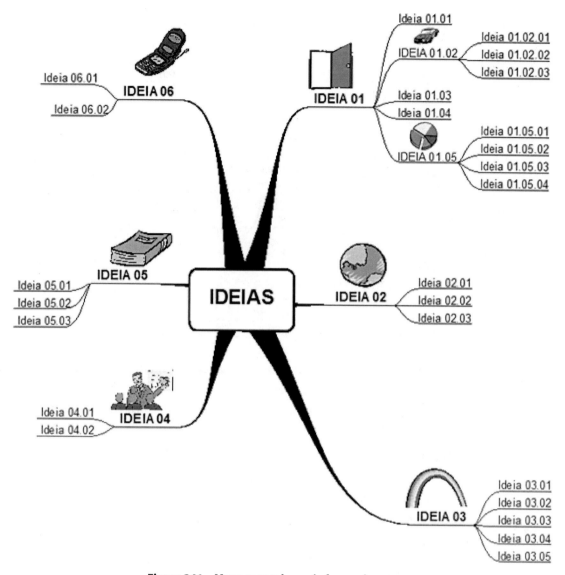

Figura 341 – Mapa mental com ênfase as imagens

Perceba que, neste mapa mental, os tópicos "IDEIA 01", "IDEIA 02", "IDEIA 03", "IDEIA 04", "IDEIA 05" e "IDEIA 06" e os subtópicos "IDEIA 01.02" e "IDEIA 01.05" estão com imagens, pois todos esses itens possuem subitens dentro.

Informações extensas

A ideia de utilizar mapa mental é registrar poucos dados, sintetizar ideias e colocar palavras-chave para que, quando houver necessidade, podermos recuperar as informações.

Esta é a boa prática que queremos que você desenvolva, um mapa mental com "pistas" que o ajudam a recuperar informações necessárias.

A figura mostrada a seguir é um exemplo de um mapa mental que deve ser evitado, por ter textos muito longos, o que complica a sua leitura e compreensão.

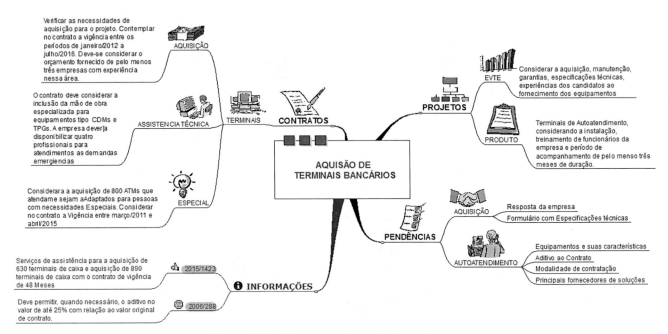

Figura 342 – Mapa mental com textos extensos

Um mapa mental como este mostrado anteriormente irá mais complicar do que ajudar você, seja qual for o assunto abordado. Toda vez que olhar para ele, ou consultá-lo, terá de parar por alguns instantes e ler o que está escrito nos textos registrados, situação que poderia não ficar bem para o caso de uma palestra, apresentação de um trabalho ou uma conferência, onde precisamos demonstrar domínio sobre o que está sendo dito.

E quais são as palavras-chave que devem ser colocadas no mapa mental?

A melhor resposta para isso pode vir com o tempo e com a prática. Na medida em que for desenvolvendo os seus mapas mentais, você passará a identificar as palavras que são "chave" para um determinado assunto.

Utilize termos com os quais as pessoas estejam familiarizadas. Lembre-se que aquilo que é fácil e lógico para você poderá não ser para outra pessoa.

O mapa mental mostrado a seguir, referente a um final de semana na serra, é uma sugestão de como utilizar palavras-chave e figuras para representar aquilo que precisa ser feito ou lembrado.

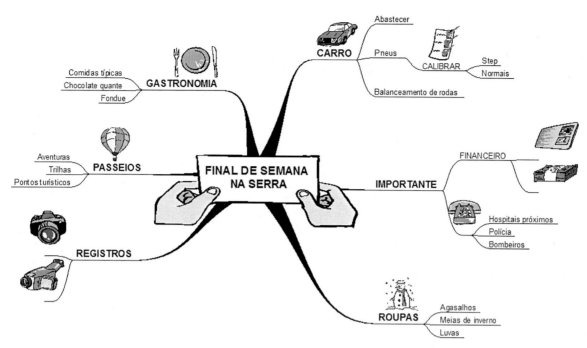

Figura 343 – Mapa mental com a ideia de um final de semana na serra

A seguir, o resumo das boas práticas que acabamos de ver.

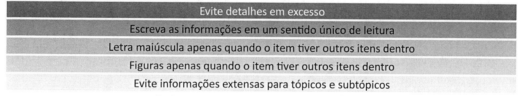

Evite detalhes em excesso
Escreva as informações em um sentido único de leitura
Letra maiúscula apenas quando o item tiver outros itens dentro
Figuras apenas quando o item tiver outros itens dentro
Evite informações extensas para tópicos e subtópicos

Tabela 20 – Boas práticas na forma de tabela

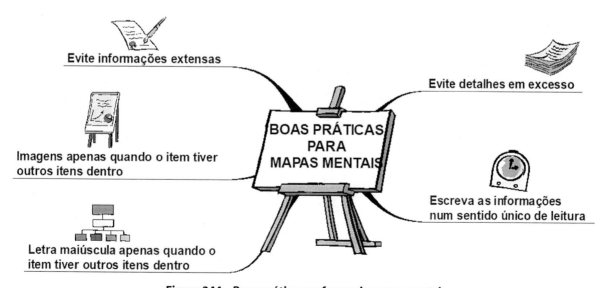

Figura 344 – Boas práticas na forma de mapa mental

Não é obrigatório o uso das boas práticas, mas a aplicação delas pode ajudar a organizar melhor as informações nos mapas mentais, facilitando assim o entendimento e a compreensão das outras pessoas.

Capítulo 10. Sugestões de mapas mentais

Neste capítulo iremos estudar:
- Mapa mental com lista das ações diárias.
- Exemplo de mapa mental para um passeio de final de semana e férias.
- Exemplos de mapas mentais para portfólio, programa e projeto.
- Mapas mentais para organizar a rede de relacionamentos.
- Mapa mental para instalação de um software.
- Mapas mentais para estudantes.

O quanto os mapas mentais podem nos ajudar? Quais são as facilidades que podemos obter ao utilizá-los? Nos estudos, em reuniões, no planejamento, na apresentação de ideias, em nossa vida pessoal e profissional, muitas são as oportunidades em que podemos aplicá-los.
Aqui, iremos compartilhar diversas dicas, sugestões e exemplos de mapas mentais que certamente serão úteis para você.

No decorrer deste livro buscamos apresentar os diversos recursos que os mapas mentais oferecem.

Para entender o conteúdo que será apresentado neste capítulo é indispensável que você tenha lido e realizado os exercícios e exemplos passo a passo de pelo menos uma das ferramentas computacionais mencionadas anteriormente.

Caso você não tenha realizado os exercícios e exemplos passo a passo, para maior entendimento e benefício, escolha uma das ferramentas e siga as orientações dadas.

Exemplo de mapas mentais

A seguir, compartilharemos diversas sugestões de mapas mentais.

Os exemplos aqui apresentados são dos mais diversos assuntos, pois a ideia é mostrar para você que os mapas mentais podem nos ajudar nas mais variadas situações.

Todos os arquivos referentes aos exemplos de mapas mentais mostrados a seguir poderão ser baixados diretamente no site do autor.

Acesse o endereço <www.germanofenner.com.br/mapa-mental/> e clique no *link* **Sugestões de mapas mentais** para fazer *download* dos exemplos aqui compartilhados.

No site, existe um arquivo compactado no formato .ZIP, com tamanho de 2,90 MB, intitulado Sugestões_de_Mapas_Mentais. Após a conclusão do *download* e a descompactação do arquivo zipado, serão gerados todos os exemplos.

Dando continuidade à organização do conteúdo a ser estudado, orientamos você a criar uma subpasta intitulada **Sugestões de Mapas Mentais** para armazenar todo o material relacionado.

Em nosso exemplo, criamos na unidade "C:\" do computador, dentro da já criada pasta **Mapas Mentais**, a subpasta **Sugestões de Mapas Mentais**.

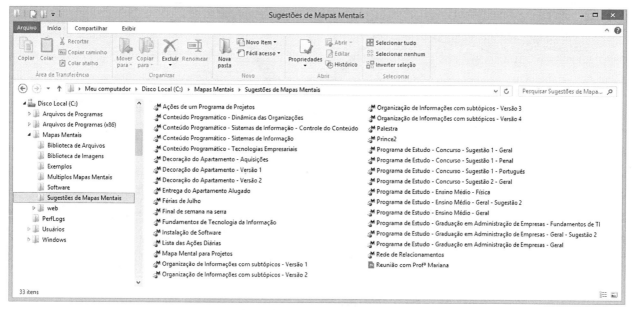

Figura 345 – Descompactação do arquivo Sugestões_de_Mapas_Mentais

São mais de vinte modelos de mapas mentais nos mais variados cenários, tais como uma lista de ações diárias, a entrega de um apartamento alugado, a decoração de uma casa, uma viagem para a serra, reunião de negócios, etc.

Alguns exemplos foram disponibilizados apenas como imagem, pois os seus autores, aqueles que criaram o mapa mental, autorizaram apenas essa forma de compartilhamento com os leitores.

Se você quiser compartilhar algum mapa mental que tenha desenvolvido para uma determinada situação, você poderá enviá-lo diretamente ao autor para o seguinte endereço eletrônico: <leitor@germanofenner.com>.br.

Lista de ações diárias

O que você precisa fazer hoje?

A pergunta parece ser simples, não acha? Mas não para uma pessoa que esteja sobrecarregada de trabalho com tarefas críticas que precisam ser concluídas num determinado período de tempo!

Você já passou pela situação de chegar em seu local de trabalho e não saber por onde começar a executar suas tarefas diárias? Ou tentar fazer várias coisas ao mesmo tempo porque todas as atividades são importantes? Ou, ainda, começar uma ação, não conseguir concluí-la e passar para a próxima atividade? Essas situações são mais comuns do que imaginamos.

O mapa mental a seguir exemplifica uma sequência de atividades a serem executadas no decorrer do dia.

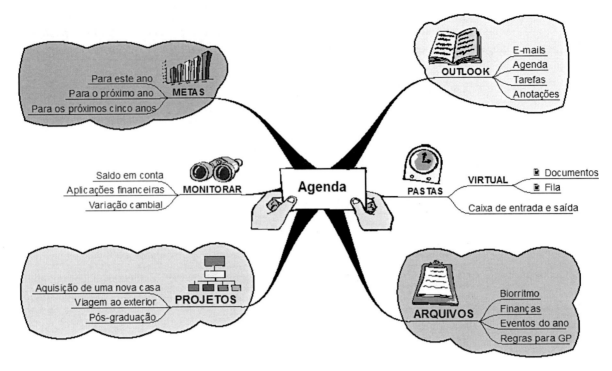

Figura 346 – Exemplo de mapa mental com lista das ações diárias

A utilização deste modelo permite estabelecer uma disciplina diária sobre o que deve ser realizado no decorrer do dia, evitando assim que alguma atividade seja esquecida.

 Não utilize mapas mentais para situações onde as mudanças das informações são diárias.

Observe que o exemplo anterior de mapa mental se refere exclusivamente às ações que acontecem todos os dias. Independentemente de ser segunda-feira ou sexta-feira, será necessário checar a caixa postal de e-mails, verificar as pastas, consultar o saldo bancário, etc.

O mesmo exemplo não seria adequado para controlar uma agenda de compromissos, onde reuniões são marcadas em diferentes dias e horários. Situações como essas poderão ser mais bem organizadas e controladas com a ajuda de softwares específicos para agenda, como o Microsoft Outlook, o Google Calendar, entre outros.

 Arquivo utilizado para este exemplo:
Pasta: [Unidade]:\ Exemplos de mapas mentais\
Lista das Ações Diárias

Férias

Período de férias, quem não gosta?

Talvez você, caro leitor, seja um felizardo que nunca teve aquela experiência de estar na fila de embarque para o avião, navio, ônibus ou trem e lembrar que algo importante não foi colocado na mala. Voltar implica em perder a viagem, e, assim sendo, a única alternativa é embarcar sem aquilo que foi esquecido.

O exemplo apresentado a seguir mostra a situação de uma família que pretende conhecer algumas cidades do Brasil. Esta família reside numa cidade localizada na região nordeste, local de clima quente, e o destino de suas férias será a região sul, onde, a depender da época do ano, as temperaturas podem ser bastante baixas. Portanto, o destino selecionado implica na escolha de vestuário apropriado para a ocasião.

O próximo mapa mental apresenta uma proposta de planejamento para essas férias.

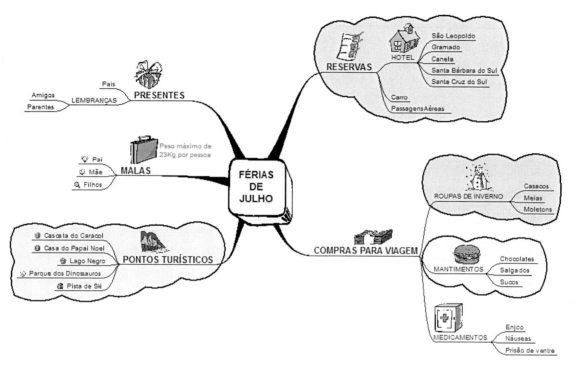

Figura 347 – Exemplo de mapa mental para férias

A escolha de roupas adequadas para aquela região é apenas um dos itens que devem ser observados, pois temos também a compras de passagens aéreas, reserva de hotel e carro, etc.

Devemos considerar também quais pontos turísticos queremos conhecer, quais cidades desejamos visitar, quais restrições existem (por exemplo, o limite de peso da bagagem).

Amigos e parentes podem ficar na expectativa de receber alguma lembrança do passeio que será realizado.

Outro ponto importante é a alimentação, pois o organismo de algum dos membros da família pode estranhar as refeições disponíveis. A depender do que for consumido, o organismo pode responder na forma de uma dor de barriga, um mal-estar ou um enjoo que poderá durar horas, experiência que com certeza todos querem evitar durante uma viagem de férias.

Para nossa alegria, todos esses pontos foram considerados no mapa mental que a família elaborou.

Arquivo utilizado para este exemplo:
Férias de Julho

Ações do portfólio de projetos

O exemplo apresentado a seguir se refere às ações de um portfólio de projetos. Portfólio de projetos são todos os projetos da empresa, que podem estar em execução ou temporariamente suspensos.

Profissionais como os gerentes de projetos, mais especificamente os que trabalham no escritório de projetos, ou PMO (*Project Management Office*), conhecem bem essa realidade.

Autorização de projeto, geração do código de identificação, verificação de documentação, tais como o Termo de Abertura do Projeto (TAP), roteiro e aprovação, nomeação do gerente de projetos que será o responsável pela condução dos trabalhos, controle e monitoramento da evolução dos resultados, controle dos prazos, reuniões de status do portfólio, geração de resultados, suspensão ou cancelamento do projeto, etc. são algumas das diversas ações que existem para esse tipo de cenário.

A proposta do mapa mental apresentado a seguir é registrar todas as ações necessárias para o funcionamento do portfólio de projetos.

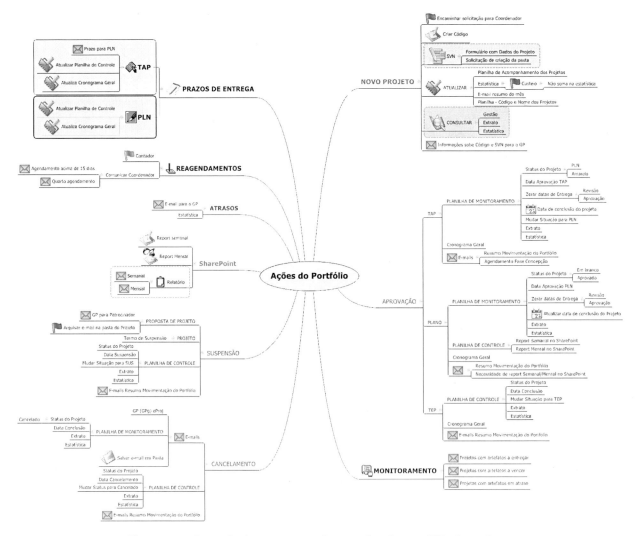

Figura 348 – Exemplo de mapa mental com ações do portfólio de projetos

As ações listadas são sugestões, pois elas poderão variar de PMO para PMO. Fatores como o tempo de existência do escritório dentro da empresa, o nível de maturidade da organização em gerenciamento de projetos e a cultura relacionada ao planejamento poderão influenciar consideravelmente na quantidade e diversidade das ações do portfólio.

Aqui apresentamos um mapa mental com as ações do portfólio de projetos, mas o mapa poderia conter o portfólio de produtos da organização ou, em vez de relacionar as ações, mostrar os projetos que atualmente estão em execução.

Use sua imaginação e criatividade para, se for o caso, adequar essa dica à necessidade da sua empresa.

 Exemplo disponível em formato imagem.

Programa de projetos

Existem situações em que o trabalho demanda um planejamento minucioso para aumentar as chances de obter sucesso. Mas, às vezes, o trabalho é tão complexo e extenso que será necessário dois ou mais projetos para atingir um objetivo. Quando isso acontece, temos um programa de projetos.

O próximo mapa mental apresenta um programa com seus projetos relacionados.

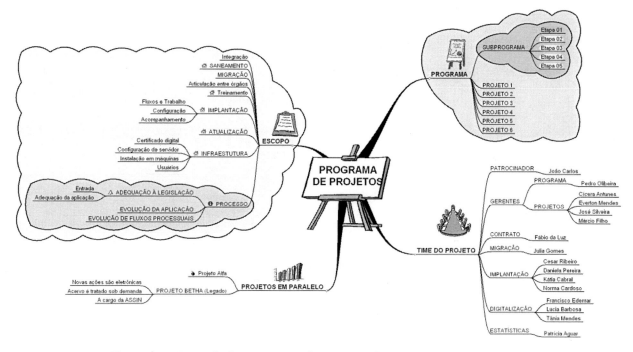

Figura 349 – Exemplo de mapa mental com ações de um programa de projetos

As ações descritas anteriormente são sugestões que poderão variar de programa para programa. Fatores como o nível de maturidade da organização em gerenciamento de projetos e a cultura relacionada ao planejamento poderão influenciar consideravelmente na quantidade e diversidade das ações do programa.

266 Mapas Mentais

Arquivo utilizado para este exemplo:
Ações de um Programa de Projetos

Projetos

Imagine que você é o responsável por quatro projetos: Projeto "Alfa", Projeto "Beta", Projeto "Gama" e o Projeto "Ômega". Cada projeto possui particularidades, desafios e pontos de atenção. O mapa mental a seguir sintetiza os principais assuntos de cada projeto em uma única folha, sem prejuízo para as principais informações.

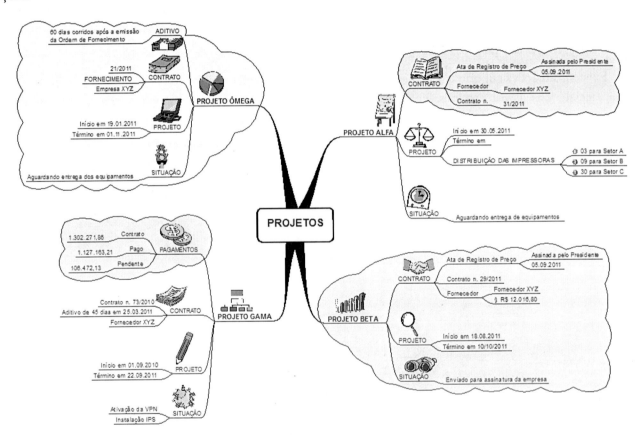

Figura 350 – Exemplo de mapa mental para projetos

No exemplo, listamos quatro projetos, mas, a depender da quantidade de projetos e das informações a serem exibidas, é possível fazer mais de um mapa mental, facilitando assim a visualização dos dados.

Arquivo utilizado para este exemplo:
Mapa Mental para Projetos

Rede de relacionamentos

Foi-se o tempo em que nossos relacionamentos eram apenas formados por familiares, parentes, pessoas próximas e, quando muito, algum amigo distante. A internet nos permite ultrapassar as fronteiras entre países e até entre continentes. Através das redes de relacionamentos, nos conectamos com pessoas de diferentes culturas. Comunidades virtuais unem pessoas com interesses em comum, criando assim uma rede de relacionamento entre diferentes tipos de pessoas.

Você já pensou qual o tamanho da sua rede de relacionamentos?

Pense em seus pais, familiares, amigos, colegas de aula, colegas de trabalho, as pessoas que possuem um *hobby* em comum com você, as comunidades virtuais de que você participa. É bastante gente, não acha? O próximo exemplo mostra um mapa mental que organiza uma rede de relacionamentos.

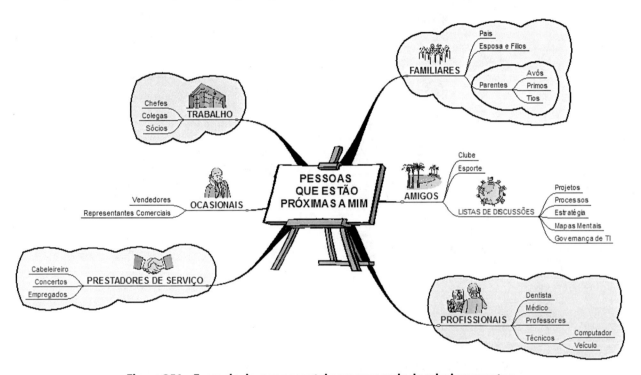

Figura 351 – Exemplo de mapa mental para uma rede de relacionamentos

Com a internet cada vez mais acessível e com a incrível quantidade de grupos de discussão que circulam na rede, é comum as pessoas perderem a noção da quantidade de comunidades que participam ou estão filiadas.

Você poderá desenvolver um mapa mental para organizar a sua rede de relacionamentos, para saber em quais comunidades está cadastrado e para listar as pessoas que estão próximas a você.

Arquivo utilizado para este exemplo:
Mapa Mental para Projetos

Utilização de software

O próximo exemplo de mapa mental será muito útil para os profissionais que trabalham com Tecnologia da Informação (TI).

Instalação de redes e sistemas, configurações de servidores e migração de versões de softwares são alguns dos exemplos de trabalhos que os profissionais da área de TI costumam realizar. Há situações em que o trabalho tem tamanho nível de complexidade que, para evitar problemas e diminuir riscos, eles são realizados no período da madrugada, em feriados ou finais de semana. Então por que não utilizar um mapa mental para organizar tudo o que deve ser feito? É isso que o próximo mapa mental apresenta, pois ele trata do cenário de implantação do programa Microsoft Project Server. Quem conhece sabe da quantidade de detalhe que existe nesse tipo de trabalho.

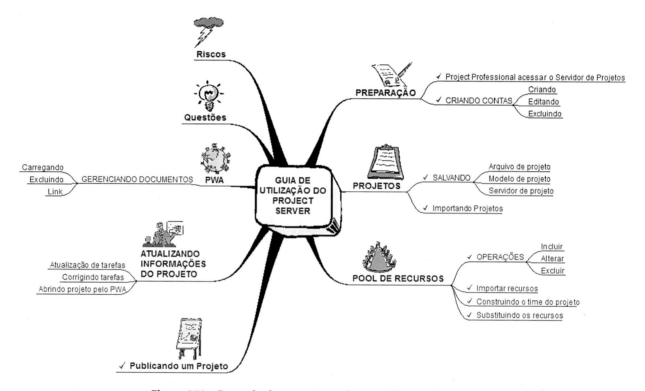

Figura 352 – Exemplo de mapa mental para utilização de software

Uma característica dos projetos de TI é que eles são complexos e poderão variar de empresa para empresa, pois cada organização possui as suas particularidades. O mapa mental anterior lista algumas particularidades próprias da solução Microsoft Project Server que são diferentes das de uma instalação de um banco de dados, de um software de ERP (*Enterprise Resource Planning*) ou de um sistema operacional. Cada tipo de produto terá suas particularidades, que poderão ser registradas no mapa mental.

Todo profissional de TI sabe que, quanto mais bem documentado for um projeto, maiores serão as chances de sucesso. No caso de um imprevisto, a documentação poderá ser fundamental para uma solução. Além disso, no futuro, outros projetos precisarão consultar o que está sendo realizado hoje, daí a importância de registrarmos os detalhes e as particularidades de tudo o que está sendo feito.

Um mapa mental poderá ser de enorme ajuda para a documentação. Você poderá criar um mapa exclusivo, caso necessário, para registrar tudo o que for específico do trabalho que se está realizando. Como lidamos com uma grande quantidade de trabalhos, projetos, tarefas e atividades, temos uma tendência natural de esquecer as coisas. Portanto, utilize os mapas mentais para registrar tudo aquilo que possa ser importante no futuro. A pessoa que irá precisar da informação poderá ser você!

Arquivo utilizado para este exemplo:
Instalação de Software

Exemplo para palestra

Você já presenciou um palestrante que começa a folhear os papéis com as suas anotações e de repente fica perdido, procurando em quais das folhas uma informação se encontra? Já presenciei situações onde o orador precisou interromper o seu discurso até ter certeza de que encontrou a informação que estava a buscar. Para evitarmos situações como essas, o próximo exemplo sugere um mapa mental para organizar os assuntos abordados em uma determinada palestra.

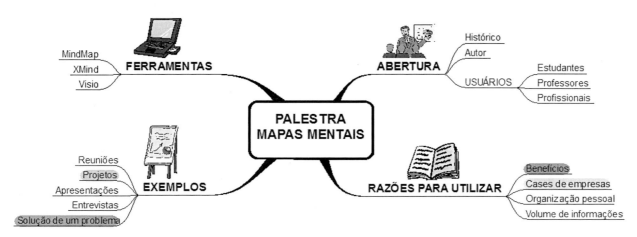

Figura 353 – Exemplo de mapa mental para palestra

Em vez de você utilizar diversas folhas, poderá resumir os assuntos em um único mapa mental, evitando assim folhear diversas páginas com anotações.

Arquivo utilizado para este exemplo:
Palestra

PRINCE2®

O exemplo mostrado a seguir se refere ao modelo britânico para gerenciamento de projetos, o PRINCE2®. O mapa apresenta uma visão geral considerando os processos, princípios e temas que compõem a metodologia, formando assim um *framework* completo para projetos.

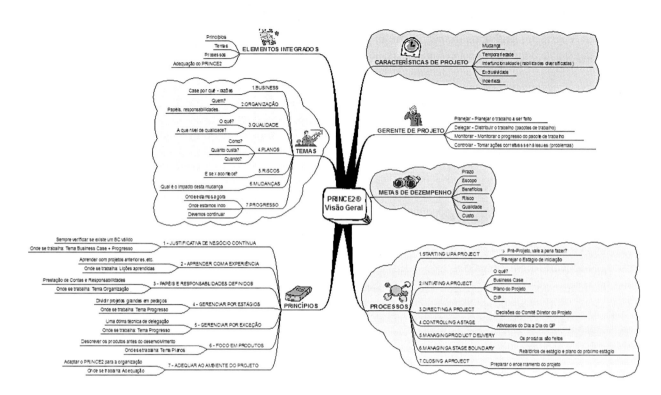

Figura 354 – Exemplo de mapa mental do modelo britânico PRINCE2®

Arquivo utilizado para este exemplo:
PRINCE2

Apartamento

Os próximos exemplos tratam da desapropriação de um imóvel alugado e da mudança para um novo apartamento.

Apartamento – Entrega de imóvel alugado

O exemplo a seguir possui algumas características bem peculiares para esse cenário. O locador, antes de devolver o imóvel para a imobiliária, deverá fazer as seguintes reformas:

- No quarto de casal, existe a necessidade de fazer reparos na cortina do quarto, consertar uma moldura que fica ao redor do aparelho de ar-condicionado, substituir alguns puxadores de gaveta, trocar lâmpadas e realizar uma pintura.
- Quarto de estudos, quarto da criança e sala de estar também necessitam de uma nova pintura, substituição de lâmpadas e puxadores para portas e gavetas.
- Na cozinha, existe a necessidade de ajustes no balcão da pia e conserto da corda do varal de roupas.
- Para a desocupação do imóvel, será necessário contratar os serviços de uma empresa de mudança.

- Antes de entregar a chave do imóvel, os serviços de energia elétrica e internet terão de ser cancelados, e existe a necessidade de conseguir certidões negativas de débito relacionadas a condomínio e também para energia elétrica.
- Após o aceite das chaves por parte da imobiliária, não haverá mais pendências e será possível resgatar o valor referente a um seguro que foi dado como garantia para locação do imóvel.

Muitas tarefas para a entrega do imóvel, não acha? Todas elas estão representadas no mapa mental mostrado a seguir.

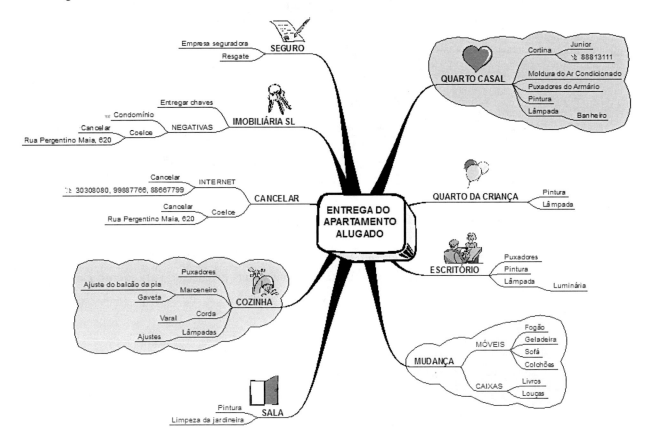

Figura 355 – Exemplo de mapa mental para entrega de apartamento alugado

Entregas de imóveis alugados poderão ser simples ou complexas, a depender do estado do imóvel, do tempo de existência, das condições de conservação, etc. Independentemente de qual seja o cenário, a utilização de um mapa mental poderá fazer a diferença na organização dos trabalhos a serem realizados.

Arquivo utilizado para este exemplo:
Entrega do Apartamento Alugado

Apartamento – Aquisições

Se por um lado o apartamento alugado está sendo entregue, deve-se pensar na situação do novo apartamento onde se irá morar. Apartamento novo, vida nova e desafios novos também!

O próximo mapa mental mostra um esboço inicial sobre o que deverá ser adquirido para a nova moradia.

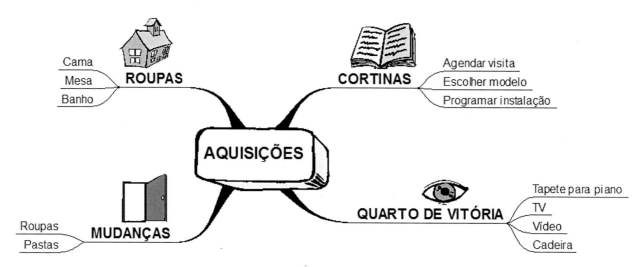

Figura 356 – Exemplo de mapa mental com o planejamento de aquisições

Este mapa mental é o resultado de um levantamento inicial sobre o que será necessário para a nova casa, mas quem já viveu essa situação sabe bem que serão necessárias várias discussões para identificar as necessidades para o novo lar.

Arquivo utilizado para este exemplo:
Decoração do Apartamento – Aquisições

Apartamento – Organização – Versão 1

Conforme comentamos anteriormente, serão necessárias várias discussões para identificar as necessidades para o novo lar. À medida que as ideias vão sendo debatidas, novas necessidades vão sendo identificadas. O próximo mapa mental é o resultado dessa evolução!

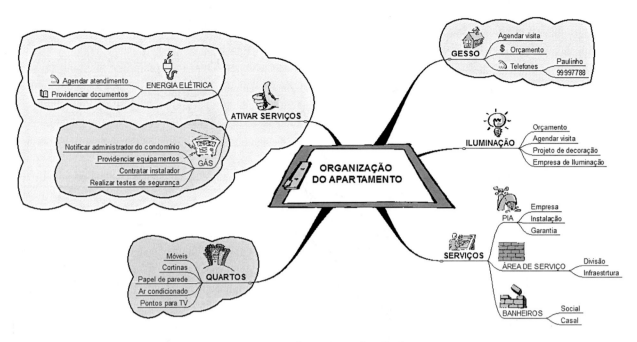

Figura 357 – Mapa mental para organização de apartamento

Perceba que houve uma evolução considerável se comparado com o mapa mental anterior, a começar pelo nome que antes era "AQUISIÇÕES" e agora passou a se chamar "ORGANIZAÇÃO DO APARTAMENTO".

Arquivo utilizado para este exemplo:
Decoração do Apartamento – Versão 1

Deve-se ter cuidado, pois o surgimento de novas ideias, se misturadas ao entusiasmo das pessoas envolvidas, pode fazer com que o excesso de informações polua o mapa. E foi exatamente isso que aconteceu com o mapa mental "ORGANIZAÇÃO DO APARTAMENTO" que será mostrado a seguir.

Apartamento – Organização – Versão 2

O exemplo a seguir já foi mostrado anteriormente quando apresentamos algumas boas práticas para construção de mapas mentais. O próximo mapa é o resultado da evolução do mapa anterior, pois aqui a família, além de pensar nas aquisições, também está prevendo a decoração e disponibilização de serviços como ligação do gás e da energia elétrica. Veja o exemplo.

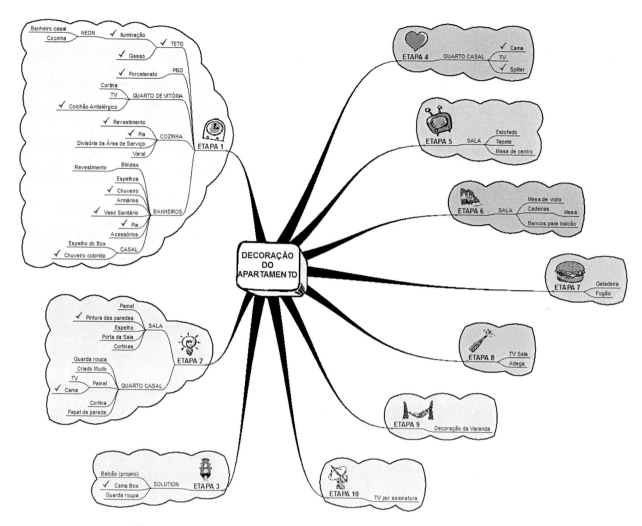

Figura 358 – Mapa mental para organização de apartamento – versão 2

Mais itens foram incluídos e novas necessidades foram identificadas para o apartamento. Na medida em que esse processo vai acontecendo, deve-se ter o cuidado para o mapa mental não ficar complexo, dificultando o seu entendimento e leitura. Quando isso acontecer, avalie a alternativa de organizar a informação em mais mapas mentais. Lembre-se do Capítulo 9, onde apresentamos as boas práticas.

Arquivo utilizado para este exemplo:
Decoração do Apartamento – Versão 2

Conteúdo programático para aulas

Quem é professor vai se interessar pelos próximos mapas mentais, pois eles apresentam o conteúdo programático de disciplinas acadêmicas.

As propostas mostradas a seguir apresentam o conteúdo programático que será desenvolvido ao longo do semestre. Esses exemplos também podem ser adaptados para cursos de pós-graduação ou um treinamento com algumas horas de duração.

O primeiro exemplo que apresentamos de mapa mental é para a disciplina de dinâmica das organizações.

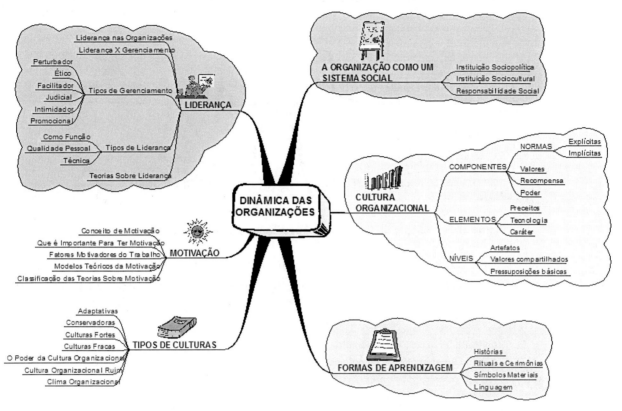

Figura 359 – Exemplo de mapa mental para aula – dinâmica das organizações

Este exemplo pode ser apresentado no primeiro dia de aula como forma de mostrar aos alunos tudo o que será visto no decorrer da disciplina.

Arquivo utilizado para este exemplo:
Conteúdo Programático – Dinâmica das Organizações

O segundo exemplo que apresentamos de mapa mental é para a disciplina de tecnologias empresariais.

Figura 360 – Exemplo de mapa mental para aula – tecnologias empresariais

Para chamar a sua atenção, propositalmente não colocamos o nome da disciplina na ideia central do mapa. Se não tiver um *slide* referenciando qual é a disciplina, o melhor será registrar o nome desta na ideia central.

Arquivo utilizado para este exemplo:
Conteúdo Programático – Tecnologias Empresariais

O terceiro exemplo que apresentamos de mapa mental é para a disciplina de sistemas de informação.

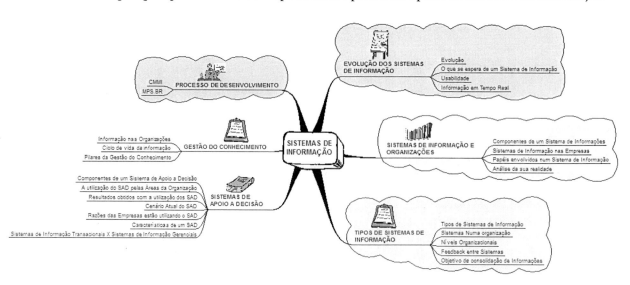

Figura 361 – Exemplo de mapa mental para aula – sistemas de informação

Conforme comentado anteriormente, esses exemplos podem ser apresentados no primeiro dia de aula como forma de mostrar aos alunos tudo o que será visto no decorrer da disciplina.

Arquivo utilizado para este exemplo:
Conteúdo Programático – Sistemas de Informação

De tempos em tempos você poderá exibir o mapa mental da disciplina destacando os tópicos que já foram vistos. Isso ajudará os alunos a ver a evolução dos trabalhos e do conteúdo ministrado em sala de aula.

Uma forma de fazer isso, por exemplo, é colocar um ícone de controle (✓), um símbolo de *checked*. Veja o mapa mental a seguir.

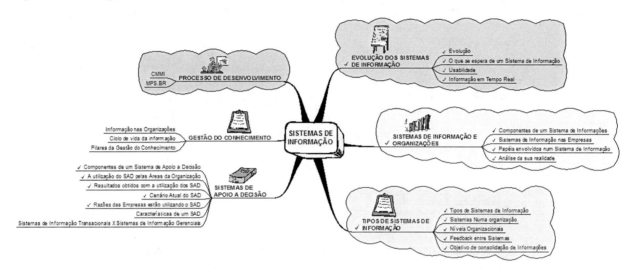

Figura 362 – Exemplo de mapa mental para aula com controle dos tópicos já estudados – versão 1

Neste exemplo, o símbolo de *checked* permite ao aluno distinguir o que já foi visto e o que ainda falta.

Arquivo utilizado para este exemplo:
Conteúdo Programático – Sistemas de Informação – Controle do Conteúdo

Outra alternativa para exibir o mapa mental da disciplina destacando os tópicos que já foram vistos é fazer o oposto: ocultar os itens do mapa. Algumas ferramentas possuem recursos para controle de níveis (**Show Level**, **Level of Detail**). Já em outras, você poderá clicar na extremidade do nome referente ao tópico, onde tem um pequeno círculo com o sinal de menos "-" para ocultar ou mais "+" para expandir.

A próxima figura é um exemplo do uso desse recurso. Veja que nela é mostrado um mapa mental onde é possível visualizar os tópicos e seus subtópicos. Logo a seguir, os tópicos 1 e 2 estão com os subtópicos ocultados.

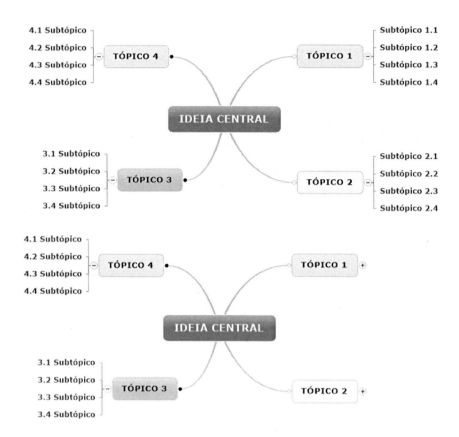

Figura 363 – Comparativo antes e depois de ocultar os subtópicos do mapa mental

Aplicando isso ao mapa mental da disciplina "SISTEMAS DE INFORMAÇÃO", os três primeiros tópicos estão com seus subtópicos ocultados, que, nesse caso, são os conteúdos que já foram estudados.

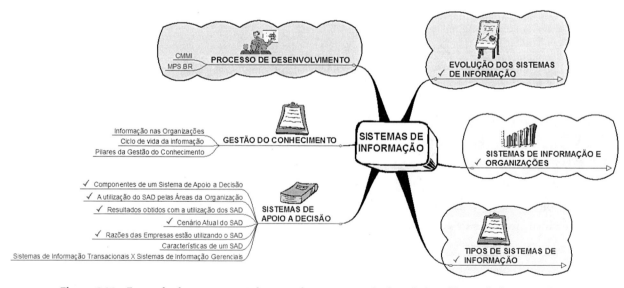

Figura 364 – Exemplo de mapa mental para aula com controle dos tópicos já estudados – versão 2

Esse também é um jeito de mostrar aos alunos aquilo que já foi visto de conteúdo para a disciplina.

Agenda de encontros para curso

Imagine que você irá ministrar um curso, e serão necessários sete encontros. Já imaginou colocar a data e a programação desse curso em um mapa mental? O próximo exemplo é também muito criativo, refere-se a um curso bíblico intitulado "Fortalecendo seu compromisso com Deus". Nesse exemplo, o autor colocou as datas onde os encontros do curso irão acontecer e o conteúdo que será abordado para cada dia do encontro.

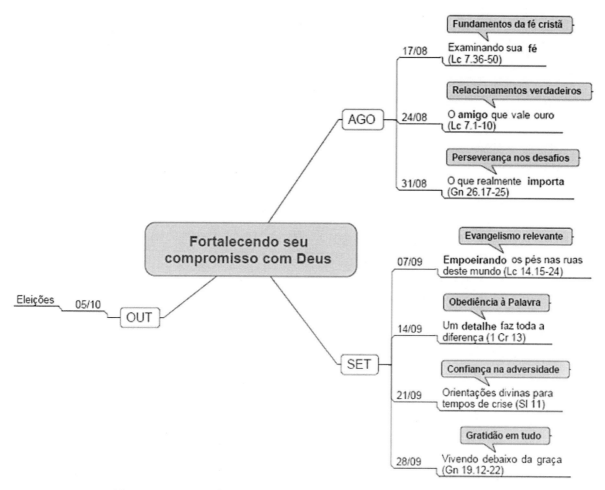

Figura 365 – Exemplo de mapa mental para aula com datas e assuntos

Perceba que o autor[6] considerou o dia de votação no Brasil, evento onde não haveria aula. Se o conteúdo desse mapa fosse escrito da forma tradicional, quantas linhas de texto seriam necessárias? O resultado seria o mesmo?

Com a utilização de mapas mentais, podemos organizar melhor as informações e, se for o caso, dar destaque para aquelas que forem mais importantes.

Livros

É possível resumir livros em mapas mentais? Sim!

---
6 Autor: Fernando de Oliveira Canito Filho.

Mas lembre-se: uma das propostas dos mapas mentais é a sintetização de ideias. Trata-se de colocar palavras, símbolos e imagens que nos ajudem a lembrar no futuro.

O mapa mental apresentado a seguir mostra o resumo referente ao livro "A Arte da Guerra", de Sun Tzu.

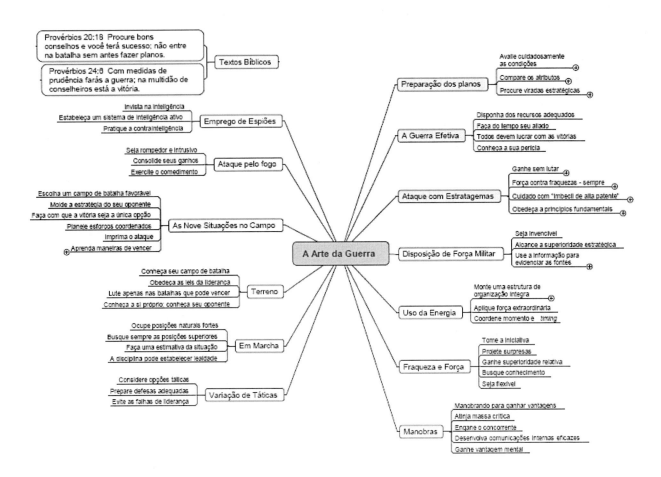

Figura 366 – Mapa mental com resumo do livro "A Arte da Guerra"

Um livro é bastante conteúdo, não acha? Perceba que em algumas extremidades do mapa mental existe um sinal de mais (+) – foi a forma criativa que o autor[7] utilizou para conseguir gerenciar o volume de informações da obra. Se clicar no sinal de mais, outros subtópicos com informações referentes ao livro serão exibidos.

O próximo exemplo também é resumo de um livro: "Os Segredos da Mente Milionária", de T. Harv Eker.

---

7 Autor: Fernando de Oliveira Canito Filho.

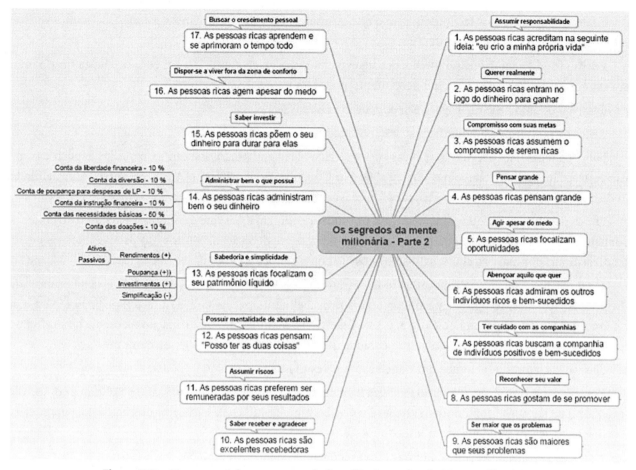

Figura 367 – Mapa mental com resumo do livro "Os Segredos da Mente Milionária"

Neste outro mapa mental, mais uma vez o autor[8] valeu-se de sua criatividade e aqui ele acrescentou informações em notas, recurso que vimos nos exemplos desenvolvidos para MindManager e XMind.

Mapas para estudo

Nesta seção, mostraremos diversos mapas mentais que serão muito úteis para os estudantes.

Daremos sugestões de mapas mentais para concurseiros, para estudantes do ensino fundamental e para graduandos de cursos universitários.

Os exemplos apresentados aqui também poderão ser adaptados para cursos de pós-graduação, treinamentos de curta duração ou qualquer outra situação onde se deseja ter um controle sobre o conteúdo que está sendo estudado.

Antes de continuarmos, vamos falar um pouco sobre o estudante, especificamente o estudante brasileiro.

Infelizmente o aprendizado sempre foi associado a algo chato, difícil e que precisa ser feito. Assim sendo, não é de se estranhar que muitos alunos tenham dificuldade em conseguir aprovação e obter um bom desempenho. O estudo precisa sim ser associado a algo divertido e agradável, pois isso irá influenciar enormemente no desempenho do aluno.

---

8 Autor: Fernando de Oliveira Canito Filho.

É fato que aprendemos facilmente aquilo que gostamos. O oposto também é verdade, pois somos resistentes a estudar aquilo que não nos interessa.

Ensino fundamental, ensino médio, graduação e pós-graduação têm algo em comum: basta tirar a média para ser aprovado! Para concurso público, quanto mais alta for a média, melhor!

Qual é o desafio de estudar para um concurso público?

Antes de pensarmos no desafio, vamos entender um pouco desse cenário!

Num concurso, as perguntas são das mais variadas áreas: alguns possuem as matérias específicas, mas "Português", "Redação", "Raciocínio Lógico", "Direto Constitucional", "Direito Administrativo" e "Atualidades" são disciplinas comuns, exigidas na maioria dos casos. Já é bastante informação.

Outro desafio é conseguir gerenciar todo o volume de informações que é cobrado pelo edital do concurso. A depender da situação, isso poderá levar meses e até anos de dedicação. Muitos são os exemplos de pessoas que persistiram por mais de cinco, seis, sete anos até conseguir a aprovação.

O tempo necessário para ser aprovado irá variar de pessoa para pessoa. Alguém que está há muitos anos sem praticar cálculos, redigir e interpretar textos provavelmente necessitará de um tempo maior para a sua preparação. Mas isso também não é regra, pois o histórico e a solidez de sua formação na escola terá influência nisso. Confiança e autoestima também são características que poderão ajudar enormemente.

São vários fatores que, juntos, influenciarão nos resultados!

Pois bem, o histórico sobre como foi a sua formação no tempo de escola é passado, não temos como voltar atrás. Confiança e autoestima podem ser desenvolvidas e melhoradas. A seguir, vamos ajudá-lo a gerenciar as informações a serem estudadas para um concurso.

Antes de seguirmos adiante, algumas observações:

1. O que será apresentado aqui não se aplica apenas a concursos. Estudantes dos níveis fundamental e médio, graduandos de cursos universitários e estudantes de pós-graduação também podem se beneficiar.
2. As ideias mostradas servem para inspirá-lo. Você poderá melhorar e adaptar o mapa mental conforme a sua necessidade, não existem limites para a imaginação. O importante é que você se beneficie.

Por fim, um conselho aos concurseiros:

> Concurso você não estuda para passar ou até passar. Concurso você estuda até ser chamado para assumir o cargo ao qual se candidatou!

Pense nisso e bons estudos!

Dicas de mapas mentais para concursos – primeira sugestão

O mapa mental mostrado a seguir se refere a um concurso em que o edital considera os conhecimentos em "Língua Portuguesa", "Redação", "Atualidades", "Raciocínio Lógico", "Economia", "Estatística", "Direito Administrativo", "Direito Constitucional", "Direito Penal", "Direito Processual Penal" e "Direito Previdenciário". Então, como organizar isso?

Veja que, no mapa mental, cada disciplina é um tópico. A exceção está para as disciplinas de direito, onde existe um tópico e subtópicos para cada área.

Observe que o tópico "PORTUGUÊS" tem um item diferente dos demais, ele tem a figura (📄) que na verdade é um ícone para chamar outros mapas mentais, recurso que abordamos anteriormente, quando fizemos exercícios com as ferramentas MindManager e XMind.

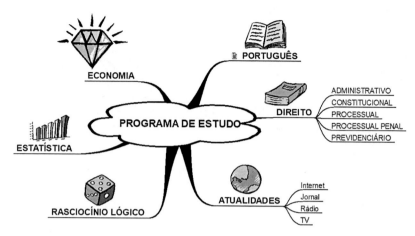

Figura 368 – Mapa mental para concurso – sugestão 1

Arquivo utilizado para este exemplo:
Programa de Estudo – Concurso – Sugestão 1 – Geral

Ao clicar no ícone (📄) do tópico "PORTUGUÊS", será aberto um novo mapa mental que trata especificamente dos conteúdos da disciplina.

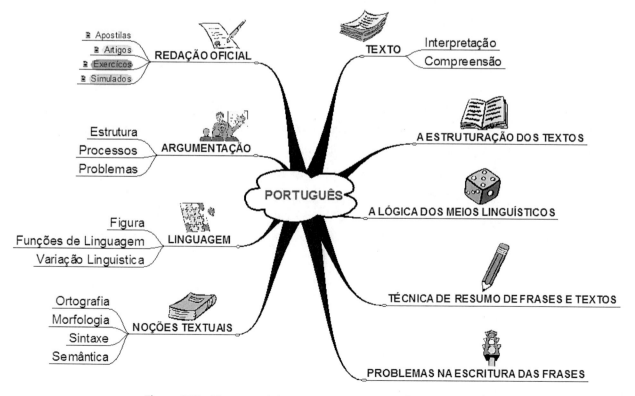

Figura 369 – Mapa mental para concurso – sugestão 1 – português

Todos os tópicos que serão cobrados no concurso estão neste mapa. O que estiver escrito no edital de concurso deve ser referenciado no mapa mental. Observe o tópico "Redação Oficial". Ele possui os subtópicos "Apostila", "Artigos", "Exercícios" e "Simulados", e cada um desses possui o ícone (📄) ao lado, conforme podemos observar na figura a seguir.

Figura 370 – Mapa mental com destaque para o tópico REDAÇÃO OFICIAL

Arquivo utilizado para este exemplo:
Programa de Estudo – Concurso – Sugestão 1 – Português

Você também poderá vincular aos subtópicos videoaulas e arquivos de áudio referentes às aulas que você tenha assistido e gravado. Você poderá vincular qualquer tipo de arquivo, desde que tenha instalado em seu computador o aplicativo correto para utilizá-lo!

Quanto tempo você perde para encontrar uma apostila? Escolher as questões para um determinado tipo de assunto? Localizar o caderno com simulados referentes ao assunto que acabou de estudar?

Essa primeira sugestão foi desenvolvida para situações como essas, pois você abre o mapa mental, seleciona a disciplina e escolhe o tópico que será estudado. Nele, você tem vinculado tudo (apostilas, dicas, artigos, exercícios, simulados, provas de concursos anteriores, arquivos de áudio e vídeo) o que conseguiu juntar durante o tempo de estudo. Você ganhará bastante tempo, não acha?

É claro que dará trabalho para fazer essa organização, mas, em troca desse esforço, estamos falando em trocar minutos de busca acompanhados pela frustação de não encontrar aquilo que se está buscando por três cliques do mouse. Penso que vale a pena. Ao final, será um bom negócio para você!

Veja o próximo mapa mental. Ele reúne os assuntos que serão cobrados sobre a disciplina de direito penal.

Figura 371 – Mapa mental para concurso – sugestão 1 – direito penal

Arquivo utilizado para este exemplo:
Programa de Estudo – Concurso – Sugestão 1 – Penal

Dicas de mapas mentais para estudantes dos ensinos fundamental e médio – primeira sugestão

Assim como para as disciplinas de um concurso público, pode-se também criar mapas mentais com as disciplinas do ano letivo.

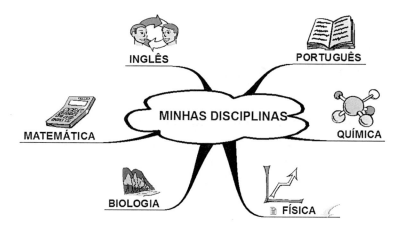

Figura 372 – Mapa mental com disciplinas do ensino médio

Arquivo utilizado para este exemplo:
Programa de Estudo – Ensino Médio – Geral

Cada tópico chamará um mapa mental com assuntos específicos da disciplina selecionada. Assim, o aluno poderá ter uma visão de tudo o que está aprendendo e acesso rápido e fácil às informações.

Se o estudante selecionar o tópico "FÍSICA", ele terá acesso a um novo mapa mental com assuntos relacionados especificamente a essa área, conforme mostrado no exemplo a seguir.

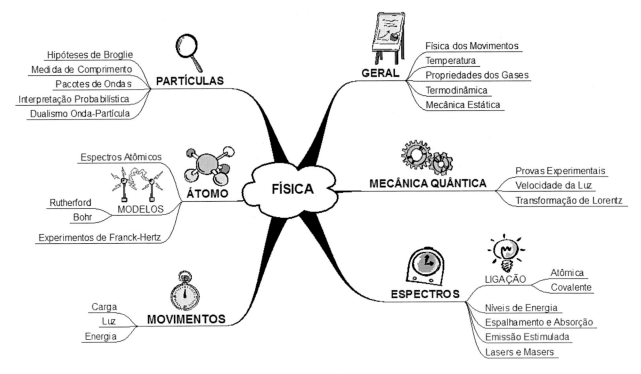

Figura 373 – Mapa mental da disciplina de física

Arquivo utilizado para este exemplo:
Programa de Estudo – Ensino Médio – Física

Vai dar trabalho para elaborar um mapa mental com esse conteúdo? Talvez sim! Mas enriquecer o mapa com informações referentes a uma determinada disciplina também é uma forma de estudar, aprender e memorizar o conteúdo! Outro detalhe importante, e que você deve lembrar sempre, é o fato de posteriormente ter de revisar aquilo que estudou no passado para ser aprovado em uma prova, como, por exemplo, o Enem e o Enade.

Dicas de mapas mentais para estudantes universitários – primeira sugestão

Para os estudantes universitários a dica é a mesma: você pode criar um mapa com as disciplinas do semestre. O mapa mental mostrado a seguir é um exemplo do que estamos falando!

Capítulo 10. Sugestões de mapas mentais 287

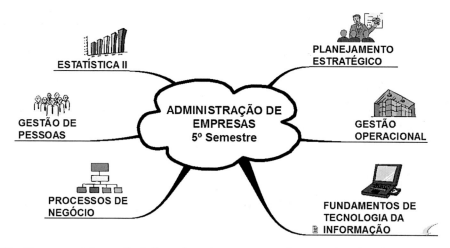

Figura 374 – Mapa mental com disciplinas do quinto semestre do curso de administração de empresas

Arquivo utilizado para este exemplo:
Programa de Estudo – Graduação em Administração de Empresas – Geral

Se o estudante clicar no tópico "FUNDAMENTOS DE TECNOLOGIA DA INFORMAÇÃO", verá um mapa mental abordando especificamente o conteúdo dessa disciplina, conforme apresentado a seguir.

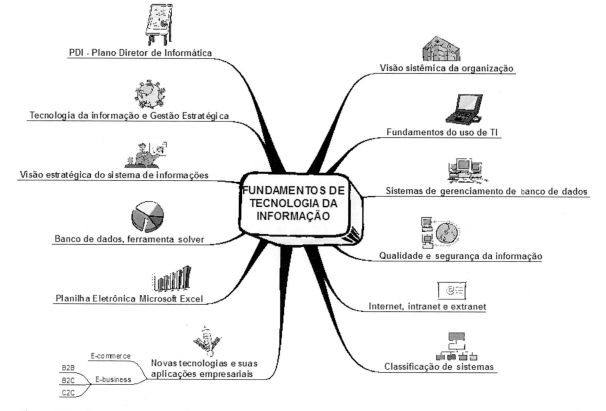

Figura 375 – Mapa mental com destaque para a disciplina FUNDAMENTOS DE TECNOLOGIA DA INFORMAÇÃO

288 Mapas Mentais

Arquivo utilizado para este exemplo:
Programa de Estudo – Graduação em Administração de Empresas – Fundamentos de TI

Em todos os exemplos de mapas mentais mostrados até agora você poderá vincular, nos tópicos ou subtópicos, apostilas, artigos, livros, arquivos de resumos, figuras, áudio e vídeo referentes às aulas que você tenha assistido e gravado.

Dicas de mapas mentais para concursos – segunda sugestão

Dando continuidade às dicas de mapas mentais para estudantes, vamos agora para a apresentação da segunda sugestão de mapa mental para concursos!

Dessa vez, no lugar de chamar um mapa mental com a relação dos assuntos que estão sendo cobrados pelo edital, estes já aparecem nos subtópicos do mapa.

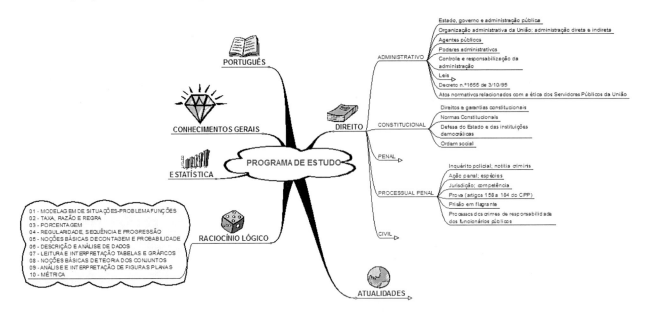

Figura 376 – Mapa mental para concurso – sugestão 2

A vantagem dessa segunda alternativa é que você criará menos mapas mentais. Por outro lado, a depender da quantidade de itens do edital, o mapa mental ficará gigante.

Arquivo utilizado para este exemplo:
Programa de Estudo – Concurso – Sugestão 2 – Geral

Observe a figura mostrada a seguir, com destaque para os subtópicos da área de direito.

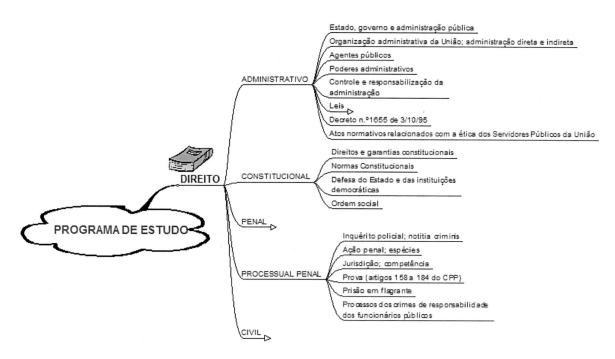

Figura 377 – Mapa mental para concurso – sugestão 2 com destaque para a área de direito

Perceba que os tópicos "PENAL" e "CIVIL" tiveram seus subtópicos ocultados para que o mapa não ficasse de difícil leitura por causa da quantidade de informações ali registradas.

Arquivo utilizado para este exemplo:
Programa de Estudo – Concurso – Sugestão 2 – Geral

A figura a seguir mostra o mesmo mapa mental, agora com todos os subtópicos da área de direito.

290 Mapas Mentais

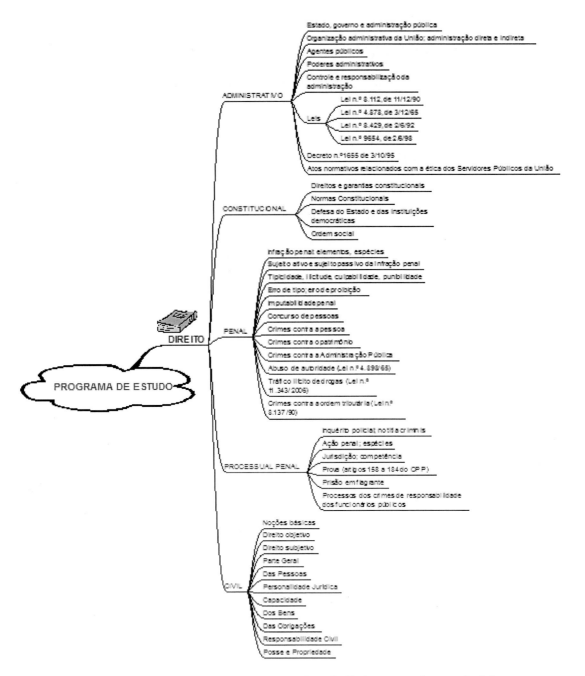

Figura 378 – Mapa mental para concurso – área de direito com todos os subtópicos

Arquivo utilizado para este exemplo:
Programa de Estudo – Concurso – Sugestão 2 – Geral

Essa segunda sugestão é mais objetiva. Não existe a necessidade de criar mais arquivos de mapas mentais, mas você terá que administrar a quantidade de informações do mapa. Isso não é difícil; você terá apenas o trabalho de clicar no tópico onde tem o conteúdo que você deseja estudar, expandir para visualizar os subtópicos e, ao final, ocultar novamente. Isso fará com que o seu mapa mental fique com uma navegação mais simples entre tópicos e subtópicos.

A figura a seguir é o mesmo mapa mental da segunda sugestão para concurso, mas com todos os subtópicos ocultados. Perceba como é uma visualização mais simples das informações.

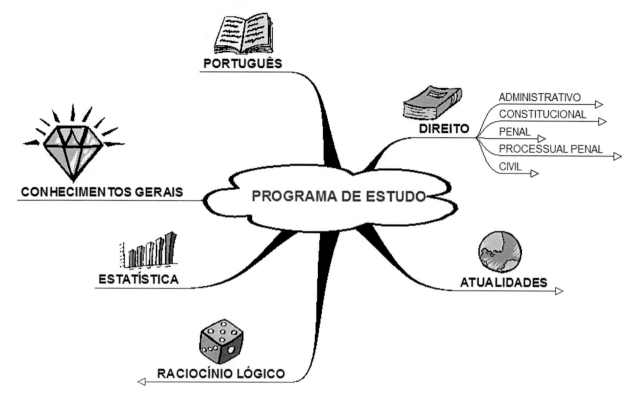

Figura 379 – Mapa mental para concurso – sugestão 2 com subtópicos ocultados

Arquivo utilizado para este exemplo:
Programa de Estudo – Concurso – Sugestão 2 – Geral

Dicas de mapas mentais para estudantes dos ensinos fundamental e médio – segunda sugestão

Você se lembra da primeira sugestão de mapa mental para estudantes dos ensinos fundamental e médio? Veja novamente!

Figura 380 – Mapa mental com disciplinas do ensino médio

Arquivo utilizado para este exemplo:
Programa de Estudo – Ensino Médio – Geral

A seguir, apresentamos um mapa mental exibindo os subtópicos da disciplina de Física. Na primeira sugestão, eles ficavam em um mapa separado.

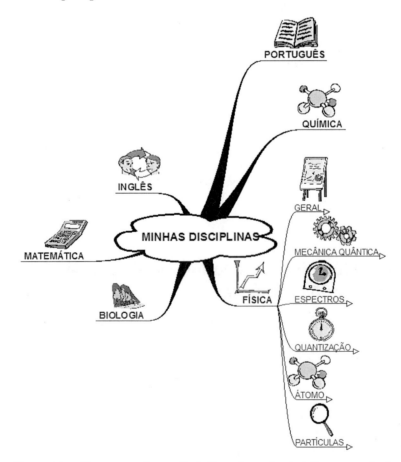

Figura 381 – Mapa mental com disciplinas do ensino médio – sugestão 2

Neste caso, o estudante, ao acessar o tópico "FÍSICA", terá uma visão dos principais itens abordados pela disciplina.

 Arquivo utilizado para este exemplo:
Programa de Estudo – Ensino Médio – Geral – Sugestão 2

Mais uma vez, o mesmo mapa mental para disciplinas dos ensinos fundamental e médio, mas agora exibindo o conteúdo dos subtópicos da disciplina de Física.

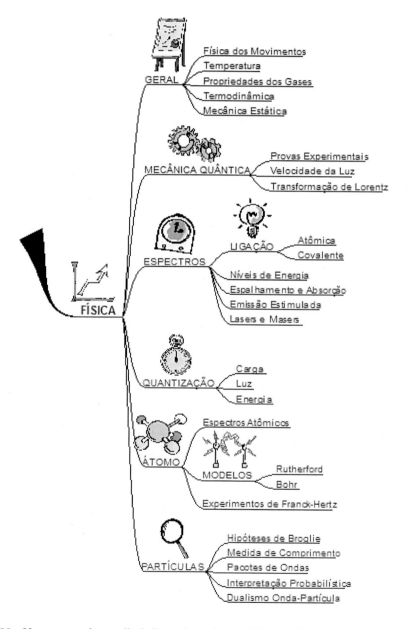

Figura 382 – Mapa mental com disciplinas do ensino médio com destaque para a área de física

Assim como a segunda sugestão de mapas mentais para concurso, esta opção é mais objetiva, não existe a necessidade de criar mais arquivos de mapas mentais. Porém, você terá de administrar a quantidade de informações no mapa, ocultando e exibindo quando necessário. O aluno poderá, através dos tópicos, chamar apostilas, imagens, arquivos de áudio e vídeo.

Dicas de mapas mentais para estudantes universitários – segunda sugestão

Arquivo utilizado para este exemplo:
Programa de Estudo – Graduação em Administração de Empresas – Geral

A próxima sugestão, assim como as que foram apresentadas para estudantes de concursos e estudantes dos níveis fundamental e médio, mostra um mapa com os conteúdos da disciplina FUNDAMENTOS DE TECNOLOGIA DA INFORMAÇÃO incorporados nos subtópicos da área, dentro do mesmo mapa mental, conforme mostrado a seguir.

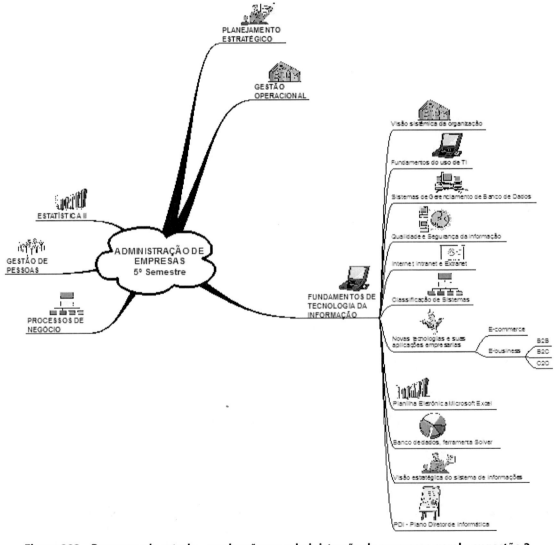

Figura 383 – Programa de estudo – graduação em administração de empresas-geral – sugestão 2

Nesse caso, o estudante universitário, ao acessar o tópico "FUNDAMENTOS DE TECNOLOGIA DA INFORMAÇÃO", terá uma visão dos principais itens de conteúdo abordados pela disciplina.

Arquivo utilizado para este exemplo:
Programa de Estudo – Graduação em Administração de Empresas – Geral Sugestão 2

Assim como a segunda sugestão de mapas mentais para concurso e para estudantes dos níveis fundamental e médio, essa opção é mais objetiva. Não existe a necessidade de criar mais mapas mentais. Porém, você terá que administrar a quantidade de informações no mapa, ocultando e exibindo quando necessário. O aluno poderá, através dos tópicos, chamar apostilas, imagens, arquivos de áudio e vídeo.

Dicas finais para os estudantes

As dicas de mapas mentais para estudantes que foram apresentadas aqui ajudarão de forma considerável a organizar o conteúdo de estudo. O mais importante é que elas são uma alternativa a mais para motivar as pessoas no que diz respeito ao aprendizado.

Penso que a utilização de mapas mentais ajudará a tornar o estudo mais divertido e interessante. Se isso vai acontecer com você ou não, somente a prática irá dizer!

Caso você queira compartilhar sua experiência com a utilização de mapas mentais nos estudos, poderá enviar seus comentários e observações para o e-mail do autor, <leitor@germanofenner.com.br>.

Que os mapas mentais o ajudem a obter êxito e sucesso em seus estudos!

Capítulo 11. Organização pessoal com mapas mentais

Neste capítulo iremos estudar:
- Dicas de organização das informações em um mapa mental.
- Estruturas para o armazenamento das informações.
- Estratégias para localizar e recuperar informações.
- Dicas para a identificação de itens vinculados aos mapas.
- Sugestões de organização de pastas e armazenamento das informações.

O quanto você sabe que possui de informação armazenada?
Os livros que estão na estante, em seu *tablet*, a quantidade de informações que estão em seu computador?
E as informações que virão até você nos próximos dias, meses, anos? Como serão organizadas?
Será possível recuperá-las com facilidade no futuro?
Vamos reservar um tempo e definir uma estratégia para que no futuro possamos recuperar as informações com facilidade.

É curioso como nós, seres humanos, vamos juntando informações no decorrer da nossa vida.

Nos dias de hoje, vamos acumulando apostilas, textos, artigos, resumos e livros digitalizados, aguardando para uma ocasião em que iremos precisar, e muitas vezes não temos a mínima ideia de quando isso irá acontecer.

Neste último capítulo, vamos dedicar um tempo para definir algumas estratégias com o uso dos mapas mentais para nos ajudar a encontrar as informações quando elas forem necessárias.

Organização do conteúdo

Todos os exemplos de mapas mentais aqui apresentados estão contidos no arquivo Sugestões_de_Mapas_Mentais.zip.

Acesse o endereço <www.germanofenner.com.br/mapa-mental/> e clique no *link* **Sugestões de Mapas Mentais** para fazer *download* dos exemplos aqui compartilhados.

Vamos então começar este capítulo com uma pergunta que para alguns leitores poderá ser desconfortável ou provocar "surpresa"!

Você sabe o que tem de informação em seu computador?

Quanto conteúdo foi guardado para utilizar em uma futura necessidade?

Quantas apostilas, figuras e imagens você possui armazenadas?

Existem seriados de TV que exibem situações caóticas de famílias que precisam contar com ajuda de especialistas para resolver situações como a garagem da casa cheia de entulhos mofando e ocupando um espaço desnecessário.

Parece que o entulho que antes estava em garagens, quartos e depósitos da casa se transferirão em formato digital para os computadores. Isso não é um padrão, mas muitos usuários de tecnologia não têm ideia do que há em suas máquinas. Uma prova disso é que muitas pessoas insistem em manter computadores antigos e sistemas operacionais defasados que o próprio fabricante já não dá mais suporte por receio de perder algum dado importante que muitas vezes nem ela mesmo sabe qual é.

Algumas pessoas conseguem resolver isso de uma forma muito "rápida" – isso ocorre quando dá problema no dispositivo de armazenamento e não existe cópia de segurança.

Se você se encaixa em alguma das situações comentadas, relaxe. Não é fácil conseguir administrar a quantidade de informações que chega até nós todos os dias, e, além disso, temos uma tendência a nos precaver e ficar preparados para necessidades futuras.

Decida o que é importante a ser guardado

Alguns assuntos que nos interessam, principalmente quando é algo novo, uma nova tecnologia, um novo processo, um novo *framework* de tecnologia ou boa prática, são fáceis de organizar.

Mas existem situações com muita informação disponível. Se não soubermos selecionar o que realmente nos interessa, vamos acabar trazendo uma série de dados que nos deixarão em dúvida sobre o que escolher.

É uma situação muito tranquilizadora saber que temos (e onde ele está guardado ou armazenado) conteúdo referente a um determinado assunto que teremos de falar, explicar ou comentar. Mas precisamos guardar tudo o que recebemos?

Algumas informações têm prazo de validade!

Salvo a exceção de você ser um historiador, algumas informações poderão ser descartadas. Elas poderão ser úteis por algum momento, mas depois elas poderão mais atrapalhar do que ajudar.

Um exemplo são os livros do Windows 95, videoaulas do Project 98, apostilas do Excel 2000. Esses são exemplos de informações que não serão mais necessárias e que podem ser descartadas!

Mas o que fazer com aquela informação que é realmente útil ou que existe uma grande chance de, no futuro, ter de ser revisada?

Você, por exemplo, concluiu o seu ensino médio no ano de 2004 e agora, em 2014, dez anos depois, deseja fazer um concurso. Muito provavelmente, o conteúdo referente à língua portuguesa poderá ajudá-lo. Ou: você participava de cursos de conversação de língua inglesa até o ano de 2009. Parou os estudos e agora decidiu que fará uma viagem aos Estados Unidos. O que fazer?

Os ensinamentos de português e inglês são informações antigas, mas, ao contrário dos livros do Windows 95, são informações ainda válidas, que podem ser reutilizadas!

Ninguém melhor que você para decidir o que guardar, aquilo que poderá ser útil ou não!

Estratégia para organização

Uma vez que você decidiu o que deve ser descartado e o que deve ser armazenado, devemos pensar sobre a forma como iremos organizar – o que, aliás, pode fazer uma enorme diferença.

No passado, as informações sobre um determinado assunto eram registradas apenas de forma escrita. Hoje, a depender, podemos encontrar informações na forma de áudio, vídeo, imagens.

Se você tem informações de que irá precisar no futuro, um futuro que você não sabe quando será e que poderá demorar anos, a melhor coisa a fazer é estar preparado para ele tendo o cuidado desde cedo de organizá-las.

A sugestão que fazemos a você é criar pastas de classificação para cada assunto que você tiver. Na próxima figura, apresentamos a sugestão de como fazer isso com mapas mentais.

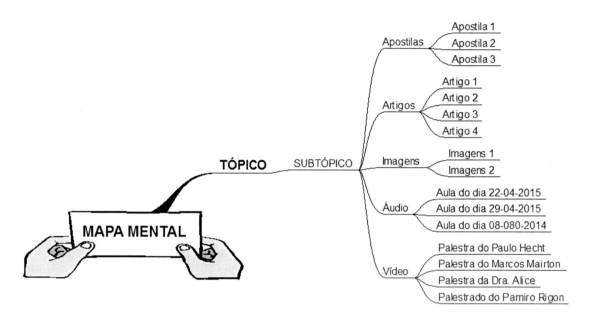

Figura 384 – Sugestão para organização de informações

Nossa sugestão aqui é que o assunto mereça um tópico em seu mapa e subtópicos para organizá-lo. Cada subtópico terá as informações organizadas nas sessões "Apostilas", "Artigos", "Áudio", "Imagens" e "Vídeo".

Evite criar pastas com os nomes "Diversos", "Assuntos gerais" ou "Outros", pois existe uma forte tendência nossa de armazenar muito conteúdo nesse tipo de pasta, principalmente aqueles que não sabemos qual destino dar. Como existe muita informação disponível, e ao nosso alcance, não irá demorar muito para que pastas com esse tipo de nome de identificação cresçam e venham a requerer um considerável tempo de atenção nosso para organizar ou encontrar um assunto.

Além dos nomes sugeridos, você também pode criar outros. O importante é definir uma estrutura que o ajude no futuro.

Sugestões para organização das informações

Como organizar nossos assuntos de estudo, aquilo que aprendemos no ensino fundamental, no ensino médio, no ensino superior, na pós-graduação, etc., já que é muita coisa a ser armazenada?

E a fila não para, pois temos ainda os assuntos familiares, amigos, parentes, ídolos, nossos assuntos profissionais, nossos *hobbies*, esportes que admiramos, alguns acontecimentos que marcaram nossa vida e por aí vai. Como organizar tudo isso?

Mostraremos a seguir uma proposta para todos esses assuntos.

Principais assuntos

Essa percepção da necessidade de organizar as informações pode levar tempo, varia de pessoa para pessoa, mas talvez seja algo que deveria começar desde cedo.

O que você deseja organizar? Quais são os assuntos que você quer guardar para consultar futuramente? O que é importante para você?

Defina quais são os principais assuntos que você deseja organizar e crie um tópico para cada um deles. No exemplo a seguir, definimos incialmente os tópicos "ESTUDO", "FAMÍLIA", "PROFISSÃO" e "AMIGOS". Sem dúvida, esses tópicos irão aumentar com o passar do tempo, pois nós iremos conhecer novos assuntos, passaremos por novas experiências e você poderá, a qualquer momento, criar novos tópicos para organizar as informações.

Figura 385 – Organização de informações

Arquivo utilizado para este exemplo:
Organização de Informações

Uma vez definidos os assuntos que deseja organizar, seguiremos para a próxima etapa, onde iremos explorar os tópicos do mapa mental para organizar cada assunto.

Na próxima figura, temos o mesmo mapa mental, mas com os subtópicos mostrando os assuntos relacionados a eles.

Figura 386 – Organização de informações com subtópicos

Percebeu que existe uma mudança? Ela não está nos subtópicos! Analise e tente encontrá-la.

No mapa anterior, tínhamos um dos tópicos identificado pela palavra "PROFISSÃO", e neste novo mapa mudamos para "CARREIRA". Essas mudanças de nomes irão acontecer muito, pois você identificará nomes que se ajustam mais ao assunto e, consequentemente, irá alterar as identificações, sejam elas de tópicos e subtópicos.

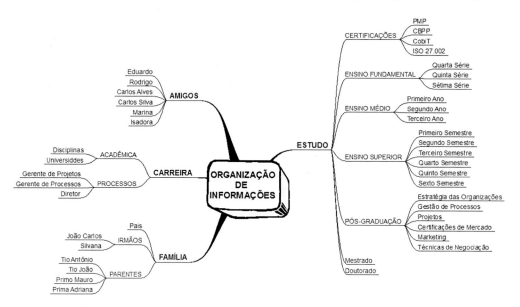

Figura 387 – Organização de informações com subtópicos – versão 2

Para deixar o mapa mental mais interessante de ser lido, lembre-se dos recursos visuais que estudamos anteriormente.

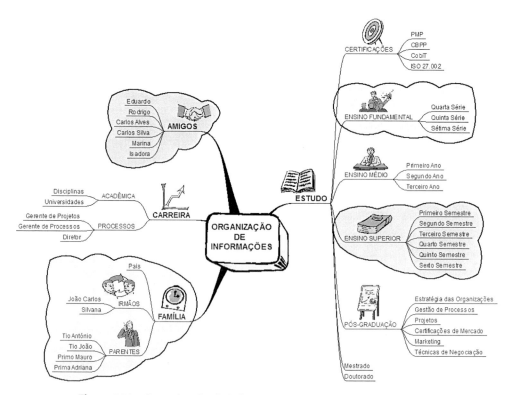

Figura 388 – Organização de Informações com subtópicos – versão 3

Nosso mapa já começou a ficar grande, não acha? Como comentados anteriormente, você vai conhecer novos assuntos, vivenciar outras experiências e consequentemente, ao querer registrar o que for importante, o mapa irá aumentar de tamanho. Existe a opção de criarmos mais mapas para dividir os assuntos, o que facilitará consideravelmente a distribuição das informações, contribuindo assim para que os mapas mentais fiquem menos complexos.

Observe que tópicos como "MESTRADO" e "DOUTORADO" estão vazios, pois o autor do mapa mental anda está fazendo o seu curso de pós-graduação. Mestrado e doutorado são cursos que irá fazer no futuro, mas ele já registrou no mapa mental como forma de criar uma estrutura para armazenar os assuntos que forem importantes.

Dando continuidade ao desenvolvimento de nossas ideias, o mapa mental a seguir mostra o detalhamento de informações que foram inseridas no subtópico "PÓS-GRADUAÇÃO", conforme mostrado na figura a seguir.

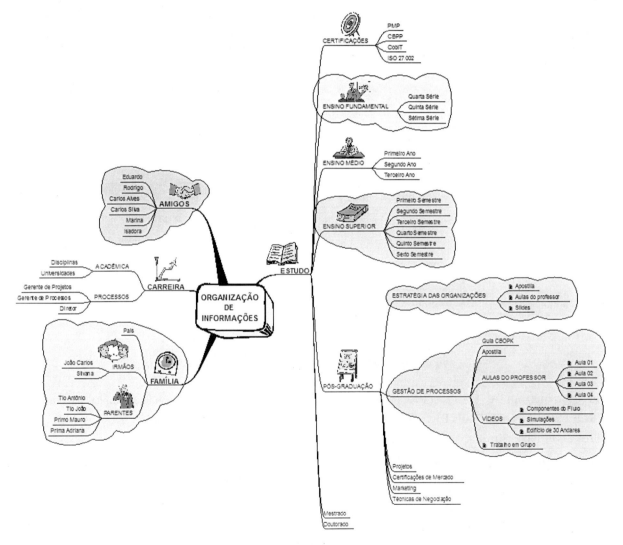

Figura 389 – Organização de Informações com subtópicos – versão 4

Observe que os itens "ESTRATÉGIA DAS ORGANIZAÇÕES" e "GESTÃO DE PROCESSOS" já possuem informações, enquanto os itens "Projetos", "Certificações de mercado", "Marketing" e "Técnicas de negociação" ainda não possuem informações vinculadas. "ESTRATÉGIA DAS ORGANIZAÇÕES" e "GESTÃO DE PRO-

CESSOS" são disciplinas já cursadas, enquanto as demais ainda estão por fazer. Na medida em que elas forem sendo estudadas, os itens com materiais referentes à disciplina serão acrescentados.

Perceba que existe um item chamado "Slides", que não estava nas sugestões anteriores que demos para os itens dos subtópicos, lembra? ("Apostilas", "Artigos", "Áudio", "Imagens" e "Vídeos"). Você deve adequar o mapa mental à sua necessidade, retirando ou acrescentando os itens para melhor organizar.

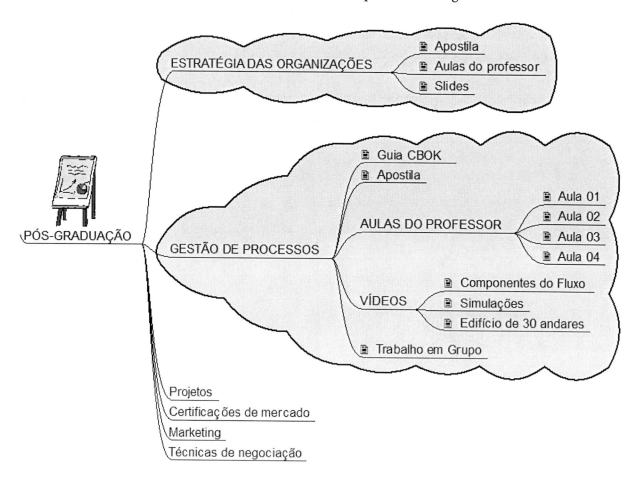

Figura 390 – Organização de Informações com subtópicos – versão 5

Perceba que, em "AULAS DO PROFESSOR" e "VÍDEOS", existem diversos vínculos. No caso de "AULAS DO PROFESSOR" temos "Aula 01", "Aula 02", "Aula 03" e "Aula 04" e no item "VÍDEOS", temos os itens "Componentes do Fluxo", "Simulações" e "Edifício de 30 andares".

Sempre que possível, evite nomear itens tipo "Arquivo 1, 2, 3...", "Aula 1, 2, 3...", "Encontro 1, 2, 3...". Você sabe o conteúdo que tem em "Arquivo1", em "Aula 02" ou "Encontro 03"?

Procure ser o mais específico possível, como nos exemplos vinculados ao item "VÍDEOS". Registre palavras-chave aos assuntos do arquivo em questão. Para o caso de terem sido tratados muitos assuntos, você pode contar com os recursos notas e anotações, estudados anteriormente quando desenvolvemos exemplos de mapas mentais com os programas MindManager e XMind.

Arquivo utilizado para este exemplo:
Organização de Informações

As sugestões e os exemplos apresentados aqui são dicas para que você possa organizar as informações, mas lembre-se: você pode modificar e adequar conforme a sua necessidade. O importante é que você, uma vez conhecendo os recursos dos mapas mentais, os utilize em seu benefício e faça as mudanças que forem necessárias para melhor atendê-lo.

Sugestões para armazenamento das informações

Se você mudar de computador, os vínculos irão funcionar? Apostilas, artigos, textos, áudio, vídeo, *slides*, etc. poderão ser abertos?

A depender da forma como e onde eles foram registrados, sim!

O que foi discutido anteriormente na seção "Sugestões para organização das informações" refere-se à parte lógica, à forma de visualizar as informações através de um mapa mental.

O que iremos discutir aqui é como essas informações devem ser armazenadas, para que estejam sempre disponíveis, mesmo quando você for utilizar um novo computador.

Se o seu mapa mental faz referência a uma imagem que está em uma pasta de servidor de rede, se este servidor tiver o seu endereço de rede alterado, ou for desconectado, será impossível você abrir a imagem. O mesmo acontece para um texto que você tiver guardado em uma pasta chamada "Temporários" e esta for removida. O texto não poderá mais ser aberto.

Então, o que devemos fazer para evitar esse tipo de situação?

Três dicas importantes para que os arquivos vinculados possam sempre ser abertos:

1. **Entenda a forma de armazenar informações** – Se você tiver um mapa mental que faz referência a documentos que estão na rede da empresa, caso seja possível, não for algo confidencial, e a empresa que você trabalha autorize a reprodução, faça uma cópia deste para o seu computador. Além de você ter o mapa mental com todos os documentos disponíveis em sua máquina de trabalho, você evitará surpresas como a de estar em uma reunião utilizando o mapa para apresentar uma ideia e, ao clicar no documento, este não puder ser aberto. Vale lembrar que mudanças de endereço de servidor acontecem, trocas de máquinas servidoras são inevitáveis e, se for algo público, existe a possibilidade de alguém, por erro, apagar algum documento ao qual você esteja fazendo referência. Observe que essa dica é para mapas que são acessados exclusivamente por você. Quando for um mapa que é acessado por outras pessoas, a lógica de armazenamento de arquivos é totalmente oposta, pois, nesse caso, as pessoas terão que acessar os documentos, e estes precisam estar em um local de acesso comum – nesse caso, um servidor. Se este for o caso, como forma de evitar problemas, coloque o arquivo com o mapa mental e todos os arquivos de referência na rede. Se houver troca se endereço ou mudança de máquina, os endereços de vínculo serão afetados e uma revisão para atualização será necessária. Quando o mapa fizer referência a documentos que estão armazenados na rede, vale certificar-se de que a pasta com o mapa mental e seu conteúdo estejam protegidos contra exclusões acidentais.

2. **Crie uma pasta para armazenar os mapas mentais** – Se você vai trabalhar com mapas mentais, seja particular ou em sua empresa, a primeira coisa a ser feita é criar uma pasta para armazená-los. O programa MindManager, por exemplo, quando é executado pela primeira vez, cria uma pasta chamada "My Maps", já propondo que você deixe dentro desta todos os arquivos de mapa que for criar e desenvolver. Se for na empresa, você e as demais pessoas que estiverem utilizando esse recurso podem ter uma pasta exclusiva para armazenar os dados de informações vinculadas a mapas mentais. A depender da intensidade com que os mapas mentais estão sendo utilizados dentro da organização, um servidor exclusivo para essa necessidade poderá ser indicado. Em um cenário empresarial, para o caso de mapas mentais, é importante haver o alinhamento com o setor de TI, objetivando analisar as possíveis soluções para esse tipo de trabalho. Por se tratar de uma solução computacional, alinhe sempre com a TI.

3. **Cada mapa mental com sua pasta** – Se o mapa mental não tiver vínculos, ele poderá ficar armazenado dentro da pasta geral dos mapas mentais, mas, a partir do momento em que ele começar a fazer vínculo a arquivos, crie uma pasta específica para ele. Se você mudar de computador, ao copiar a pasta onde os mapas estão armazenados, os vínculos serão preservados e as referências aos arquivos estarão garantidas.

Suponha que você tenha um mapa mental chamado "Legislação Ambiental", com diversos arquivos de texto, áudio, vídeos e apostilas falando sobre o assunto. Para situações como essas, considerando que você já tenha uma pasta para armazenar todos os seus mapas mentais, orientamos que você faça o seguinte:

1. Crie a pasta **Legislação Ambiental**.
2. Guarde o mapa mental dentro dela.
3. Crie as pastas **Apostilas**, **Áudio**, **Imagens** e **Vídeo**.
4. Organize os assuntos em cada uma das pastas criadas.
5. Estabeleça os vínculos dos itens do mapa mental com os arquivos.

Se você seguir essas orientações, uma vez copiada a pasta onde estão os mapas mentais e seus conteúdos, as referências aos vínculos de documentos sempre irão funcionar.

A seguir, mostramos um comparativo referente ao mapa mental "Legislação Ambiental", com as estruturas de pastas e os itens do mapa.

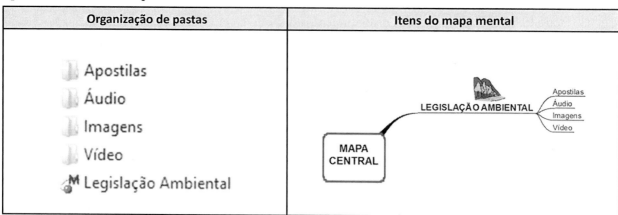

Tabela 21 – Estruturas de pastas e os itens do mapa

Perceba que armazenar as informações em um lugar específico é uma questão de disciplina. Evite que as informações sejam armazenadas de qualquer maneira, pois haverá um esforço posterior para encontrá-las.

Sempre que possível, tão logo você tenha acesso às informações, uma vez selecionado o conteúdo que é importante, guarde-o em lugares específicos previamente definidos na sua estrutura de pastas.

Ser organizado tem o seu "custo", às vezes pago diariamente, porém, em pequenas proporções de esforço. Ser desorganizado também, mas geralmente o preço é pago em proporções muito maiores, associadas ao desgaste e à dúvida em saber se a informação que está sendo buscada realmente existe e está disponível.

Organizar a informação, principalmente quando existem muitos itens, poderá ser um processo trabalhoso, mas que tem o seu valor. É uma sensação muito agradável saber que você tem uma determinada informação e sabe onde ela está e como encontrá-la.

Que os mapas mentais o ajudem em sua organização pessoal e profissional!

Comentários finais

Estamos numa época de constantes mudanças, desafios, superação e talvez seja isso que torna a vida neste planeta tão interessante!

Em um cenário desse, muitas ideias e técnicas foram apresentadas às pessoas para ajudá-las a viver melhor. Algumas não tiveram boa aceitação, outras funcionaram bem por algum tempo e existem aquelas que se tornaram obsoletas, foram úteis em uma determinada época, mas possuem pouca aplicabilidade nos dias de hoje.

Outras técnicas vão surgir, pois, na medida em que o mudo evolui, nosso conhecimento se expande, com novas descobertas de outras soluções.

Mapa mental não é a solução para tudo – aliás, pensamos não haver uma solução única, mas um conjunto de soluções que tornam, ou podem vir a tornar, a nossa vida melhor.

Mapas mentais exigem um esforço disciplinar. Você precisa parar e pensar como fazer melhor. É claro que ele, pela forma como é desenvolvido e por estimular áreas como imaginação, raciocínio e emoção, poderá fazer com que as informações fluam com mais facilidade e que você se sinta mais motivado, mas essas percepções você terá somente com a prática.

Aqui neste livro procuramos compartilhar diversas dicas, exemplos e sugestões que são resultado de mais de dez anos de prática. Quanto mais cedo você começar a praticar, mais cedo irá se beneficiar.

Melhoria nos estudos e no trabalho, maior controle com seus compromissos, aumento da concentração e memória, além de melhoria em sua qualidade de vida. É isso que desejamos para você.

Que os mapas mentais o ajudem a ter sucesso e felicidade sempre em sua vida!

Referências bibliográficas

ANDERSON, John R. **Psicologia Cognitiva e Suas Implicações Experimentais**. 5. ed. Rio de Janeiro: LTC, 2004.

ASIMOV, Isaac. **O Cérebro Humano, Suas Capacidades e Suas Funções**, São Paulo: Boa Leitura, 1988.

CABRAL, Álvaro; NICK, Eva. **Dicionário Técnico de Psicologia**. 12. ed. São Paulo: Cultrix, 2001.

CLONINGER, Susan C. **Teorias da Personalidade**. São Paulo. Martins Fontes, 2003.

DALGALARRONDO, Paulo D. **Psicopatologia e Semiologia dos Transtornos Mentais**. Porto Alegre: Artmed, 2000.

EDWARDS, Betty. **Desenhando com o lado direito do cérebro**. 2. ed. Rio de Janeiro: Ediouro, 2000.

FENICHEL, Otto. **Teoria Psicanalítica das Neuroses**. São Paulo: Atheneu, 1988.

GOLEMAN, Daniel. **Inteligência Emocional:** a teoria revolucionária que redefine o que é ser inteligente. Rio de Janeiro: Objetiva, 1995.

GUTTMANN, Giselher. **Introdução à Neuropsicologia**. São Paulo: Manole Ltda., 1977.

GUYTON, Arthur C. **Fisiologia Humana**. Rio de Janeiro: Guanabara, 1988.

HECHT, Paulo. **Hipniatria**. Natal: UFRN, 2011.

HECHT, Paulo. **OMA – Orientação Mental Para Ajuda**, 3. ed. Belo Horizonte: Luz, 1995.

HECHT, Paulo. **Teoria Psicanalítica Freudiana**. Natal: SPNB, 2004.

HEIL, Klaus D.; HENNENHOFER, Gerd. **Liberte-se dos Medos e das Fobias**. Rio de Janeiro: Ediouro, sem indicação de data.

HOLLAND, I. G.; SKINNER, B. F. **A Análise do Comportamento**. São Paulo: Helder, 1969.

LENT, Roberto. **Cem Bilhões de Neurônios:** conceitos fundamentais de neurociência. Edição Revista e Atualizada. São Paulo: Atheneu, 2005.

MOREIRA, Márcio Borges; MEDEIROS, Carlos Augusto. **Princípios Básicos de Análise do Comportamento**. Porto Alegre, Artmed, 2007.

RIGUTI, Adriana. **Atlas de Anatomia**. Barueri: Girassol, 2007

WIKIPÉDIA. **Mapa mental.** Disponível em: <http://pt.wikipedia.org/wiki/Mapa_mental>. Acesso em: 15 out. 2015.

WIKIPÉDIA. **Mente.** Disponível em: <https://pt.wikipedia.org/wiki/Mente>. Acesso em: 15 out. 2015.

Impressão e acabamento